문화로 세상읽기

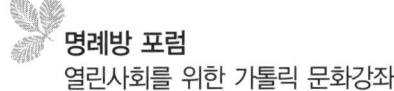
명례방 포럼
열린사회를 위한 가톨릭 문화강좌

문화로 세상읽기

신정환 외 지음

小花

문화로 세상읽기

초판 1쇄 발행 / 2009년 6월 25일

지은이 / 신정환 외
발행인 / 고화숙
발행처 / 도서출판 소화
등록 / 제13-412호
주소 / 서울시 영등포구 영등포동 7가 94-97
전화 / 2677-5890
팩스 / 2636-6393
홈페이지 / www.sowha.com

ISBN 978-89-8410-357-3   03230

값 10,000원

잘못된 책은 언제나 바꾸어 드립니다.

우리 삶의 올바른 가치관과
지향점이 밝혀지기를

    역삼동 성당에서 2008년 9월 24일부터 11월 26일까지 매주 수요일 저녁 개설되었던 "열린사회를 위한 가톨릭 문화강좌"의 강연 내용이 책으로 출판된다는 소식을 듣고 무척 기뻤습니다. 축하합니다. "가슴을 열고 숨결을 트자"란 주제로 진행된 강좌의 개강 미사에서 이 강좌의 의미를 함께 새기며 나누었는데, 이제 그 의미가 책의 형태로 보존되고 전달된다니 반가운 일입니다. 이번 출간을 계기로 강좌가 추구했던 대로 교회 안팎의 숨결들이 소통되면서 우리 삶의 올바른 가치관과 지향점이 밝혀지기를 기대합니다.

    현대사회에서 문화는 인간에게 꼭 필요한 산소나 마찬가지라고 해도 과언이 아닙니다. 그만큼 문화가 차지하는 영역은 넓고도 깊어지고 있습니다. 오늘날은 아무리 훌륭한 일이라 하더라도 문화에 대한 이해 없이 소통을 시도한다면 그 어떤 활동도 성과를 거두기 어려운 세상이 되었습니다. 그래서 문화를 소통의 도구로 이용하는 사목은 우리가 한층 더 신경 써야 하는 분야입니다.

다행히 최근 전국 각 본당에서 다양한 문화적 활동을 통한 사목 활성화가 활발하게 시도되고 있습니다. 본당에서도 음악회, 전시회, 문화센터 등을 마련해 지역사회에 개방한다면 천주교에 대한 이해를 한층 높일 수 있을 것입니다. 이런 시도는 문화적 접근을 통해서 본당 신자들은 물론 지역사회와 주민들에게 성당이 세상에 대해 열린 공간으로 기능하게 된다는 점에서 크게 환영할 일이라고 생각됩니다. 이제 이번 역삼동 성당의 가톨릭 문화강좌를 통해 각 본당에서도 좀 더 체계적인 문화사목이 이루어지기를 바랍니다.

특히 이번 강좌는 명동 지역을 중심으로 진행되던 교구의 기존 교육 프로그램과 달리 동서울 지역 주최로 역삼동 성당에서 마련되어 지역 신자들에게 폭넓은 교육 기회를 열었다는 점에서도 큰 의미가 있다고 생각합니다. 더구나 이렇게 책의 형태로 강좌의 내용들을 나누는 것은 향후 가톨릭적 문화자산을 보존하고 축적하는 하나의 모범을 만드는 일이라 그 의미를 깊이 새겨두고 싶습니다.

이 문화 강좌는 학자들과 전문직 종사자들로 이루어진 '명례방 포럼'(대표 신정환 토마스, 지도 조군호 신부)이 주관합니다. 2005년에 시작한 명례방 포럼은 각 분야의 전문적인 시각과 복음의 빛이 서로 소통하는 장을 마련함으로써 현대사회의 영적 갈증에 대한 하나의 돌파구를 모색하는 것을 목적으로 하고 있는데, 모임의 취지에 잘 맞는 강좌를 기획해 주셨습니다.

이번 열 번의 강좌는 신앙인뿐 아니라 일반인들에게도 꼭 필요한 사회 주제들을 담고 있습니다. 영성과 예술, 경제, 교육 언론 정치 등 사회 변화를 이끄는 주제들을 모두 포함하고 있습니다. 이 강좌는 국내외에서 각 분야를 대표하는 전문가들이 맡아 주셨습니다. 이 자리를 빌려서 강좌를 맡아 주시고 출판을 위해 원고를 다듬어 주신 여러분께 감사드립니다.

오늘날 우리 사회는 종교 편향주의로 무척 뜨거운 논쟁이 존재합니다. 분명한 것은 오늘날 같은 다종교 사회에서는 "내 종교만이 최고다"라는 주장은 우리가 한 사회 안에서 살아가는 것에 큰 걸림돌이 됩니다. 왜냐하면 세상은 나만이 아니라 우리 모두가 함께 공존해야 하는 곳이기 때문입니다. 무엇보다 종교 간 대화가 더 많이 필요합니다. 세계에서 일어나는 전쟁과 테러, 폭력과 소외는 종교 간 갈등에서 빚어지는 경우가 많습니다. 따라서 상호 관용과 이해 속에 공존과 평화를 이루려면 대화는 필수적입니다. 또한 최근 한국 사회에서는 환경, 생명, 인권, 민족 화해 등을 위한 사회운동이 활발히 전개됨에 따라 종교의 공적 역할이 더욱 필요하게 되었습니다.

이번 강좌는 종교를 이해하는 데도 분명히 큰 도움을 줄 것입니다. 종교는 올바른 교리도 중요하지만 그에 못지않게 올바른 실천 역시 강조됩니다. 올바른 삶이 수반되어야 그 종교를 참된 종교라고 말할 수 있습니다. 세속화되고 다원화되어 가는 세상 속에서 다양한 문화 현상을 접하는 신앙인들은 신앙과 배치되지 않는 삶과 문화가 무엇이고 어디에 있는지 고민할 수밖에 없습니다. 그런 의미에서 예술, 영성, 경제, 사회, 문화 등의 전 분야를 망라하는 이번 강좌는 신자들에게 문화의 여러 영역 안에서 신앙인으로 살아가는 참 의미를 전해 줄 것이라 생각합니다. 이제 책의 형태로 우리 곁에 두고 틈틈이 읽어 보면서 곱씹어 볼 계기를 마련해 줄 것입니다. 이 책이 우리 모두에게 가톨릭 정신을 토대로 문화 현상과 신앙과 조화를 찾는 방법이 무엇인지 제시해 줄 것이라 기대합니다.

김운회 주교
천주교 서울대교구 동서울지역 교구장 대리

소통의 문화를 기대하며

　자식들이 TV의 한 오락 프로그램을 보면서 우스워 배꼽을 잡고 뒤집어지고 있습니다. 부모들은 출연자들이 뭐라고 말하는지도, 무엇이 그렇게 우스운지도 전혀 이해하지 못합니다. 대한민국 가정에서 늘 볼 수 있는 장면입니다. 마치 전혀 다른 인지 장치가 머리에 장착된 듯, 하나의 프로그램에 대해 부모 세대와 자식 세대가 반응하는 양식은 하늘과 땅 차이입니다.

　동서고금을 통해 어느 사회나 계층과 세대 간의 갈등이나 괴리는 있어왔습니다. 어찌 보면 그것은 역사 발전의 중요한 동력이 되기도 했습니다. 그러나 한국의 세대 간 단절은 유달리 심각한 것 같고 계층 간, 종교 간, 지역 간 단절 역시 이 못지않습니다. 현재 한국 사회의 다양한 층위에서 나타나는 문화 갈등이 과연 창조적인 에너지로 승화될

지에 대해서 기대보다는 우려가 더 많은 것이 사실입니다.

또 하나 주목해 봐야 할 것은 개인적 차원의 가치관 배리 현상입니다. 교회에서 열심히 기도하고 나눔에 대해 이야기하면서 교회 밖으로만 나오면 부동산 투기에 대해 귀를 쫑긋 세우고 살아가는 모습, 이 땅의 교육 현실을 성토하면서도 사교육에 매달리는 학부형들의 모습 등은 엄격히 말하자면 집단적 정신분열증의 미세한 증상이라고도 할 수 있을 것입니다. 정신분열증의 증상 가운데 하나가 '말하는 내용과 감정표현의 모순' 이라는 점을 상기해 본다면, 이 역시 평소의 가치관이나 신념이 실제의 행동과 모순되는 모습을 보이기 때문입니다. 이는 특히 성과 속의 경계를 넘나들며 하루에도 수많은 모순과 유혹에 직면하는 오늘날의 신앙인들에게 더욱 해당되는 현상이기도 할 것입니다.

저희 명례방 포럼은 이 땅에서 흔히 볼 수 있는 내적, 외적 갈등을 어떻게 하면 치유할 수 있는지, 아니 치유까지는 몰라도 이를 올바로 인식할 수 있는지 생각을 많이 해 보았습니다. 인식은 치유의 첫 걸음이니까요. 이번 명례방 포럼을 마련한 것은 신앙인의 입장에서 그러한 모순과 갈등의 간극을 최대한 줄여보자는 의도에서 기획되었습니다. 기획 회의만 1년 넘게 진행하면서 시의적절하면서도 근원적인 주제를 잡고자 노력했고, 주제와 관련해 가장 전문가라 할 수 있는 훌륭한 강사진을 모시기 위해 고심했습니다.

그 결과 10개의 주제를 선정했고, 이에 따라 제1회 명례방 포럼의 '열린사회를 위한 가톨릭 문화강좌' 가 지난 가을 강남 한복판에서 뜨거운 열기 속에 진행되었습니다. 20대의 대학생, 70대의 은퇴하신 교수님, 중년의 CEO, 대전에서부터 '통학' 한 주부, 그리고 미국에서 오신 스님에 이르기까지 남녀노소를 불문한 수강생들은 진지하고 열성적으로 강의를 들으셨습니다. 명례방 포럼은 강좌 내용을 더욱 많은 분들과 나누자는 의견에 따라 단행본으로 출판하게 되었습니다.

명례방 포럼은 물질적인 풍요 속에서 오히려 영적 갈증과 문화적 빈곤을 체험하는 현대인들에게 성찰의 장을 제공함으로써, 우리 사회에 소통과 나눔의 문화가 더욱 확산되고 자리 잡을 수 있도록 노력할 것입니다. 특히 복음의 빛으로 삶의 자리를 조명해 봄으로써 그리스도인의 정체성을 진지하게 생각해 보겠습니다. 김수환 추기경님이 육체의 눈을 감으시면서 많은 사람들의 진짜 눈을 뜨게 해 주셨듯이, 그리스도인으로서의 삶이 모순되지 않게 이 사회에 용해될 때 내적, 외적으로 상존하는 대부분의 갈등과 상처가 치유될 수 있다고 보기 때문입니다.

명례방 포럼 대표 신정환
한국외대 교수

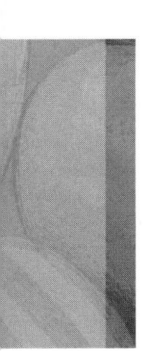

리얼리티 쇼의 소비 심리

황상민 | 연세대 교수, 심리학

2000년이 넘어서면서 우리 사회는 연이은 '광풍'과 '열풍'이 반복되고 있다. 2002 월드컵과 두 차례의 대선 광풍, 미순이와 효순이를 추모하는 촛불집회, 학력 위조 스캔들, 허경영 신드롬, 최근의 미국산 쇠고기 수입 반대 촛불집회들은 우리 사회를 휩쓰는 '신드롬'과 같은 열풍이었다. 그 가운데서도 최근의 광우병 관련 촛불집회는 장장 100일 이상 이어지면서 사회를 거의 무정부상태로 몰고 갔다. 정치가들과 사회과학자들은 이 새로운 사회 현상을 어떻게 해석할 것인지를 놓고 우왕좌왕했다. 처음에는 중·고등학생들의 심심풀이 '쇼'로 여겨졌던 촛불시위가 어느새 사회를 뿌리째 흔들리게 만드는 '대세'로 굳어졌다. 대다수 사람들은 이런 상황을 멍하니 바라볼 수밖에 없었다. 도대체, 누가, 무엇을 위해, 이런 일이 일어나는지 알고 싶은 상황이었다.

촛불시위에서 나타나는 대중심리를 더욱 알 수 없게 만든 것은 누가 이것을 만들어 내고, 또 '배후 세력'이 있느냐라는 의문이었다. 일부 정치인들은 좌파와 노동계를 그 배후 세력으로 몰았다(미디어오늘, 2008. 5. 10). '광우병반대국민대책위원회'라는 급조된 위원회가 없지는 않았다. 하지만 아무도 그 조직을 이 어마어마한 사태의 배후 세력으로 보지 않았다. 그렇다면 배후 세력의 정체는 과연 무엇일까? 아니, 배후 세력이라는 것이 있기나 한 것일까?

I. 리얼리티 쇼, 〈진실의 순간〉

멀쩡하게 생긴 사람들이 거짓말탐지기에 몸을 묶고 어두운 비밀을 털어놓는다. 카메라에 비친 그들은 인물 좋고 잘 차려입은, '번듯한' 미국 시민들이다. 그들이 사랑하는 가족과 친구, 직장 상사, 그리고 수천만 명의 시청자가 보는 앞에서 "모르는 편이 더 좋았을" 은밀한 질문에 "예스" 또는 "노"로 대답한다. "들키지 않을 게 확실하다면 바람을 피우겠습니까?" "섹스 비디오를 찍어 인터넷에 올린 적이 있습니까?"

2008년 1월부터 매주 수요일 저녁, 미국 지상파 방송 폭스(Fox) 채널에서 방송되는 게임쇼 〈진실의 순간(The Moment of Truth)〉의 장면들이다. 출연자들이 낯 뜨거운 질문에 대해 진실을 털어놓는 이유는 무엇일까? 표면적으로는 분명 돈 때문이다. 이 퀴즈쇼에서도 '진실한 답'을 맞출 때마다 상금액이 급상승한다. 물론, 이 쇼의 정답은 백과사전에 나오는 지식이 아니라, 지극히 개인적인 속마음이다. 이 쇼에 출연을 자원한 사람들은 무대에 오르기 전 거짓말탐지기를 장착한 채 사생활에 대한 50~75개의 사전 인터뷰에 응해야 한다. 답변의 진실 여부는 거짓말탐지기에 기록된다.

실제 쇼에서는 선별된 21개의 질문만을 사회자가 던진다. 예비 테스트에서 했던 답변을 실제 무대에서 번복해도 상관없다. 게임쇼에서 나오는 일반적인 질문들은 재미있는 부분도 있다. "거울 앞에서 자신의 외모에 감탄한 적이 있습니까?" "샤워하면서 옆 사람과 은밀한 부위를 비교해 본 적이 있습니까?" 답변이 '진실'이라고 판명될 때마다 상금은 올라간다. 테스트 당시 거짓말탐지기가 자신의 답변을 어떻게 인식했을지 알 수 없기 때문에 출연자는 긴장을 늦추지 못한다. 21개 질문에 모두 '진실한 답'을 말한 사람에게 주어지는 최고 상금액은 자그마치 50만 달러(약 5억 원)이다. 솔직하게 답하기만 하면 그 자리에서 5억 원을 버는 것이다.

첫 방송의 출연자는 미남 헬스 트레이너였다. 자신의 내밀한 사생활을 묻는 질문에 그는 미소를 지으며 "예스"라고 인정했다. 첫 7개 질문 통과 뒤 사회자가 "앞으로의 질문은 더 민감하니 지금 중단해도 된다"라고 알려줄 때까지만 해도 그는 "나는 이 정도 (상금을) 벌려고 나온 게 아니다"라고 큰소리쳤다. 같이 출연한 그의 아내도 응원의 박수를 보냈다.

"처음 만난 여자와 잠자리를 한 적이 있느냐" "결혼 후 5년간 아이를 갖지 않은 것은 지금 아내와 평생 함께할 것이라는 확신이 없었기 때문이냐" 등의 질문이 이어졌다. 이 질문들에 "그렇다"라고 답한 뒤 아내의 표정은 얼어붙었다. 결국 그는 "트레이너로 일하면서 여성 고객의 몸을 필요 이상으로 만진 적이 있느냐'라는 질문에는 "노(No)"라고 답했다. 하지만, 이것은 거짓으로 판명 났다. 이 순간 부부의 얼굴 표정이 그대로 비추어진 것은 물론이다. 출연자는 상금과 부인의 신뢰 모두를 잃었다. 시청자들은 퀴즈 질문과 부부의 반응 등을 통해 단순한 퀴즈쇼가 아닌 인간관계의 또 다른 면을 숨어서 보았다(조선일보, 2008. 2. 29).

리얼리티 쇼의 경험은 현실이지만 현실이 아닌 것을 즐기는 것이다. 누구에게는 리얼한 것을 전혀 리얼하지 않기를 바라는 사람도 있다. 진실의 순간에 출연한 헬스 트레이너의 진실은 쇼를 보는 아내에게는 진실이 아니어야 했다. 무엇이 진실이든, 사람들은 열광적으로 이 쇼에 빠졌다. 〈진실의 순간〉은 첫 주부터 미국에서 1,500만 명의 시청자를 확보하며 동 시간대 시청률 1위를 기록했다.

II. 리얼리티 쇼와 대중 소비 현상

글로벌 시대, 대한민국에서 일어나는 많은 정치, 사회 현상들은 바로 우리가 살아가는 모습이다. 다양한 사회 현상이나 소비 현상들은 미국에서도 일어나고 유럽에서 일어난다. 하지만 현재 우리가 살아가는 모습은 한국 사회에서만 일어나는 독특한 사회 현상처럼 보인다. 때로는 다른 곳에서 찾아보기 힘든 현상들이다. 이런 경우는 한국 사람들에게 놀라울 만큼 당혹감을 준다. 왜냐하면, 이제까지 우리는 보통 선진국에서 유사한 사례를 찾고 또 선진국의 사례를 통해 한국 사회의 현상을 설명하고 문제의 해답을 찾는 방식에 익숙했기 때문이다.

그렇다면 다른 선진국에서 일어나지 않은 일이 한국 사회에서 일어났다면 우리는 어떻게 해야 할까? 이런 경우, 우리는 단지 스스로 놀라고 당혹스러워할 뿐이다. 뭔가 잘못되었는데, 무엇인지를 잘 알 수 없다면 어떤 사회의 지식인들은 그것을 설명할 수 있는 단어를 열심히 찾는다. '디지털 포퓰리즘', 또는 '디지털 민주주의', 아니 '대중참여' 또는 '집단지성' 등의 단어들이 봇물처럼 쏟아져 나온 것도 이런 현상을 그대로 나타낸다(고뉴스, 2008. 7. 23).

다양한 리얼리티 쇼는 때로 '된장녀', '신상녀' 등의 스타를 만들어 내며, '얼리어답터'나 '장비병', '팬질', '지름신의 강림'과 같은 다양하고도 새로운 인간 행동을 소개하기도 한다. 이런 대한민국 사회를 그냥 지켜만 볼 수 있다면 이것은 '신비롭고 놀라운 원더랜드'이다. 놀라운 사실은 이 원더랜드에서도 학교 급식에 미국산 쇠고기로 만든 스테이크나 갈비 같은 요리가 나올 가능성이 거의 없다는 것이다. 이런 상황에서 '학교 급식에 의한 광우병'을 두려워하는 중·고등학교 학생들이 촛불집회에 대거 참석한다고 설명하는 것은 정말 리얼하지 않은 이야기이다.

가족이나 형제가 아닌 연예인 오빠, 언니를 "광우병의 위험에서 지켜 내자"라는 호소문이 더 이들의 마음을 잡는다. 이들은 누구인가? 이들은 어떤 특성을 가진 사람들인가? 우리는 이런 현상에서 세계 최고의 소비 수준은 아니지만, 적어도 세계 최고의 역동적인 대한민국 시장에서 일어나는 소비 행동과 소비 심리를 파악할 수 있는 단서를 끄집어낼 수 있다.

소비 현상을 중요한 사회 현상으로 보고 쇼와 같은 일을 분명한 현실로 받아들이는 것, 그것이 '리얼리티 쇼'의 세상에 사는 우리의 경험이다. 대부분의 한국 사회에서 일어나는 사건들이 이런 속성을 가지고 있다. 현실세계에서 일어나지만, 사이버 공간에서 증폭되고, 또 사이버 공간에서 벌어지는 일이 현실세계의 중요한 일이 된다. 현실 속의 사람들 생활은 사이버 공간으로 반영되고, 사이버 공간 속 다양한 사람들의 행동들은 현실세계로 침투한다. 이런 현실과 사이버의 이원 생방송 체계는 마치 한국 사회에 살고 있는 우리 모두가 자신의 생활을 마치 생생한 리얼리티 쇼를 보는 구경꾼처럼 되게 만든다.

대한민국 사회에 살고 있는 사람들은 이제 정도의 차이는 있지만 리얼리티 쇼에 열광한다. 때로 쇼의 구경꾼이 되었다가 때로는 적극적인 참가자가 된다. 사이버 공간에서 시작된 촛불집회가 현실로 확산될 때, 이것은 또 다른 형태의 리얼리티 쇼이다. 현실 속에서 유행하는 제품이나 사이버 공간에서 수많은 새로운 이야기로 확산될 때, 현실의 소비가 사이버 공간의 리얼리티 쇼로 바뀐다. 방송에서 만들어내는 드라마나 쇼 프로그램이 대중의 관심을 끌게 될 때 또 다른 리얼리티 쇼가 벌어진다.

Ⅲ. 리얼리티 쇼의 대중 심리

일상 삶의 모습이 TV 프로그램으로 전환된 리얼리티 쇼의 인기는 한국에서도 다르지 않았다. 개그맨들이 만드는 리얼리티 쇼인 〈무한

도전〉은 한때 모든 예능프로그램의 시청률 기록을 갈아 치울 정도로 인기가 높았다. 이후, 〈우리 결혼했어요〉와 〈1박 2일〉 같은 프로그램들도 인기를 끌자 거의 모든 공중파와 케이블 방송은 리얼리티 프로그램의 홍수를 일으켰다(주간한국, 2008. 5. 14). 〈우리 결혼했어요〉의 탤런트 서인영은 원조 '신상녀'로 불렸다. 극중의 신랑에게 매일 신상품 타령을 한다는 부정적인 의미가 있었지만, 현실의 신상녀는 명품 신상품을 탐하는 많은 여성들의 선망의 캐릭터가 되었다(마이데일리, 2008. 5. 19).

리얼리티 쇼에서 사람들은 '번듯하고 잘나 보이는 출연자'들이 무너질수록 열광했다. 최고로 수치스러운 순간을 만들어 내면 낼수록 관객의 관심은 높아졌다. 현실에서 '번듯하고 잘난' 그들이 무너지는 것에 쾌감을 느끼고, 그들의 사생활을 훔쳐보면서 그들의 삶을 동경한다. 부패든 범죄든 스캔들이든 무너지는 순간은 현실에서 충족시키지 못한 자신의 좌절감에 대한 보상이 되었다. 다른 사람의 삶이 쇼가 되고, 자신의 현실이 쇼 속에 투사된다. 현실의 삶이 다른 방식으로 체험되면서, 과거 개인의 '사생활'에 불과했던 행위들이 대중이 소비하는 서비스가 되었다. 대중이 찾는 '소비의 대상'과 대중이 행하는 '소비 행위'의 형태가 바뀐 것이다. 소비하는 대상은 바로 자신이 살아가는 모습이다. 관객은 자신의 삶의 모습을 훔쳐보면서 또 다른 삶을 꿈꾸는 체험을 한다.

대한민국은 TV 프로그램으로 소개된 리얼리티 쇼보다 더 리얼하고 극적인 쇼들이 현실의 사회, 정치 분야에서도 계속 일어났다. '노무현 대통령 당선과 탄핵', 그리고 '계속되었던 노대통령의 오기(傲氣) 발언들', '황우석 줄기세포 사기 사건', 'JU 네트워크 사건'이 그 뒤를 이었다. 이뿐 아니다. '삼성 X 파일과 폭로 사건', '신정아 학위 위조사건과 관련 스캔들', 'BBK 의혹과 이명박 대통령 당선' 등의 다양한 프로그램들은 계속 최고의 인기를 끄는 쇼들이었다. 무엇이 리얼한 것인지, 무엇이 쇼인지 알 수 없지만 대중은 동일하게 열광적인 모습을 보였다. 그렇다면, 이런 쇼를 즐기는 사람들은 누구일까? 누가 어떤 마음으로 기꺼이 이런 쇼의 구경꾼이 되기를 자처하는가?

IV. 대중심리: 사소하면서 낯선 현상들

〈리얼리티 쇼: 진실의 순간〉이나 〈무한도전〉, 〈우리 결혼했어요〉, 〈1박 2일〉과 같은 리얼리티 쇼들은 일상생활에서 나타난 새로운 소비 현상이다. 소비의 대상이 이전에는 물건에 국한되었다면, 이제 소비는 서비스에서 사람들의 생활이나 삶의 다양한 모습을 체험하는 것으로까지 바뀐 것이다. 사회 현상이 소비 현상이 될 때, 아니 각기 다른 삶의 방식들이 소비의 대상이 될 때, 우리의 관심은 '무엇'을 소비하느냐가 아니라 이런 소비 행동을 하는 사람들이 '누구인가?'로 바뀌게 된다.

어떤 사람은 타인의 삶을 지켜볼 때, 잠시 자신의 고민이나 연민을 잊을 수 있다. 어떤 사람은 이런 경험에서 쾌감을 느낀다. 사람들의 다양한 욕망들이 투사되거나 표현되는 것이 소비라고 할 때, 리얼리티 쇼의 소비 현상은 한국 사회에서 단순한 개인의 욕망 충족, 그 이상의 의미를 지닌다. 소비의 코드는 현재 우리 삶의 모습일 뿐 아니라 앞으로 살아가게 될 미래를 알려 주는 다양한 단서들이다.

리얼리티 쇼를 즐기는 것이나 영웅을 기대하는 심리나 모두 누군가가 자신의 삶을 대신 살아 주었으면 하는 욕구를 충족시키는 방식이다. 내가 차마 하지 못한 일을 대신해 주는 그들의 연기에 열중함으로써 자신의 삶에서 흥분을 느낀다. 단지, 즐겁게 또는 만족스럽게 살아가려는 욕구를 다양한 방식의 소비 행동으로 충족시키는 사람들이다. 대중 소비자들은 리얼리티 쇼에 열광하는 사람들이며 '노간지'를 탄생시킨 사람들이기도 하다. 또, 그들은 2천 계단의 전설을 소비하기도 한다. 서로 다른 소비자 집단이고, 서로 다른 방식으로 소비하지만 모두 대중 소비자라는 공통점을 가진다.

대중이 경험하는 사회 현상은 사건의 성격이나 상황에 따라, 또 누가 관여하였는가에 따라 동일한 사건이 전혀 다른 의미를 가진다. 〈진실의 순간〉, 〈무한도전〉, 〈1박 2일〉 또는 〈우리 결혼했어요〉와 같은 TV 프로그램이나 '노무현의 눈물', '놈현스럽다', '이명박의 성공신화', '노간지', 그리고 '명박산성' 등의 현상들도 각기 다른 대중 집단들에게 다른 의미를 던진 리얼리티 쇼였다. 모두에게 하나의 리얼리티 쇼처럼 체험되었지만, 사건에 대한 반응은 그 대중 집단이 어떤 사람이냐에 따라 다르다.

어떤 현상이 사회 현상이면서 동시에 소비 현상인 경우는 복잡하고 다양하다. 현상의 배후에 깔려 있는 핵심 기제를 파악하기 위해 과학적인 분석을 한다 해도 우리가 알 수 있는 것은 빙산의 일각에 지나지 않는다. "장님이 코끼리 만지는" 수준 정도의 다양한 해석에 불과하다. 이런 경우 소비 현상을 제대로 파악할 수 있는 대안이 바로 "이런 행동을 하는 사람들이 누구인가?"의 문제로 초점을 돌리는 것이다. 겉으로 보이는 모습은 다양하지만, 정작 이런 현상을 체험하는 사람들은 그렇지 않은 사람과 비교적 구분할 수 있기 때문이다.

리얼리티 쇼가 현실의 반영이라 해도, 이것을 즐기는 사람들이 있는가 하면 그렇지 않은 사람들도 있다. 각기 다른 특성을 가진 사람들이 현실의 각기 다른 단면들을 보는 상황이다. 유사한 특성을 가진 사람들이 보이는 특정 소비 행동은 현재가 아닌 미래에도 그와 유사한 소비 행동을 계속할 것이다. 현재에도 그렇지만, 미래에도 그러한 행동을 계속하게 된다면 우리는 현재의 소비 행동을 하는 사람을 통해 미래의 소비 현상을 예측할 수 있게 된다. 우리가 이런 다양한 특성을 가진 사람들을 구분할 수 있게 되고, 또 이들의 특성을 잘 알 수 있다면, 향후 이들이 만들어 낼 다양한 미래 사건들의 스펙트럼을 더 잘 이해할 수 있을 것이다.

V. 대세와 대세 추종의 심리

현재 속의 미래는 때로 아주 작고 사소한 현상으로 나타난다. 분명한 것은 현재 특정 성향을 가진 다양한 집단들이 미래에 나타날 현상의 씨앗을 뿌려 놓고 있다는 사실이다. 현재의 작고 사소한, 또는 낯선 현상을 만들어 내는 소비자 집단의 특성을 잘 파악할 수 있다면, 미래에 일어날 분명한 사회 현상이나 소비 현상을 분별력 있게 볼 수 있을 것이다. 이것이 대중사회에서 다양한 대중 소비자 집단을 통해 현재 일어나는 현상과 미래의 모습을 보려는 노력이다.

한국 사회에서 대중의 힘은 일차적으로 숫자로 나타난다. 숫자가 만들어 내는 대중의 힘을 가장 잘 보여 주는 사례가 방문자 수로 특정 포털이나 메시지의 중요성을 평가하는 경우이다. 중요성을 방문자 수나 페이지 수, 또는 댓글의 수로 판단하는 것이 합리적이지는 않지만 이미 우리는 그렇게 하고 있다. 대중의 힘을 너무나 당연하게 받아들인 상황이다. 이것은 리얼리티 쇼가 현실과 구분이 되지 않는 생생한 체험이 될 때 중요하다. 왜냐하면, 혼자 꾸는 꿈은 꿈이지만 여럿이 꾸는 꿈은 현실이 되는 세상에 우리 모두가 살고 있기 때문이다. 합리성과 논리로 판단될 수 있는 현상이 아니다. 많은 사람이 믿느냐, 그렇지 않느냐의 문제이다.

서울에서 하루 통과나 환승 인원이 가장 많은 역은 지하철 신도림역이다. 그렇다면 신도림역이 서울역이나 광화문역보다 더 중요할까? 그렇지 않다. 합리성과 논리로 볼 때, 사람의 숫자와 관계없이 서울역이나 광화문역은 분명 신도림역보다 중요하다. 신도림역은 머물고 싶지 않은 환승역일 뿐이다. 하지만, 이 환승역은 열차를 바꿔 타야 하는 사람에게는 서울역보다 훨씬 중요하다. 대중의 힘이 영향력을 발휘하는 것은 대중이 관심을 가지는 대상이나 이슈 그 자체가 가진 본래의 의미 때문은 아니다. 중요성은 대상이나 이슈에 있기보다는 변화가 일어나는 상황, 변화를 필요로 하는 어떤 사람에게 있다.

"변화가 무엇이며" 또 "어디에서 일어나는지"를 알아야 하는 사람에게 '환승역'은 너무나 중요하다. 하지만 그냥 그 역을 지나쳐 가는 사람에게는 아무런 의미가 없다. 한국인에게 대세는 마치 변화의 와

중에서 환승역과 같다. 그것이 무엇인지를 알고 그것에 동참해야 한다. 만일 그렇지 않으면 낭패이다. 여기에서 합리적인 사람이라면, 그 대세가 "무엇에 관한" 것인지, 또 "무엇을 위한" 대세인지를 확인하려고 할 것이다. 만일 그 대세라는 것이 타당하지 않다고 생각되거나 합리적이지 않다면 우리는 '우매한 대중'을 설득하거나 교화시켜야 한다고 믿을지도 모른다. 대중보다 분명 우월한 지위에서 우월한 논리로 대중의 삶을 선도할 수 있다고 믿는 사람들이다. 하지만, 대중에게는 무엇이 합리적이며 무엇이 논리적이냐는 그리 중요하지 않다. 한국 사회에서 대중에게 중요한 것은 "무엇이 대세이냐?"이다. 이것을 아는 것은 대중에게 생존의 문제이다.

어느 시대이든지 대세를 따르는 것은 대중이 알고 있는 삶의 지혜이자 생존의 비법이다. 대중심리, 또는 사회 변화를 정확히 알기 위해 현상을 합리성이나 논리로 보려는 것은 어리석다. 왜냐하면, 대중심리나 사회 변화 그 자체는 변화의 근본 원리를 알려 주지 않기 때문이다. 중요한 것은 현재 일어나는 현상이 무엇인지, 또 누가 변화를 일으키는지를 정확하게 파악하는 것이다.

한국 사회에서 사람들이 대세를 찾는 행동은 "남들은 어떻게 사나", "남들은 어떻게 생각하는가"에 관심을 기울이는 현상으로 나타난다. 한편으로 자신의 삶을 보다 풍요롭고 더 완벽하게 하기 위한, 또 불안하거나 막연한 자신의 삶을 정확하고 성공적으로 이루기 위한 방편이다. 현재가 불분명할 때, 또는 미래가 불확실할 때 대중의 심리는 현재와 미래를 결정하는 '대세(大勢)'가 무엇인가를 찾는다. 대세는 대중에게 바로 현재와 미래를 결정하는 힘이기 때문이다. 사회 현상이나 소비 현상에서 '대세'는 우리가 "어떤 환승역에서 열차를 갈아 타야 하는가"와 같은 정보이다. 대세를 따르는 '대세 추종'은 무조건 남을 따라 하는 '동조(同調)'와 다르다. 하지만 동조할 대상이 대세라면, 그것은 대세 추종이 된다.

VI. 우리의 삶의 방식은?

대세 추종 현상은 단순히 미국산 쇠고기 수입 반대 촛불시위에만 국한되는 것이 아니다. 대세를 결정하는 사회 현상은 대세를 따르는 소비 현상으로 표현된다. 소비 현상은 대세를 결정하고, 그 소비 현상을 사람들이 대세로 추종하게 되면서, 또 다른 사회 현상이 만들어진다. 소비의 대상이 '미국산 쇠고기'이든, '인터넷 서비스'이든, 아니면 '교육'이든 무엇이 중요한 것이 아니라, 무엇이 대세이냐가 중요하다. 아니, 남들에게 지지 않기 위해 그 대세를 찾고 또 그것을 따르는 것이 더욱 중요하다. 한국판 리얼리티 쇼의 소비가 일어나는 기본 기제가 바로 이것이다.

"값싸고 질 좋은 미국 쇠고기를 대한민국 국민들이 먹을 수 있어 좋다"는 대통령이 있는 나라에서 '미국산 쇠고기는 미친 소의 고기'라는 역설적인 현상이 일어난 것도 대세에 의한 것이다. 한국 사회에서 우리가 경험하는 리얼리티 쇼도 대세가 결정한다. 소비 현상으로 보면 대세에 좌우되는 것은 디지털 제품이나 서비스의 이용일 수도 있고, 때로 미국산 쇠고기나 중국산 김치 등의 식품일 수도 있다. 심지어, 〈괴물)이나 〈디워〉, 온라인 게임과 같은 문화 상품일 수도 있다. 일상에서 쉽게 사용할 수 있는 최첨단 핸드폰이나 디지털 카메라, 무선인터넷, 와이브로 등도 대중들이 대세에 의한 소비행동을 보이는 것들이다.

대세에 의한 대중의 소비라는 측면에서 보면, 인구 5천만 명의 나라에서 1천 2백만 명 이상의 관객을 모을 수 있었던 〈괴물〉 영화도 정말 괴물이었다. 이와 더불어, 영화 자체의 완성도와 관계없이 국내에서만 8백만 명 이상의 엄청난 인기몰이를 했던 〈디워〉라는 영화도 사회 현상으로, 소비 현상으로 분명한 대세를 형성했다. 이들의 놀라운 인기 배경에는 영화의 우수성과는 별도로 한국 사회의 '대세 추종' 현상이 있었다. 촛불집회를 하게 만들었던 미국 쇠고기 수입과 관련된 커다란 혼란도 대세 추종 현상의 한 예이다. 대세 추종은 자신의 실제 삶이 아니지만 실제처럼 보이는 삶을 근거로 한 대중의 심리이자 움직임이다. 진짜는 아니지만 어떤 것을 진짜처럼 받아들이기 때문에 일어난다. 한국인들의 대세 추종이 '리얼리티 쇼'에 열광하는 형태처럼 나타나는 이유가 여기에 있다.

대세 추종 현상이 일상생활에서 구체적인 소비 행위로 나타나는 또다른 사례가 청소년들이 연예인을 맹목적으로 추종하는 행동이다. 하지만 이런 행동은 이제 한국 사회에서 청소년들에게만 국한되지 않는다. 대중 소비의 사회로 변한 한국 사회에서 대부분의 사람들이 살아가는 방식이다. 30%라는 놀라운 시청률을 보였던 오락 프로그램 〈무한도전〉의 열풍이나(마이데일리, 2007. 12. 17), 뜬금없이 불어 닥친 미드(미국 드라마) 열풍도 이런 대중 소비 현상의 사례들이다(서울경제, 2007. 3. 11).

인터넷 세상에서, 또 디지털 서비스를 이용하는 행동에서 한국인의 대세 추종 현상은 더욱 뚜렷하다. 인터넷의 수많은 포털사이트 중 '네이버'는 70%가 넘는 점유율을 가지고 있다(서울신문, 2008. 5. 14). 네이버 이용이 대세이기 때문이다. 과거 대세였던 '다음'은 시장 점유율에서 전체의 20%에도 못 미친다. 겨우 5년 사이에 일어난 변화이다. 대세와 대세 추종 현상은 한동안 인기를 끌었던 '싸이월드'에서도 그대로 나타난다. 한때 열풍이었지만, 이제는 대세가 바뀌는 상황이다(쿠키뉴스, 2008. 5. 26).

한국 사회에서 앞으로 무엇이 대세이며, 누가 대세를 결정하는지를 아는 것은 무엇보다 중요하다. 대중 소비의 사회에서 무엇을 소비해야 하며, 또 어떤 소비 집단이 무엇을 하는지를 알아야 하는 것이다. 대한민국이 자랑하는 세계 최고의 교육열도 세계적 수준의 명문대학 진학 열망이라는 대세로 해석될 수 있다. 좋은 교육이 아닌 '더 좋은 이름과 평판을 가진 대학 진학'이라는 대세를 따르는 것이다. 이런 대세 추종 현상 때문에 공교육이 붕괴되어 아이들이 학교에서 제대로 공부할 수 없다고 불평하면서도 세계 최고 수준의 사교육 환경이 만들어지는 것이다.

대세를 추종하는 한국인의 성향은 때로 세계인을 놀라게 하는 다양한 소비 행동으로 나타난다. 향후, 유행할 것이 무엇이며 또 어떤 서비스가 사람들에게 수용될 것인가를 극적으로 보여 준다. 이런 이유로 한국 시장은 인터넷이나 디지털 제품의 테스트 베드가 되고 있다고 한다. 대세를 찾고 또 대세에 추종하는 한국인의 성향을 잘 파악한 기업들의 전략이다. 아니, 대세가 무엇이며 또 대세를 추종하는 소비자 집단이 누구인가를 알아내는 것은 성공적인 마케팅 활동의 핵심이 될 것이다.

VII. 어떻게 해야 하나요?

〈무한도전〉, 〈1박 2일〉, 또는 〈우리 결혼했어요〉와 같은 리얼리티 쇼가 대세가 될 때, 사람들은 이것을 추종한다. 무엇이 현실이고 무엇이 쇼인지를 구분할 수 없는 우리 삶의 반영이다. 대중은 자신이 경험하는 현실을 무엇인지 알 수 없기에 누군가 대신하여 자신의 현실을 경험하는 것을 방관자의 입장에서 보게 된다. 쇼의 형태로 재현되면 될수록 마치 현실의 삶이 즐겁게 이루어지는 것 같은 체험을 한다. 행복과 즐거운 삶을 바라는 대중들이 미디어 매체를 통해 자신의 삶을 확인하는 방식이다.

누군가 대신 웃기는 상황을 만들고, 그 속에서 웃고 즐기고 있을 때, 나도 이제는 그것을 보면서 웃을 수 있다. 자신의 삶은 너무나 팍팍하고 힘들기에 있는 그대로 받아들일 수 없는 대중이 스스로 택한 삶의 방식이다. 하지만 때로 리얼리티 쇼는 대중에게 대신하는 삶이 주는 즐거움과 더불어 현실과 쇼의 경계를 넘나드는 혼란을 주기도 한다. 그 예가 〈우리 결혼했어요〉와 같은 프로이다.

대부분의 리얼리티 쇼들은 현실과 쇼의 경계가 불명확하기 때문에 때로는 불편을 준다. 하지만, 이것을 현실이 아닌 쇼로 받아들이는 사람들에게 너무나 즐거운 대리 경험이다. 우리 사회에서 기성세대와 신세대는 이런 차이를 가장 대비적으로 잘 보여 준다. 리얼리티 쇼에 대한 이해 수준에서 기성세대는 이것을 현실을 이해하는 방식으로 보기에 쇼가 불편하다. 이에 비해, 신세대는 쇼로 보기에 현실이라고 생각하지 않는다. 분명한 것은 무엇을 선택하고 무엇을 믿을까 하는 문제이다. 현실과 쇼의 경계에 선 우리가 직면한 문제이다.

부활하신 예수님이 제자들에게 나타났을 열두 사도 중의 한 사람인 토마스는 그 자리에 없었다. 나중에 다른 제자로부터 부활하신 예수님의 이야기를 들은 토마스가 자신은 그것을 믿을 수 없다고 했다. 직접 상처에 손가락을 넣고 확인해야 한다고 했다. 예수님이 토마스 앞에 나타나셨을 때, 예수님은 토마스에게 "네 손가락을 여기 대 보고 내 손을 보아라. 네 손을 뻗어 내 옆구리에 넣어 보아라. 그리고 의심을 버리고 믿어라"(요한 20,27)고 하셨다. 여기에서 우리가 받은 메시지는 믿는 자가 되어야 한다는 것이었다. 현대의 기독교인들에게 현실이 쉽게 리얼리티 쇼의 형태로 왜곡될 수 있는 이유이다. 왜냐하면, 믿기는 하지만 무엇을 믿어야 할지 찾을 수 없다면, 바로 쉽게 믿을 수 있는 쇼 같은 현실을 믿으려 들기 때문이다. 성경에는 예수님의 또 다른 말씀이 있다. "너는 나를 보고서야 믿느냐? 보지 않고도 믿는 사람은 행복하다"(요한 21,29).

행복, 즐거운 삶을 찾는 현대 기독교인들이 진짜로 믿어야 하는 것은 보지 않고도 믿는 것이다. 하지만, 현실에서 무엇을 보지 않고도 믿을 수 있을지 알 수 없을 때 우리 모두는 차라리 우리의 현실이 리얼리티 쇼가 되었으면 하고 바란다. 자신의 삶이 고달프고 힘들다고 느끼기에 정작 눈에 분명 보이는 현실을 부정하고, 내가 믿고 싶은 대로 현실이 보이는 것 같은 쇼를 찾는다. 이것은 때로 희망, 꿈과 같은 단어로 표현된다. 어른들은 성공을 꿈꾸고 많은 돈을 벌면 자신의 삶의 문제가 해결된다고 믿고, 아이들은 사이버 세상과 게임 속에서 자신의 아픔이 치유될 수 있다고 믿는다. 분명 보지 않고도 믿지만 그것은 환상과 같다. 우리가 현실에서 간절히 찾는 쇼의 속성들이다.

　믿고 싶은 마음이 간절하지만 무엇을 믿어야 할지 알 수 없을 때, 현실을 외면한 대중은 쇼에 빠진다. 대박을 터트리는 무엇이라면 더욱 쉽게 빠진다. 믿는 마음은 간절하지만 정작 무엇을 믿어야 할지를 알지 못하고 방황하는 우리에게 리얼리티는 우리가 쉽게 빠져드는 우리의 믿음이 어떤 것인지 노골적으로 알려 준다. 우리가 보지 않고도 믿을 수 있는 나 자신의 삶의 가치가 무엇인지 찾아야 할 때이다. 누구나 찾는 거창한 꿈, 명품, 또는 막연한 희망이 나의 삶의 가치라면 그것은 리얼리티 쇼가 현실이라고 믿고 싶은 대중의 심리를 드러낸다.

　즐거운 삶이나 행복을 물질적 조건을 통해서만이 찾을 수 있다고 생각하는 현대인에게 리얼리티 쇼는 믿음의 근거이다. 자신의 삶에 대한 믿음이 아닌 남을 통해 보이는 나에 대한 믿음이다. 허망할 뿐 아니라 나를 움직이는 믿음이 되지 못한다. 리얼리티 쇼가 아닌 현실 속에서 우리가 믿어야 하는 것을 찾아야 한다. 현실에서 자신의 역할이 무엇인지 자기의 존재 이유가 무엇인지 그리고 이것을 어떻게 나의 주위의 사람들과 공유할 수 있는지를 찾아보는 것이 보지 않고 믿을 수 있는 나의 믿음을 구체적으로 내가 알게 되는 나의 삶의 방식이다.

(2008. 9. 24)

〈행복한 눈물〉: 미술의 의미와 경제적 가치

김현화 | 숙명여대 교수, 미술사

I. 삼성과 '행복한 눈물'

지금은 세인의 관심에서 멀어져 갔지만 2007년 말, 김용철 변호사가 삼성의 비자금 문제를 폭로하여 대한민국이 한동안 대지진이 난 것처럼 뒤흔들린 사건이 있었다. 이 사건이 폭로되었을 때 또 하나 대중의 호기심을 끈 것이 〈행복한 눈물(Happy Tears)〉이란 제목의 그림이었다. 김 변호사는 삼성이 비자금을 미술품 수집으로 은닉했다는 주장을 제기했고, 〈행복한 눈물〉을 강력한 물증으로 지목했다.

삼성그룹은 창립자인 고 이병철 회장 시절부터 미술품 수집에 관심을 가져왔다. 이병철 전회장의 고미술에 대한 안목과 수집은 미술계에 몸담고 있는 사람이라면 모두 인정할 정도로 뛰어났다. 그는 국보

급에 해당될 만큼 우수한 작품들을 다수 수집하여 호암미술관을 설립하였다. 이병철 전 회장의 미술품 수집에 대한 열정과 안목은 삼성의 후계자인 이건희 회장의 부인 홍라희 씨에게 계승되었다. 그러나 이병철 전 회장이 고미술에 관심을 가진 반면 홍라희 씨는 현대미술에 관심을 가졌고 당연히 수집은 현대미술에 집중되었다. 이병철 전 회장 사망 이후 한국 미술계에서 고미술 시장이 침체되었는데 그 당시 미술계는 홍라희 씨가 고미술을 수집하지 않고 현대미술에 집중하기 때문이라고 원인분석하기도 했다.

홍라희 관장의 현대미술품 수집을 도와주는 여러 유통 경로가 있는데 삼성 비자금 문제가 터질 무렵에는 주로 국제 갤러리와 서미 갤러리 대표가 미술품 구매를 담당했었다. 〈행복한 눈물〉은 서미 갤러리 홍송원 대표가 뉴욕의 경매에서 90억 원에 구입한 것이다. 그 당시 특검 팀은 삼성가의 사람들이 혹시 회사 자금으로 미술품을 구입했는지 집중적으로 조사하기 위해 국제 갤러리 이현숙 대표와 서미 갤러리 홍송원 대표를 출국 금지했다. 두 사람 모두 홍라희 씨와 사업상의 밀접한 관계로 특검 팀 수사 대상이 되어 곤혹을 치른 것이다. 특검 팀은 홍라희 씨가 2002년 대선 당시 정치권에 뿌려졌던 삼성채권 7억여 원어치로 그림을 샀고, 삼성생명 차명주식의 일부 배당금이 국제 갤러리 등으로 유입된 사실을 포착했다. 그러나 그림을 산 '삼성채권'과 삼성생명 배당금이 회사 횡령자금인지는 단서를 잡지 못했고, 무혐의로 결론이 났다. 회사 자금으로 그림을 샀다는 명백한 증거가 있어야 처벌이 가능한데, 특검 팀은 자금 추적을 했지만 회사 돈으로 그림을 샀다는 어떤 증거도 찾지 못했다. 단 한 점의 그림이라도 삼성이 비자금

으로 샀다고 판명되었다면 엄청난 사회적 파장이 일어났겠지만 수사
는 어떤 결론도 얻지 못했다. 결국 무혐의였다. 〈행복한 눈물〉 역시 서
미 갤러리 홍송원 대표의 것으로 결론지어졌다.

특검의 조사는 삼성 비자금 문제였지만 대중의 관심은 96.5×96.5cm
의 조그만 정사각형의 그림, 기쁨에 겨워 눈물을 흘리고 있는 만화 속
의 인물 같은 여인 그림이 200억 원에 호가한다는 사실이었다. 서미
갤러리 홍송원 대표의 말에 의하면 〈행복한 눈물〉은 2002년 11월
13일 뉴욕 크리스티 경매에서 715만 9,500달러(당시 환율로 90억 원)에
낙찰 받은 것이다. 서미 갤러리는 〈행복한 눈물〉 가격이 현재 경매 낙
찰가보다 배 이상 오른 것으로 파악하고 있다. 즉, 200억 원대에 이른
다는 말이다. 겨우 5년 만에 두 배 이상의 이윤을 보았으니 이만한 투
자가 없을 것 같다.

II. 〈행복한 눈물〉, 어떤 그림인가?

〈행복한 눈물〉은 미국의 팝 아트 미술의 거장 로이 리히텐슈타인
(Roy Lichtenstein, 1923~1997)의 작품이다. 만화의 한 장면인 듯한 통속
적인 여인 그림이 200억 원이라니, 할인마트에서 장바구니를 겨우 채
워 가며 살아가는 평범한 사람들로서는 놀라지 않을 수 없을 것이다.
리히텐슈타인은 한국에서 피카소(Pablo Picasso, 1881~1973), 반 고흐
(Vincent van Gogh, 1853~1890)만큼 대중적으로 잘 알려져 있지 않지
만 미술사에서 중요하게 다루는 매우 영향력 있는 미술가이다. 삼성

비자금 사건 덕분에 리히텐슈타인의 이름이 일반인들에게 널리 알려지면서 그 당시 서울의 화랑가에서는 그의 작품이 없어서 못 팔 정도로 인기를 누렸다. 한국 사람들이 핸드백, 스카프 등 소비품을 살 때 자기 과시적인 취향으로 상품의 브랜드를 최우선으로 고려하듯이 미술 수집에 있어서도 미술가의 유명세를 가장 중시한다. 미술 투자에 엄청난 거액이 오고 가기 때문에 컬렉터의 입장에서는 미술가의 유명세로 작품 가치를 판단하는 것이 실패를 최소화하는 최선책이 될 것이다. 주식 투자를 할 때 기업의 전망이 가장 중요한 요소로 작용되는 것과 마찬가지이다.

미술이란 무엇일까? 가로와 세로가 1m도 되지 않는 그림이 200억 원이라니 평범한 서민들 입장에서는 믿어지지가 않을 것이다. 〈행복한 눈물〉이 언론 매체에 등장했을 때 사람들은 겨우 벽면을 장식하는 그림 하나가 건축물 전체보다 비싼, 서민용 아파트 20~30채쯤 살 수 있는 가격이라니 정말 믿을 수가 없다는 반응이었다. 미술은 무엇이고, 어떤 역할을 하는 것일까? 그림 속의 빵은 먹을 수 없고, 의자는 앉을 수도 없고, 담배 파이프는 피워 물 수도 없다. 그림 속의 모든 것은 가짜다. 백남준은 '미술은 사기'라고 말하기조차 했다. 실용성으로 보면 미술은 전혀 가치가 없다. 그런데도 인류는 선사시대부터 그림을 그려왔고 값으로 매길 수 없는 깊은 존경과 경의를 표하고 있다. 미술사의 거장들 경우 200억 원은 그다지 높은 가격이 아니다. 피카소의 경우 그림 하나가 천억 원을 예사로 넘는다. 이런 경우 그림은 단순히 그림이라기보다 세계 문화유산이라고 하는 편이 더 타당할 것이다.

미술은 인류 역사의 발자취이다. 인류가 시작된 이래 미술이 교회, 궁전, 거리, 광장, 상업용 건축물이나 집안을 장식하는 역할을 해 오고 있는 것은 분명한 사실이지만 그러나 이러한 기능에서 끝나지는 않는다. 미술은 당대의 사회적, 정치적, 경제적 모든 상황을 반영하며 또한 철학, 사상, 개념, 미적 취향 등 인문학적인 인간의 고뇌와 노력, 방황, 갈등 등을 반영한다. 즉, 미술은 시대의 모든 사회학적 현상을 반영하는 시대적 산물이다. 선사시대 사람들은 동굴벽화에 그림을 그리면서 사냥을 통한 풍요로운 식량 확보와 다산(多産)을 통한 자손의 번성을 기원하였다. 그들에게 풍요다산(豊饒多産)이 절박한 생존의 문제였다는 것을 우리는 동굴벽화를 통해 충분히 알 수 있다. 고대 이집트의 피라미드는 무덤으로 건축되었지만 그 시대의 삶과 죽음에 관한 개념,

생활상, 건축술과 거기에 따른 수학을 포함한 과학적 수준 등 모든 것을 알려 주는 총체적인 유적이다. 르네상스 시대의 원근법과 명암법은 과학, 의학, 수학 등을 급진적으로 발달시킨 인간의 위대한 능력의 결정물이다. 당연히 현대미술은 현대인의 사고와 생활, 철학 등을 담고 있다. 그러므로 리히텐슈타인의 〈행복한 눈물〉은 현대의 삶, 사고, 가치관 등을 총체적으로 담고 있는 현대의 산물이라 할 것이다.

〈행복한 눈물〉을 그린 리히텐슈타인은 1960년대 미국 화단에서 크게 유행한 팝 아트(Pop Art)를 주도적으로 이끈 대표적인 미술가이다. 1960년대에 이르면 정치적으로는 냉전시대가 계속되었지만 미국은 경제가 급속도로 성장하고 물질의 풍요로움으로 흥청거리게 되면서 대중소비사회가 형성되기에 이른다. 과거에는 왕, 귀족, 정치가 등 특권층이 사회를 이끌었지만 이제부터는 익명의 대중이 사회를 움직이는 주체로 등장한 것이다. 햄버거, 콜라 등 음식은 물론이고 소설, 잡지, 가전제품 등 모두가 대중을 위해 생산되었으며 대중의 소비가 모든 것을 좌우하게 되었다. 영화산업이 발달되고, TV가 등장하고 은막의 스타는 새로운 우상으로 대두되었다. 1960년대는 소비상품이 대량생산되고, 판매를 위한 광고와 마케팅 전략이 끊임없이 발달했다. 이런 분위기 속에서 순수미술 역시 변화를 꾀할 수밖에 없었다. 팝(Pop)이라는 용어 자체가 대중성을 의미하듯이 팝 아트는 대중의 생활, 취향, 생각 등을 주제로 삼는 미술이다. 그렇다고 대중성과 영합하거나 순수미술로서의 가치를 저하시키는 것은 아니다. 팝 아트는 1960년대 미국적인 현상, 미국적인 생활, 사고, 철학을 적극적으로 반영한 미술이다. 17, 18세기 화가들이 붓과 유채물감으로 그 시대 사람들의 생활,

집안의 모습 등을 풍속화로 담은 것과 다를 바 없이 팝 아트는 1960년대 미국의 시대적 현상, 즉 대중문화와 대중의 생활을 미술의 매체로, 주제로 이용한 것이다. 만화를 읽지 않고 성장한 사람이 과연 있을까. 어른이 되어서도 만화는 가장 가까운 친구처럼 정겹다. 만화는 어린 시절의 향수를 자극하기도 하고 한가로울 때 방에 누워 뒹굴면서 간식거리와 더불어 혼자 재미있게 시간을 보내게 해 주는 동무 같은 존재다. 만화를 통해 위인을 접하기도 하고 자신의 인생에 영향을 미칠 수 있는 감동을 접하기도 한다. 리히텐슈타인은 두 아들이 만화를 좋아하고 읽는 것을 보면서 대중에게 미치는 만화의 영향력을 깨달았다고 한다. 바로 이런 점, 즉 대중과 너무나 친숙한 팝 아트의 등장은 역설적이게도 대중들을 당혹하게 했고 심지어 분노를 터트리게 했다. 비평가들의 당혹감은 두말할 필요가 없을 것이다.

팝 아트가 대중성을 도입하였지만 역설적으로 대중들은 이것이 진정 미술인지 의문을 느꼈고, 언론과 비평계는 저급하고 저질스러운 미술의 등장에 우려와 분노를 표했다. 대중은 미술이란 어렵고 난해하다는 관습적인 사고에 젖어 있었다. 미국인들은 제2차 세계대전 이후 뉴욕에서 1940년대 말부터 약 10여 년 동안 유행했던 추상표현주의에 힘들게 적응하면서 자부심을 느끼기 시작했는데, 또 다시 갑작스럽게 변화된 새로운 미술에 적응하기가 쉽지 않았다. 대중들이 즐겨 읽었던 『라이프』 잡지는 1964년에 팝 아트를 저급하고 삼류 싸구려 미술 운동으로 규정지으면서 리히텐슈타인을 "그는 미국 최악의 화가인가?"라는 제목의 머리기사로 소개했다. 『라이프』는 1949년에 잭슨 폴록을 "그는 미국의 가장 위대한 화가인가?"라는 제목의 특집 기사로 다루어 제2차 세계대전 이후 미국이 탄생시킨 추상표현주의를 세계적인 미술사조로 부상시키는 데 큰 역할을 한 잡지였다. 혁신적인 변화를 보여 준 미술, 철학, 문학 등에 호의적이었던 잡지가 팝 아트 미술가 리히텐슈타인을 혹평한 것이다. 그 당시 사람들은 팝 아트를 독창성이 결여된 미술로 생각하기도 했다. 그러나 처음에는 미국인들이 팝 아트가 속물적이고 싸구려같이 보인다는 점에서 경악하며 비난했지만 시간이 지나면서 점점 팝 아티스트가 채택한 만화, 잡지의 광고, 대량생산된 상품 등의 소재, 테마, 형식에 곧 친숙해졌고 흥미를 느꼈다.

  팝 아트 미술가들은 각자 방법과 기법은 달랐지만 대중문화를 순수미술에 적극적으로 도입하였다. 그들은 상업미술과 순수미술의 결합 가능성을 처음으로 간파한 사람이었다. 그들은 상업미술의 작업 과정을 응용하기도 했다. 그렇지만 기업이나 상품을 팔기 위한 광고를 목적으로 하는 상업미술의 의도는 받아들이지 않았다. 팝 아트의 전설적인 미술가, 앤디 워홀(Andy Warhol, 1928~1987)은 잡지와 상표, 영화배우 등의 이미지를 실크 스크린으로 작업하였고, 제임스 로젠퀴스트(James Rosenquist, 1933~)는 영화의 간판 이미지를, 톰 웨셀먼(Tom Wesselman, 1931~)은 가장 미국적인 미국인의 생활 장면을 주제로 작업하였다. 리히텐슈타인은 대중이 좋아하던 만화 이미지, 전화번호부의 작은 광고, 우편주문 카탈로그의 상품 일러스트레이션, 혹은 좀 더 성인 취향의 로맨스 만화나 우연히 발견한 전쟁 만화 등에 관심을 가졌다. 리히텐슈타인의 광고, 만화 이미지는 주제, 형상이 너무나 통속적이었기 때문에 품격과 고상함을 추구했던 수 세기 동안의 미술

전통을 한순간에 뒤집으며 비웃은 것이다. 리히텐슈타인의 단순해 보이는 형식은 그가 심혈을 기울여 고민해서 만들어 낸 것이다. 그는 일단 만화, 잡지의 광고 등에서 한 장면을 선택하고 그 다음 그것을 손으로 정성껏 스케치를 한다. 스케치한 것을 캔버스에 실물투영기로 확대해 전사를 해서 그림을 그린다. 마지막 단계에서는 〈행복한 눈물〉에서 보듯이 인쇄할 때 보이는 벤 데이 망점과 같이 명료하고 경쾌한 원색의 점을 찍고, 그 다음 검정 윤곽선으로 형태를 둘러싼다. 이처럼 기계적인 방법과 수작업이 모두 동원되어 회화가 완성되는 것이다.

리히텐슈타인은 주변에서 보이는 풍경이나 대상을 화폭에 묘사하거나 혹은 마음속의 생각이나 개념, 느낌 등을 표현하는 데 그다지 크게 흥미를 느끼지 않았다. 그는 회화란 서술적이거나 감상적인 경험이 아니라 시각적인 표현이라고 생각했다. 추상미술은 작가의 과도한 자기표현이 개입될 수 있고, 구상미술은 경우에 따라 지나치게 이야기적인 내용 전달에 치중하여 회화의 본질적인 속성, 즉 색과 형태의 구성과 조화라는 근본적인 회화적 가치를 손상시킬 수 있다고 생각했다. 리히텐슈타인은 보통 사람들이 매일 주변에서 접하는 일상의 오브제에서 사물로서의 기능과 역할을 제거하여 순수하게 시각적인 회화적 가치를 실현하고자 하였다. 다시 말해 잡지 광고의 소녀는 리히텐슈타인에 의해 광고로서의 기능이 완전 제거되어 순수한 회화 속의 여인으로 탈바꿈되고, 만화 속의 인물 역시 리히텐슈타인의 회화 안으로 들어오면 순수한 회화적 형태가 된다. 〈행복한 눈물〉은 구상적 형상이지만 모델은 실제 사람이 아니라 만화의 이미지이다. 동료 팝아트 미술가, 앤디 워홀은 캠벨이나 브릴로 같은 상품명을 그래도 사용한 반면에 리히텐슈타인은 특정한 상품을 인지할 수 있는 요소를 제거했고, 어떤 만화를 차용했는지 전혀 알 수 없게 만들었다. 〈행복한 눈물〉 속의 여인 역시 어떤 만화에서 따온 이미지인지 구체적으로 알 수 없다. 인물의 개별성이 만화 형식으로 인해 완전 삭제되어 〈행복한 눈물〉 속의 여인은 전 세계의 '행복한 여인'을 대변하는 보편적 이미지의 기호가 되었다. 혹시 리히텐슈타인이 만화를 차용한 것이 아니라 만화처럼 그린 것이 아닐까, 이런 의문이 들기도 하지만 리히텐슈타인은 1930~40년대 만화를 실제로 참조, 발췌했다. 차용이란 점에서 독창성이 결여된 미술가로 보일 수도 있지만 그는 차용한 모든 이미지를 자신이 창조한 발명품처럼 보이도록 작업했다. 다시 말해 리히텐슈타인이 원하는 것은 단순히 만화를 복제하는 것이 아니라 최소한의 변형을 통해 순수하게 자신의 창조물로서 재구성하는 것이다.

리히텐슈타인의 '여인'은 만화의 부분에서 차용된 형태이지만 만화 속의 인물이라기보다 실제로 행복이 극적으로 고조된 여인을 보는 듯한 드라마틱한 상황 속에 빠지는 느낌을 갖게 만든다. 즉, 관람자와 회화의 감정이입이 완벽하게 일어나는 것이다. 리히텐슈타인은 만화의 한 장면을 극적으로 제시하여 관람자의 감정에 호소하는 강한 힘을 발휘하고 있다. 그러나 그는 드라마틱한 감정을 기계적이고 차가운 산업적인 재료와 기법을 사용하여 절제시키고 있다. 추상미술에서는 작가의 열정적인 감정이 직접 캔버스에 담겨지지만, 팝 아트에서는 대중 잡지의 이미지, 즉 실제 대상이 아니라 잡지 안의 형상인 2차적 이미지가 사용된다. 리히텐슈타인은 손을 이용한 수작업과 기계 복제를 함께 동원해서 작가의 과도한 자아표현을 냉각시키고 객관화시켜 모두가 느끼는 보편적인 감성으로 만들고 있다. 다시 말해 〈행복한 눈물〉은 특정 여인이 느끼는 특별한 감정이 아니라 우리 모두가 일상에서 한 번쯤 경험해 보거나 느낄 수 있는 감정의 공감대를 불러일으킨다. 상업미술은 소비자에게 상품을 한눈에 각인시키는 강한 힘을 가지고 있다. 즉, 광고는 상품을 판매하기 위해 단번에 대중 마음에 상품을 각인시켜야 한다. 팝 아트 작가들은 이 같은 상업미술의 즉각적인 힘을 이용하고자 했고, 실제로 성공했다. 〈행복한 눈물〉을 보면서 대중은 고뇌하고 사색하는 것이 아니라 기쁨에 겨워 눈물을 흘리고 있는 여인의 감정을 즉각적으로 받아들이고 동조한다. 그러나 리히텐슈타인이 광고의 즉각적인 인지력, 만화의 집약된 시각적 호소력을 받아들였다 할지라도 그의 작품에는 상업미술, 대중미술이 절대로 흉내낼 수 없는 기념비적인 엄숙함과 진지함, 그리고 깊은 감정적인 동화가 있다. 리히텐슈타인이 상업미술, 광고 등에 주목한 것은 피카소가 아프리카 미술에 관심을 가진 것과 유사하게 받아들일 수 있다. 즉, 순수미술의 다양한 경험을 위해 상업미술에 관심을 가진 것이다.

　팝 아트는 19세기 후반부터 미술가들이 추상미술을 향해 돌진했던 모더니즘 미술의 발달 안에 있다. 다시 말해 순수미술의 영역 안에 굳건히 자리 잡고 있는 것이다. 모더니즘 미술은 캔버스의 평평한 표면과 물감, 붓 등 매체의 물질성을 강조하는 방향으로 발달해 오면서 추상미술을 탄생시켰다. 리히텐슈타인의 작업은 추상미술은 아니지만 회화적 공간을 평면적으로 다루고 있으며 회화의 재료와 매체의 물질적인 효과를 보여 주고 있다. 리히텐슈타인을 비롯해서 팝 아트의 주제가 광고의 장면, 만화의 멜로드라마 같은 유치한 장면을 차용한 것이라 할지라도 회화적 형식은 모더니즘 미술의 미적 가치 안에 있다. 리히텐슈타인은 모더니즘 미술의 최고의 가치, 최종 목표로 설정했던 평면성과 물질성의 완성뿐 아니라 통일성과 내적 긴장, 내적 법칙으로 대변되는 긴장감 있는 구성으로 회화적 가치를 극대화시키고 있다. 회화적 가치를 통속적인 주제로 완성했다는 것이 팝 아트의 묘미이다.

　팝 아트 미술가들은 통속적이고 대량 생산되는 제품, 누구나 볼 수 있는 싸구려 잡지의 광고, 은막의 스타 사진 등을 이용해서 대중과의 긴밀한 관계를 시도했지만 내면을 파헤쳐 보면 감히 대중이 접근할 수 없는 엄청난 가격에 팔리는 고급 미술의 영역 안에 자리 잡고 있다. 그 명백한 증거가 〈행복한 눈물〉이다.

Ⅲ. 미술과 투자: 그림을 왜 살까?

　미술사적으로 가치 있는 작품은 워낙 고가(高價)이기 때문에 비자금을 은폐시키기 위한 좋은 수단이 될 수 있다. 삼성은 창업주 이병철 회장 때부터 미술품 수집으로 이름이 난 유명한 기업이고 이것이 비자금 은폐 수단으로 악용되고 있을지도 모른다는 항간의 의혹을 계속 받아 왔다. 김용철 변호사는 2007년 11월에 "2002~03년 이건희 회장의 부인 홍라희 씨 등 삼성 일가가 비자금으로 홍송원 대표를 통해 600억 원대의 고가 해외 미술품을 사들였다" 면서 30점의 미술품 리스트를 공개했다. 김 변호사는 이어 "우리 집 벽에 〈행복한 눈물〉이 걸려 있다는 말을 이재용 전무로부터 들었다" 라고 하면서 이 그림이 분

명 삼성의 것이라 주장했고, 삼성은 단호하게 부인하며 양자 간에 진
실게임이 벌어졌다.[1]

삼성 비자금 의혹 문제에서 화제가 된 것은 삼성의 미술품 수집의
엄청난 규모였다.

조준웅 특별검사 팀이 삼성 비자금 의혹을 수사하기 위해 2008년
2월 21일 오후 경기도 용인 에버랜드 인근의 삼성 계열사 창고를 방문
했고 거기에서 수천 점의 그림을 발견했다.[2] 삼성이 컬렉팅한 작품 중
에는 〈행복한 눈물〉을 훨씬 뛰어넘는 초고가의 작품이 다수 포함되어
있어 합산하면 상상을 초월할 정도로 엄청날 것이다. 〈행복한 눈물〉
이 구매 가격보다 2배로 오른 것처럼 다른 작품들도 구매 가격보다 많
이 올라 있을 것이라 짐작된다. 90억 원짜리가 약 5년 만에 200억 원
이 되었으니 재테크 투자가치로 보면 미술이 주식이나 부동산보다 더
높을 수도 있다.

미술품은 주식이나 부동산과 다를 바 없이 환금 가치가 있어 재산
은닉이나 투자 대상이 되기도 한다. 신문에서도 전시에 관한 소식이
나 정보는 문화면에서 다루지만 미술 경매, 미술 시장 소식은 문화면
뿐 아니라 종합면, 때로는 경제면에서 다루기도 한다. 모든 미술품이

---

1) 삼성 측은 〈행복한 눈물〉을 홍라희 관장이 개인 돈으로 구입해 소장하고 있다고 했다
  가 몇 시간 만에 "홍 관장이 그림을 집에 2~3일 걸어 둔 적은 있지만 마음에 들지 않아
  돌려 줬다"라고 했고, 이후 〈행복한 눈물〉을 구입한 적이 없다는 주장을 폈다. 「조선일
  보」, 2008. 2. 2.
2) 창고 안에는 빼곡한 미닫이식 장치에 크고 작은 그림들이 보관되어 있고 삼성 측이 창
  고를 미술품 보관 장소로 사용하기 위해 항온, 항습 설비를 설치했다는 내용 등도 제보
  에 들어 있다. 「조선일보」, 2008. 1. 22.

투자가치를 갖는 것은 아니다. 홍송원 국제 갤러리 대표가 특검 조사 당시 "팔려고 했지만 팔리지 않아 내가 가지고 있었다.…"[3]고 말한 적 이 있다. 그림은 팔리지 않으면 아무런 재산가치의 역할을 하지 못한 다. 몇 백억 원 추정가가 무슨 소용이 있는가. 그러므로 그림은 주식이 나 부동산보다 더 위험도가 높다. 몇 십억 원을 주고 샀다고 해도 그것 이 가짜라고 판명 나는 순간 휴지가 된다. 얼마 전 서울옥션의 경매에 서 45억 원에 낙찰된 박수근의 그림 〈빨래터〉가 가짜라는 주장이 제 기되어 한동안 화제가 되었다. 여러 조사 끝에 진품이라고 결론은 났 지만 아직도 일부에서는 진위에 의문을 갖고 계속 문제제기를 하고 있는 실정이다. 이럴 경우 이 그림은 누구도 사지 않으니 사실 휴지나 다름없다. 박수근의 〈빨래터〉를 경매에서 구입한 소장자는 진위에 상 관없이 그 그림에 깊은 애정을 갖고 있다고 한다. 바로 이것이 미술 투 자의 기본 태도라 할 것이다. 1970년대에 미국잡지 『에스콰이어』는 미술품을 수집하는 이유를 세 가지로 요약했다. 첫째가 '미술에 대한 사랑', 둘째, '투자수익에 대한 기대', 셋째가 '사회적인 이유', 즉 사람 들에게 존경받고 상류사회로 진입하는 길이 된다는 믿음이다.[4] 사람 들이 미술품을 구입할 때에는 주식이나 부동산과 달리 지성인으로 존 경받고 문화적으로 교양 있는 사람으로 인정받으며 상류사회로 진입 하는 것 같은 뿌듯함이 작용한다.

미술 투자는 주식처럼 전적으로 투자가치로 생각할 수 없다. 컬렉

---

3) 『조선일보』, 2007. 11. 27.
4) 이규현, 『그림쇼핑』, 공간사, 2006, p.18.

터는 단지 돈으로 작품을 사는 것이 아니라 애정과 관심으로 사야 된다. 투자 이윤을 극대화하기 위해서는 작가의 앞날, 미래의 가능성, 작품의 향후 전망을 철저하게 해야 한다. 신인 작가인 경우 위험이 대단히 따른다. 작가의 작품성이 추락하면 결국 그 그림은 어떤 가치도 제공하지 않는다. 실제로 20대의 나이로 갑작스럽게 미술계의 주목을 받으며 세계 경매 시장에서 수 천만 원에 팔렸던 작가들이 어느 날 갑자기 소리도 없이 사라지는 경우가 흔히 있다. 작품성에 의문이 제기되면 그 순간 그 작가의 명성은 물론이고 작품 가격 역시 낙엽처럼 허무하게 땅에 떨어져 쓰레기가 된다. 미술 투자에는 문화에 대한 열정적인 사랑이 무엇보다 필요하다. 무조건 투자 대상으로 미술 시장에 뛰어 들었다가 낭패 보기 십상이다. 미술은 주식이나 부동산과 달리 집안에 걸어 두고 보기만 해도 기쁨을 느낄 수 있는 마음을 다해 사랑하며 즐길 수 있는 대상이다. 그러므로 컬렉터는 예술 그 자체를 사랑해서 소유하고픈 욕망과 동시에 투자 이윤을 계산하면서 작품을 구매하는 것이다.

미술품 투자는 때로는 민족애와 애국심과 함께 작용하기도 한다. 가장 대표적인 경우가 간송미술관을 세운 전형필(1906~1962)이다.[5] 간송 전형필은 한국 미술사를 새롭게 쓰게 만든 한국 근대사의 대표적

---

5) 간송 전형필은 서울 종로의 거부 집안에서 2남 4녀 중 막내아들로 태어났다. 전형필의 아버지는 아들이 없었던 동생에게 둘째아들 전형필을 양자로 입적시켰다. 친아버지와 양아버지가 된 숙부가 일찍 죽게 되고, 곧이어 형도 일찍 죽어 전형필은 한꺼번에 아버지의 재산과 숙부의 재산 모두를 물려받게 되었다. 전형필은 이 엄청난 재산과 미술을 보는 안목으로 미술품 수집을 하여 국부가 외국에 유출되는 치욕을 막고 국가적인 자존심을 지키는 데 크게 기여하였다.

인 컬렉터이다. 집안에서 물려받은 엄청난 재산으로 훈민정음 원본(국보 70호), 혜원 신윤복의 화첩 〈혜원풍속도〉(국보 135호)를 비롯해서 수많은 작품을 수집, 보호하여 민족의 자존심인 국보가 외국으로 유출되는 것을 막았다. 현재에도 간송미술관은 소장품을 가지고 전시를 하여 한국 미술에 대한 자부심을 일깨워 주는 동시에 한국 미술사를 연구, 발전시키는 데 공헌하고 있다. 현대에 들어와서 간송 전형필에 필적할 만큼 미술품 수집에 열의를 보인 사람은 삼성의 창립자 고 이병철 전 회장이다. 그의 며느리 홍라희 씨는 현대미술에 관심을 가지면서 컬렉팅에 있어서도 세계의 미술계가 주목할 정도로 한국 최고의 컬렉터로서 독보적인 위치를 차지하고 있다. 한국도 경제가 발달하면서 점점 컬렉터의 역할이 커지고 있다. 최근에 들어서는 천안에서 아라리오 갤러리를 운영하는 김창일이 영향력있는 컬렉터로 인정받고 있다. 김창일은 자수성가한 천안 사람으로 미술에 대한 뛰어난 안목과 열정으로 영국 현대미술을 집중적으로 수집하여 영국 인디펜던스 잡지에 특집 기사로 실리는 등 영국 미술계의 큰 손으로 주목받기도 했다. 김창일은 영국 미술뿐 아니라 독일 현대미술에도 관심을 가지며 컬렉팅을 하고 있고, 또한 몇 년 전에 베이징에 갤러리를 오픈하여 중국 현대미술 시장에 적극적으로 뛰어들고 있다. 한국 신진 작가 양성에도 관심을 기울이면서 권오상, 구동희, 박세진 등 한국의 젊은 작가들에게 작업실을 마련해 주고 매달 일정액을 후원한다. 김창일은 그림에 대한 열정으로 직접 작업을 하는 화가로 데뷔했고, 본능적인 소유욕에 불타는 광적인 미술 컬렉터이며, 또한 투자에 대한 이윤을 극대화시키는 미술에 대한 안목과 배짱, 사업가로서의 능력을 갖춘

화상이다. 전 세계의 미술계는 삼성과 김창일이 미술 시장에서 어떤 작품을 사는지 주시하고 있다.

삼성 사건에서 보듯이 미술품 가격이 워낙 높다 보니 미술품 컬렉팅이 기업의 비자금 조성이나 재산 은닉, 혹은 뇌물 증여 등에 악용되고 있는 것도 사실이다. 그렇지만 이런 부정적인 측면만 있는 것이 아니라 사회적 기여라는 긍정적인 측면이 더 많다. 삼성이 미술품 수집을 통해 미술계에 발전과 활력을 불어 넣은 것은 대단한 사회적 공헌이라 할 것이다. 특검 팀 수사 덕택에 삼성은 미술 투자가 어쩌면 재산 은닉의 수단일지도 모른다는 항간의 의혹을 완전히 벗는 계기가 되었고, 또한 이병철 회장 때부터 수집한 미술품의 규모를 정확히 세상에 알려 주게 된 기회가 되었다. 삼성과 같은 대기업이나 거부들의 미술품 수집은 예술에 무관심한 국가를 대신하여 문화재를 지키는 역할을 하기도 한다. 고 이병철 회장은 외국에 있는 한국 문화재를 다시 사들이기도 했고, 반대로 외국으로 팔려나가는 것을 두 배, 세 배의 가격을 지불하면서 유출을 막았다. 국보급의 우수한 문화재를 보호한다는 것은 분명 미술투자를 통한 사회적 기여라 할 것이다. 뿐만 아니라 삼성이 소유하고 있는 엄청난 규모의 미술품은 미술사, 역사, 고고학 등의 학자와 연구원들이 체계적으로 학문을 연구하는 데 소중한 자료가 되고 있다. 삼성미술관 건물 자체도 세계적인 건축가가 설계한 일종의 미술품이고, 소장하고 있는 미술품은 한국의 문화적 수준의 잣대이며 국력이기도 하다. 삼성미술관에는 국립현대미술관 혹은 국립중앙박물관의 소장품보다 더 가치 있는 걸작도 다수 있다.

삼성뿐 아니라 전 세계의 많은 기업들이 미술을 통해 국가의 문화

발전에 기여하고 있다. 대기업들은 컬렉팅을 통해 문화사업이라는 사회적인 기여를 하면서 기업의 이미지 향상을 꾀한다. 2005년도 말에 잡지 『월간미술』이 실시한 '한국 미술계를 움직인다고 생각하는 대표적인 인물'이 누구냐는 설문조사에서 삼성미술관 홍라희 관장이 1위로 선정되었다. 이것은 미술이 얼마나 경제와 밀접한 관계를 갖는가를, 또한 예술을 통해 기업의 이미지를 얼마나 상승시킬 수 있는지를 단적으로 보여 주는 실례라고 할 수 있다. 예술에 투자하는 기업이라는 이미지는 삼성에 대한 호감도를 높이는 결과를 가져온다. 한국의 모든 기업이 삼성만큼 미술품을 수집하고 미술에 관심을 가져 준다면 한국의 미술계는 엄청난 동력과 활력으로 발전하게 될 것이다. 문화는 그 나라의 국력이다. 스페인의 조그만 도시, 거의 폐허가 되었던 빌바우는 구겐하임 미술관 유치로 세계적인 문화도시로 부상하여 매년 수만 명의 관광객이 몰려들고 있다.

IV. 삼성 비자금 특검, 그 이후

삼성 비자금 사건에서 화제가 되었던 〈행복한 눈물〉은 전 세계 미술인들의 관심을 자극시켰다. 스페인의 팝 아트 작가 안토니오 드 펠리페(Antonio de Felipe, 1965~)는 삼성 비자금 사건을 패러디해서 〈애니콜과 행복한 눈물(Happy Tears Avec Anycall)〉이라는 작품을 제작했다. 이것은 〈행복한 눈물〉보다 작은 50×50cm의 아크릴 물감으로 그려진 정사각형 그림이다. 파랗게 바뀐 머리 색깔만 제외하고 리히텐슈타인의 〈행복한 눈물〉의 여인과 꼭 그대로 닮은 여인은 삼성 핸드폰 Anycall(애니콜)이 새겨진 폴더 휴대폰을 왼손에 들고 통화하면서 눈물을 글썽이고 있다. 〈행복한 눈물〉과 삼성 비자금 사건의 풍자이다. 오늘날의 미술은 패러디 자체가 독창적인 것으로 인정받고 있다. 리히텐슈타인의 〈행복한 눈물〉이 삼성 사건으로 유명해지면서 리히텐슈타인의 명성도 덩달아 높아져 한때 한국의 화랑가에서 리히텐슈타인의 작품은 없어서 못 팔 정도였다.[6]

리히텐슈타인은 삼성 비자금 사건으로 혜택을 톡톡히 보는 데 반해, 삼성미술관은 현재까지 '개점휴업' 상태이다. 특검 수사 결과는 무혐의였지만 홍라희 관장은 도의적 책임을 지기 위해 관장에서 사임하고 여동생인 홍라영 씨가 '삼성미술관 리움 총괄부관장'으로서 미술관을 꾸려가고 있다.[7] 홍라희 관장의 사임은 미술관 활동을 현저히 위축시켜 미술관의 핵심기관이었던 학예연구실이 절반 규모로 축소되었다. 현재에는 미술관에서 진행하던 모든 전시기획이 중단된 상태이다. 올해의 전시는 모두 취소되어 단 한 번의 기획전시도 없었고 비자

---

6) 조선일보 기사는 다음과 같이 그 현상을 소개했다. "…해외 미술품을 전문으로 다루는 청담동 오페라 갤러리의 김영애 실장은 '손님 대부분이 리히텐슈타인이 어떤 작가인지와 그의 작품이 있느냐고 묻는다' 며 '우리나라 컬렉터들은 특히 작가의 유명세를 중시하기 때문에 이번 삼성 비자금 사건을 계기로 리히텐슈타인이 국내에서 대단한 작가로 자리매김한 것 같다' 고 말했다. 청담동 엠포리아 갤러리 측은 작년 11월 말 김용철 변호사가 '삼성 미술품 목록을 공개하고 며칠 뒤 우리 갤러리에 걸려 있던 리히텐슈타인 판화 두 점이 팔렸다' 라고 했다." 「조선일보」, 2008. 1. 25.

7) 홍라영 부관장은 홍라희 씨의 14살 아래 막내 여동생이다. 홍라영은 이화여대 불문과를 졸업한 후 미국 뉴욕대에서 예술경영을 공부했다고 알려져 있다. 노신영 전 국무총리의 둘째 아들(노철수)의 아내이기도 하다. 삼성문화재단 상무를 겸하면서 언니의 전폭적인 신뢰를 받으며 해외 미술품 구매에 깊숙이 개입하기도 했다.

금 사건 이전부터 야심적으로 추진되었던 21세기의 대표적인 영국 출신의 미술가 데미언 허스트(Damien Hirst, 1965~)의 전시도 무기한 연기되었다.[8] 내년의 상황 역시 알 수가 없다. 현재 소장품만 보여 주는 상설관만 운영하고 기획전시관은 아예 문을 닫은 상태이다. 삼성미술관의 위축은 미술계의 엄청난 손실이다. 홍라희 씨가 외국의 작품만 수집한 것은 아니었고 한국의 신진 미술가들의 것도 활발하게 컬렉팅하여 미술계에 활력을 불어넣었는데 현재 그 활력의 바람이 멈춘 것이다.

작년 말 한국 사회를 뒤흔들었던 삼성 비자금 사건은 그동안 은밀하게 상류층에서 행해 왔던 미술 투자의 문제를 대중에게 벌거벗겨 보여 주었다. 미술품이 엄청난 고가로 거래되고, 대박을 터트리면 주식이나 부동산과 비교할 수 없는 수익도 창출할 수 있다는 것을 일반인들도 알게 되었다. 몇몇 은행에서는 미술품 투자 펀드를 만드는 것까지 검토했을 정도이고, 이명박 정부는 서민층의 감정을 고려해서 미술품 구입과 판매에도 양도소득세를 물리겠다고 발표했다. 투자이익을 보면 세금을 내는 것은 당연하지만 아무래도 미술품 거래가 위축될 것은 분명하다. 컬렉팅이 위축되면 미술가들의 작업 의욕이 떨어지고 그러면 자연히 미술에 관계된 여러 연구와 전시 등에 좋지 않은 영향을 미칠 수밖에 없을 것이다. 기업이 미술에 투자하는 방법이

---

8) 데미언 허스트는 KBS의 미술 특집 다큐멘터리 촬영 때 KBS 제작진을 만나 리움에서 2008년에 개인전을 해달라는 초청을 받았다며 리움 측에서 보내 준 전시장 모형까지 보여 준 적이 있다. 이 개인전이 열렸다면 해골에 다이아몬드 8,600개를 박아 만든 980억 원짜리 조각 〈신의 사랑을 위하여〉도 전시될 예정이었다. 「조선일보」, 2008. 5. 10.

컬렉팅에만 있는 것은 아니다. 신진 작가를 발굴하기 위한 프로그램을 만들어 투자할 수도 있고, 미술공모전을 주최할 수도 있다. 또한 미술가들의 작품을 기업 홍보에 쓰는 것도 미술에 투자하는 길이 될 수 있을 것이다.

미술은 경제, 즉 돈과 밀접한 관련을 맺으면서 성장한다. 물을 주지 않으면 식물이 자랄 수 없고 결국 죽어 버리듯이 미술도 마찬가지이다. 옛날에는 귀족이나 황실의 경제적 후원을 받으며 미술이 발전해 왔지만 현대에는 투자가 있어야 미술이 뿌리를 내리며 살 수 있다. 그런데 미술에 대한 투자는 (위에서 이미 여러 번 강조했듯이) 돈보다는 조건 없는 사랑이 우선되어야 한다. 투자 이윤을 전혀 갖지 못해도 사랑으로 즐길 줄 아는 마음이 중요하다. 사랑을 하려면 상대를 알아야 하는 것처럼 미술은 아는 것만큼 보이는 것이고, 아는 것만큼 사랑을 느낄 수 있는 것이다. 충분히 알기 위해서는 미술에 대한 충분한 공부가 필요하다. 그러므로 미술은 지성이며, 인문학이고 철학이다. 무엇보다 우리들 삶의 거울이다.

(2008. 10. 1)

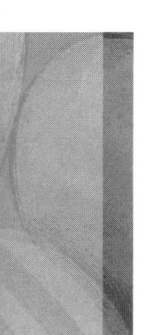

신흥 영성 운동
─도전일까, 기회일까?

송용민 신부 | 인천가톨릭대 교수, 기초신학

I. 나는 지금 어디에?

바쁜 일상을 살아가며 밤하늘의 별조차 쳐다볼 시간 없이 살아가는 현대인들에게 참된 쉼과 휴식처는 어디일까? 물질적 풍요가 커질수록 영적 메마름을 느껴 가는 현대인의 고뇌의 뿌리는 무엇일까? 빈부격차가 심화되고 있는 한국 사회에서도 여전히 한결같은 사실 하나는 물질적 풍요를 누리는 사람이나 빈곤의 자리로 내몰린 사람이나 모두 영적 공허감과 내면적 패배감 속에서 삶의 참된 평화와 기쁨을 잃어가고 있다는 점이다.

인간의 참된 행복은 영혼과 육신이 온전히 결합된 조화로운 삶에 있다. 많은 이들은 종교나 신앙이 세상을 홀연히 떠나 영혼의 내면적 평화와 내세의 구원을 위한 도피처처럼 여기지만 신앙, 즉 '믿는다는 것'은 본래 진흙탕 같은 세상에 발을 담고 있으면서도 희망의 끈을 놓지 않고 살아가려는 인격적 결단에 속한다. 그러나 오늘날 적지 않은 이들이 자신의 신앙 속에서 혼란을 겪고 있다. 아무리 성당과 예배당을 열심히 다니고, 사찰과 점술인들을 찾아다녀도 마음의 불안과 내적 미움의 뿌리, 직장과 가정에서 생긴 불화와 미래에 대한 불확실은 여전히 남기 때문이다. 그래서 어떤 이들은 내적 평화를 찾는 비법만 있다면 종교를 넘나드는 용기도 서슴지 않는다. 자신의 종교가 가진 모순과 갈등 때문에 더 큰 영적 빈곤을 느끼기 때문이다. 또 다른 이들은 자신이 가졌던 종교의 매력을 잃거나, 시대에 뒤떨어진 종교의 보수성과 영적 단조로움, 세속화된 교회나 사찰에 회의를 갖고 떠나기도 한다. 그런가 하면 자신의 종교에 충실히 머물면서도 내 이웃이 지닌 종교적 영성의 매력에도 관심을 기울이거나, 흔히 '영성'이란 이름으로 확산되고 있는 다른 종교적 전통의 수행법에 동참해 보고 싶어 하기도 한다. 그러나 이들에게도 여전히 질문은 남는다: "내 신앙은 옳은가?" "이래도 되나?" 신앙인으로서의 자신의 정체성을 지키는 일과 다원화된 사회에서 밀려오는 다양한 종교적 전통들과 만남이 상충되는 현실에서 나오는 질문들이다.

여기서 우리는 종교인이라면 누구나 다음과 같은 물음 앞에 선다. "내가 사는 21세기는 어떤 세상인가?" "나는 무엇을 찾고 무엇을 위해 살고 있으며, 내가 바라는 삶은 진정 무엇인가?" "나의 믿음은 정당한가?" "나의 종교적 삶은 내 영혼의 빈자리를 채워 주고 있는가?" "내 신앙은 나의 영적인 메마름뿐만 아니라 온 인류의 참 빛이 되고 있는가?"

II. 신흥 영성 운동, 시대의 징표인가?

21세기는 흔히 '영성의 시대'라 불린다. '영성(spirituality)'이란 흔히 '정신적인 것', '숭고한 것'과 관련되어 있으며, 인간의 영혼, 마음, 심리, 종교적인 초월성 그리고 육적인 세상과 구분되는 영적인 세상의 것에 대한 내적 지향성을 뜻한다. 영성이란 말이 근래 들어 거의 종교에서 광범위하게 사용되고 있는 이유는 현대인들이 대개 '종교'라는 말에서 폐쇄적이고 구속적인 뉘앙스를 느끼는 반면에 '영성'이라는 말에 더 호감을 갖기 때문이다. 현대인들은 집단의 구속을 따르고 초월적인 존재에 복종하며 종교 교단과 같은 명확한 조직에 속하는 것을 싫어하면서도 자기 자신의 의식을 보다 높은 차원으로 끌어올리는 자기 변용과 자기 개발을 통한 궁극적 실재에로의 도달에 깊은 관심을 기울인다.

서구 사회를 중심으로 인류에게 깊은 영성적 뿌리를 만들어 준 그리스도교는 예수 그리스도를 통하여 인간에게 선사된 하느님의 거룩한 '영(靈) 안에서 사는 방식'(로마 5,5l; 8, 9-17; 갈라 4,6)을 '영성'이라고 부른다. 곧 예수의 인격에서 드러난 하느님의 구원 업적을 세상에서 끊임없이 체험하게 해 주시는 '성령'의 이끄심에 따라 사는 것을 말한다. 한마디로 하느님의 은총 속에 사는 삶이다.

그런데 오늘날 이러한 그리스도교적 영성과는 다른 새로운 영성적 흐름들이 나타나고 있다. 흔히 '신흥 영성 운동'[1]이라고 일컬어지는

---

1) 본래 '신흥 영성 운동'이란 용어는 동경대학의 종교사회학자 시마조노 스스무가 새로

새로운 종교적 흐름은 인간이 자신의 내면성에로 몰두하게 하고, 인격적 신의 도움 없이 자아의 깊은 신성(거룩함)의 깨달음을 통한 구원을 강조한다. 그리스도교 영성이 성령의 이끄심에 따라 하느님을 향한 '자기 비움'이라면, 신흥 영성은 인간 내면의 신성을 향한 '자아 발견'이라는 점에서 본질적인 차이점이 있다.

1) 신흥 영성 운동이란 무엇인가?

'신흥(新興)'이란 말은 '전통적인 것', '익숙하거나 당연하게 여겨 온 것'들로부터 탈피하여 어떤 사회적 사실이나 현상이 새로 일어나는 것을 의미하며, 구시대적인 유산들과는 다른 어떤 새로운 움직임과 변화를 지칭한다. 동시에 무엇인가 새로운 것이 발흥되고 있다는 의미에서 사람들의 의식을 새롭게 바꿔 주고 가치를 새롭게 인식하게 해 주는 그 무엇을 말한다. 이런 의미에서 '신흥 영성'이란 과거와는 다른 새로운 영성적 인식의 전환을 일으켜 주는 영적 삶을 말한다. 이것이 어떤 목표를 향해 나아가는 과정적 의미를 띤 '운동'의 성격을 갖는다는 것은 '신흥 영성'이 어떤 특정한 목표를 지향하고 있다는 말이다. 그러나 그 목표가 무엇이냐에 따라서 '신흥 영성 운동'의 성격이

운 종교적 흐름을 지칭하기 위해 처음 사용하였고 일반적으로 '1970년경부터 주로 선진국의 대도시를 중심으로 동시에 전개된 개인주의적 종교 운동'을 지칭한다. 흔히 '신영성 운동'이라고도 부르는데, 이는 기성 종교들이 제시하는 영적인 삶의 방식과는 다른 새로운 영적인 가치와 삶의 태도를 강조한다. 이하 신흥 영성 운동에 관하여 노길명, "신영성운동의 전개와 성격", 『누리와 말씀』 12호, 인천가톨릭대학교 출판부 2002; 같은 저자, 『한국의 종교운동』(고려대학교 출판부 2005)을 참조.

규정될 수 있다. 한편에서는 신흥 영성 운동이 새로운 영성을 제시한 창시자의 권위를 절대화하거나 신비화하면서도 엄격한 교계와 교리를 갖고 있는 제도적 신종교와 대칭되는 개인주의적 종교 운동으로 이해되는 경향을 갖는다. 다른 한편에서는 신흥 영성 운동이 개인과 사회가 지닌 기존의 의식을 변형시키기 위한 광범위한 사회 문화 운동의 형태로 이해되기도 한다.

2) 신흥 영성 운동의 형태들

가) 서구의 뉴 에이지(New Age) 운동

80년대 이후 대중적으로 알려지기 시작한 대표적인 신흥 영성 운동은 천체 현상을 관찰하여 인간의 운명과 미래를 점치던 서구의 점성술에 근거한 '뉴 에이지(New Age) 운동'이다.[2] 이는 말 그대로 '새로운 세대', '새로운 시대'를 추구하는 영적 종교 운동을 지칭한다. 서구

---

2) 뉴 에이지의 유래와 역사에 관하여 다음과 같은 저서를 참조할 수 있다. 박문수·주원준, 『한국의 종교문화와 뉴에이지 운동』, 성바오로출판사 1998; 장 베르네트, 이재숙 역, 『뉴에이지』, 성바오로출판사 1997; 교황청 문화평의회/종교간대화평의회, 『생명수를 지니신 예수 그리스도 — 뉴에이지에 관한 그리스도교적 성찰』, 한국천주교중앙협의회 2004; 전명수, "한국의 뉴에이지 운동 연구 현황과 과제", 『한국사회』 6집 2호, 고려대학교 한국사회연구소 2005, 161-191쪽; 전명수, "뉴에이지 운동의 전개와 변모—대체종교에서 대중문화로서의 방향전환에 관한 사고", 『원불교사상과 종교문화』, 34권, 원광대학교 원불교사상연구원 2006, 13-167쪽; 우혜란, "서구의 뉴에이지 연구 동향", 『종교문화비평』 5권 한국종교문화연구소 2004, 169-209쪽; 차동엽, "신영성 운동 바로 알기—신영성운동(뉴에이지), 얼마나 알고 계십니까", 『사목』 301호, 한국천주교중앙협의회 2004, 124-131쪽; 김원중, "뉴에이지 운동에 대한 그리스도교적 고찰", 『신학전망』 115호, 광주가톨릭대학교 출판부 1996, 68-93쪽; 박준양, "뉴에이지의 우주적 그리스도 개념과 전망에 대한 비판적 고찰", 『가톨릭신학』 12호, 가톨릭신학학회 2008, 33-67쪽.

의 점성술에 따르면 태양과 여러 행성들의 궤도 순환 운동의 주기는 26,000년인데, 이를 서양의 별자리에 따라 12자리로 나누면 한 자리로부터 다른 자리로 넘어가는 시간이 2,160년(한 세대)이 걸린다고 한다. 뉴 에이지 사상가에 따르면 현대는 물고기자리에서 물병자리로 넘어가는 대전환의 시기이다. 이들은 물고기자리의 시대에는 물고기가 물이라는 외부로부터의 도움 없이는 살아갈 수 없듯이, 인간의 구원도 전쟁과 갈등의 혼란 속에서 밖으로부터 구원을 기대할 수밖에 없는 시대라고 규정하고, 종교적으로는 신의 은총을 필요로 하는 그리스도교 시대라고 말한다. 그러나 물병자리는 이와는 반대로 물병 안에 담긴 물처럼 인간의 내면에 담긴 신성을 발견하여 조화, 정의, 평화, 일치를 이루는 새로운 시대라고 주장한다. 따라서 뉴 에이지 운동은 일반적으로 육체적, 정신적, 영적인 건강과 평화를 추구하고, 그것을 통해 자기 변용을 이루며, 그 결과 새로운 사회를 이루는 것을 목적으로 하는 운동을 지칭한다.

뉴 에이지란 용어는 러시아 출신 헬레나 블라바츠키(Helena Petrovna Blavatsky)가 미국 뉴욕에서 1875년 창설한 신지학협회(The Theosophical Society; 신지학회)에 뿌리를 두고 있다. 이 협회는 전통적 밀교 요소(심령술, 은비학, 신지학)들을 진화론, 심리학, 비교종교학 등의 현대 학문들과 통합하면서 밝혀지지 않은 자연 법칙들과 인간의 잠재력 연구를 목적으로 설립되었다.[3] 이 운동은 1960년대 서구 산업화와 서구 문명

---

3) 인류의 보편적 형제애를 강조하고 종교, 과학, 철학에 대한 비교 연구를 권장하며, 설명되지 않은 자연법칙과 인간의 잠재력을 탐구하는 것을 목표로 한다. 또한 영적 진화를 지도하는 위대한 스승들을 강조하는데 한때 인도에서 신지학에 바탕을 둔 글과 제자를

전반에 대한 반발 운동으로서의 '반문화 운동'이 일어난 후, '조지 트레벨란(G. Trevelyan 1906~1996)'이 1970년대 말에 저술한 자신의 삼부작 저서 중의 첫 번째인 『물병자리 시대의 비전(A Vision of the Aquarian Age)』에서 처음으로 제시되었다.[4] 이 책에서 그는 우주가 기계적 메커니즘이 아니라 정신이고, 지구는 단순히 죽어 버린 광물 덩어리가 아니라 지각력이 있는 생명체이며, 인간은 육신이라는 사원에 거주하고 있는 신성의 작은 물방울로서 본질적으로 정신적 존재라는 전체론적 세계관을 표명하였다. 서구에 이 운동이 대중화되기 시작한 것은 1980년 메릴린 퍼거슨(M. Ferguson)이 그의 저서 『물병자리의 공모: 1980년대의 개인과 사회의 변혁』(The Aquarian Conspiracy: Personal and Social Transformation in the 1980s)[5]에서 물병자리로의 새로운 시대의 전환에 대해 공감하면서, 패러다임 전환을 위한 단순한 협력 차원을 넘어 '공모'의 확산을 부추기면서 확산되었다. 여기서는 뉴 에이지 운동이 추구하는 명상, 자연과의 교감, 영성 개발, 신비 체험, 전인적 치유를 위한 수행에 대한 이론적 기반이 제시되었고, 그의 저서는 뉴 에이지 사상이 대중문화 속에 확산되어 대체 영성이자 대체 종교의 형태로 발전하는 데 중요한 계기로 작용하였다.

양성하던 크리슈나무르티를 인류를 지도할 위대한 스승으로 선포(1911년)했다가 주장을 철회한 바도 있다.

4) 그의 저서는 제1부 A Vision of the Aquarian Age(1977). 제2부 Operation Redemption (1981), 제3부 Exploration into God(1991)의 삼부작으로 출판되었는데, 이 중 제1부 『물병자리 시대의 비전』은 박광순 역, 『인간의 마지막 진화: 호모 노에티쿠스』(서울: 물병자리 2000)로 번역되어 한국에도 소개되었다.

5) 매릴린 퍼거슨, 김용주 역, 『뉴에이지 혁명』, 정신세계사 1999.

나) 일본의 정신세계 운동

서구의 뉴 에이지 운동이 이미 동양의 신비주의 사상에 대한 관심 속에 시작되었다면 '정신세계 운동'은 신흥 영성 운동의 일환으로 일본에서 시작된 뉴 에이지 운동을 지칭한다. 노길명 교수에 따르면 '정신세계 운동'은 1977년 일본에서 정신세계의 책 베스트 100, 정신세계의 레코드 베스트 100이 출간되면서 소개되었고, 뉴 에이지의 책(1990), 정신세계 총 카탈로그(1994), 정보책자/정신 요법과 명상(1994), 뉴 에이지 워크숍 카탈로그(1995) 등의 세미나, 워크숍 안내서 등이 발간되면서 대중적으로 확산되었다. 특히 도시의 대형 서점에서 '정신세계'라는 코너가 생기면서 일본인들 사이에서 이에 대한 사회적 관심이 확대되었다고 한다.

대표적 뉴 에이지 사상가인 크리슈나무르티(1895~1986)[6]와 오쇼 라즈니쉬(1931~1990)[7]는 삶의 신비에 대한 총체적 관심을 집약해서 소개했으며, 일본의 정신세계 운동은 주로 샤머니즘, 채널링(영매), 기공, 동양의학, 임사 체험, 사후 세계와 신비 현상을 현대 과학과 결부시키는 '오컬티즘(occultism)', 즉 신비 체험을 추구하는 밀교나 영적

---

6) 1895년 인도에서 태어난 그는 신지학회와 연관되어 1920년부터 세계 언론에 관심을 끌면서 수많은 강연을 통하여 인간 내면의 근본적인 변화의 필요성을 역설하였다. 그는 어떤 종교나 종파 또는 나라에 속하지 않고 순수하게 인간이 진리나 신에 대한 인간의 탐구에 새로운 의미와 방향을 제시하였다. 그의 저서로는 『명상』, 『자기로부터의 혁명』, 『생활의 기술』, 『아는 것으로부터 자유』 등이 있다.

7) 그는 인도의 신비가이자 구루(스승) 및 철학자로서 인도를 돌아다니며 대중을 향해 강연하며 사회주의와 마하트마 간디 및 기성 종교에 대해 반대하고 성에 대한 개방적 태도를 지지하여 논란을 일으켰다. 그는 정신적 지도자로서 세계의 종교적 경전이나 신비가 및 철학자들의 글을 재해석하였다. 그의 저서로는 『틈』, 『깨달음으로 가는 일곱 단계』, 『텅빈 가슴을 넘어서』, 『삶의 길』, 『흰구름의 길』 등이 있다.

현상에 관심을 갖고, 꾸준히 대중적 관심을 얻고 있는 미확인 비행물체(UFO)나 외계인과의 접촉, 꿈, 초능력, 전생 등을 주제로 삼는다.

다) 한국의 기 수련 운동

한국에서는 신흥 영성 운동이 주로 동양의 기(氣) 사상, 기(氣) 철학을 현대인의 영적 욕구에 맞게 재부흥시키면서 '기 수련 운동'의 형태로 발전하였다. 동양 사상에서 '기(氣)'란 생태계 일반을 두루 관통하고 있는 우주의 생명력으로 이해되며, 기 수련은 한국의 전통적인 민족 종교들의 수행법으로 전래되어 왔다.[8]

기 수련 운동의 목표는 영적 세계와의 교감이다. 이들은 단계별 수련을 통하여 '몸과 마음을 기화시켜 스스로 허공이 됨으로써 물질계를 벗어나 초월계로 들어서는 하늘 사람의 경지에 이르는 것'을 추구하며, 더 나아가 '자신의 신성을 극대화시켜 마침내 신이 되는 경지'[9]에 이르는 것을 목표로 한다. 이들은 주로 만인 사제주의를 표방하거나, 창시자의 카리스마를 중심으로 조직되어 독특한 '신흥 종교 운동'으로 발전하고 있다.

한국의 대표적인 기 수련 운동으로는 단전호흡, 뇌호흡, 선체조, 명상, 참 마음을 찾는 수련법 등을 토대로 대중적 인기를 얻고 있는 국선도(1972), 단월드(1980), 수선재(1998), 마음수련원(1996) 등이 있다. 이

---

8) 가령 한국의 대종교, 동학계, 증산계, 원불교는 동양의 전통적인 수행 방식인 기를 다스리는 기술적인 방법, 즉 '기공(氣功)'을 강조하고 있는데, 한국의 기 수련 운동은 이를 통한 심신 수련과 영성 개발 운동을 위해 기공, 단전, 초월, 명상, 요가 등을 대중화하고 있다.

9) 송기원, 『청산』, 서울: 창작과비평사 1997, 285쪽.

들 운동과 더불어 서구의 뉴 에이지 사상은 한국에서 『월간정신세계』
(2000~2003), 『정신세계 웰빙라이프』(2004~) 등의 잡지를 통해서 친
숙한 대중 문화적 현상으로 확산되고 있다. 특히 음악, 미술, 영화 분
야 등의 대중 문화적 성격으로 확산되어 초기 '종교 변용'의 성격에서
점차로 '문화 변용'으로 넘어가는 과정에 있다. 근래에는 샤머니즘적
요소의 재발견을 통해 '오늘의 운세, 타로점, 띠별 운세, 점술, UFO,
강신술' 등이 인기이며, 개인의 수양과 사후세계, 환생에 대한 관심을
갖는 다양한 서적, 영화, 음악 등도 소개되고 있다.

3) 신흥 영성 운동의 사상적 배경

가) 영적 구원주의(soteriocentric)로의 패러다임 전환

신흥 영성 운동이 발생하게 된 배경에는 몇 가지 중요한 사상적 변
화가 깔려 있다. 중세가 신앙을 우위에 두고, 제도 교회와 교회의 권력
을 뒷받침했던 신 중심적 '신본주의(theocentric)' 세계관의 시대였다
면, 18세기 계몽주의 이후에는 이성의 신앙에 대한 우위가 선포되고, 탈
권위적, 탈제도적 성향이 나타났으며, 인간의 자유의지와 감성의 강조
로 이성의 합리주의와 낭만주의가 발전한 '인본주의(anthropocentric)'
시대였다. 이 시기에는 과학적 사고의 발달과 인류의 진보에 대한 낙
관은 물론 신율(神律)보다 인간의 자율(自律)의 중요성을 강조하게 되
어 종교와 윤리의 가치관에도 커다란 변화를 가져왔다.

그러나 현대에는 이른바 '포스트모더니즘(post-modernism)'으로 불
리는 시대에 돌입하면서 영적 구원의 가치(soteriocentric)가 중요하게

대두되고 있다. 20세기 초 두 차례의 세계대전을 통해서 모더니즘의 이성 만능주의가 지닌 한계가 드러났고, 이를 극복하는 과정에서 참된 평화와 행복, 인간의 구원에 대한 관심이 높아졌기 때문이다. 따라서 현대에는 특정 종교의 절대적 가치보다는 인간을 비구원적 상황인 죽음, 병, 고통 등에서 구원으로 이끄는 종교들의 다양한 가치들이 혼합되거나, 자의적으로 통합되는 현상이 나타나고 있으며, 종교보다는 영성, 교리보다는 체험, 권위와 제도보다는 치유와 변형에 대한 관심이 커져 탈권위적 개인 영성의 시대를 맞고 있다.

이러한 사회적 변혁 속에서 살아가는 현대인들은 다양한 '행복'의 가치들 속에서 혼란을 겪고 있다. 물질적 풍요 속에서도 현대인은 현대 물질문명의 부작용으로 신음하면서 참된 행복의 조건으로 내적인 평화를 찾고 있다.[10] 여기서 인간의 삶의 의미에 대한 질문이 생기고, 인간의 내적인 안정과 평화에 대한 관심이 커지면서, 인간의 내면에 숨겨진 초월성과 영성이 재발견되고 있다. 그러나 현대인은 기성 종교에서 찾지 못하는 영적 서비스에 대한 관심을 가지면서도, 다원주의 시대의 가치 질서의 상대화 속에서 "무엇이 옳은가"가 아닌 "내게 무엇이 좋은가"에 몰두하고 있다.[11]

---

10) 특히 기성 종교들의 세속화, 반종교적 쾌락주의, 대형 교회의 물질적 팽창주의, 종교적 편향을 몰고 오는 배타주의와 가정 파괴, 반생명적, 반사회적 경향, 인터넷 중독, 사회 양극화 현상 등의 도덕적 해이와 기성 가치 질서의 파괴 및 비인간화 현상 등은 내적 평화를 위한 인간 내면성의 재발견에 관심을 끌게 하기에 충분하였다.

11) 이러한 시대의 조류에 맞춰 영성 개발을 위한 다양한 산업들이 발전하고 있다. 뇌의 활성화에 도움을 주는 향초의 개발이나 식물의 에너지와 정신을 중요시되고, 영혼의 성장에 도움이 되는 소울 식품(soul food)을 포함한 자연건강 식품 판매가 늘고 있다. 여기서는 다분히 영성이 자본주의와 만나 산업화되고 있는 현상도 간과할 수 없다.

이러한 이유로 신흥 영성은 기존의 영성과 대조되는 대안적 영성을 제시한다. 이들은 반서구적인 경향에 따라 동양 신비주의에 관심을 갖거나, 반종교적 경향으로 인해 서구 그리스도교에 깊이 반발하는 입장을 취한다. 동시에 동양의 신비주의 영성에 대한 관심은 서구에서 오랫동안 정통 그리스도교에 의해 이단시되었던 비의(秘儀)적 밀교 전승들, 가령 심령술, 점성술, 강신술, 초월 명상 등에 대한 관심을 일으켰고, 이와 더불어 힌두교의 밀교적 전통의 영향을 받아 명상 요가를 통한 깨달음을 강조하면서, 20세기 신지학회와 뉴 에이지 운동 전반에 큰 영향을 미쳤다.

뉴 에이지 운동가들은 영성적으로는 제도화된 교리와 신앙 고백을 통한 믿음의 구원이 아닌, 내적 체험과 감응을 통한 자기 확신에 관심을 갖는 감성적 신앙을 선호한다. 이들은 그리스도교와 같은 인격신의 계시에 기초한 종교에서 강조하는 신의 절대성과 신의 권위에 대한 복종을 통한 구원 논리나 창조된 인간의 자율적 이성의 올바른 활용이라는 논리에서 벗어나, 개인적으로 선호되는 영적 가치에 몰두한다. 이러한 점은 많은 현대인들이 자신이 속한 사회의 공식적인 종교 전통에 매이지 않고 자신의 종교성 혹은 영성을 다양한 문화적 차원 속에서 선택적으로 취사하려는 경향[12]을 이끌고 있으며, 적지 않은 부분에서 이들의 종교성이 후기 자본주의 사상과 연결되어 극단적으로 개인화된 종교적 성향을 보여 주기도 한다.

---

12) 이를 '선택적 신앙'이라고 하는데, '사회 구성원들이 자신이 속한 사회의 공식적인 종교 전통에 매이지 않고 자신의 종교성 혹은 영성을 다양한 문화적 차원 속에서 선택적으로 취사하여 이를 추구하는 종교적 성향을 일컫는다.

나) 신관의 변화: 인격적 유일신관에서 범신론으로의 전환

서구 문명의 유일신 사상(monotheism)은 신을 창조주, 절대자, 초월자, 전지전능하신 하느님으로 고백한다. 그러나 18세기 계몽주의 시대 이후 하느님의 인격성이 의문에 처해지고, 단지 신은 존재의 원리로서만 인정되는 '이신론(Deism)'이 발전한 후 세속화와 탈종교 시대가 가속되었다. 20세기에 이르러 하느님의 부재(不在) 체험과 무신론이 대두되어 니체, 카뮈, 마르크스, 프로이드, 하이데거, 비트겐슈타인 등의 무신론적 학설로 인해 인류는 신앙 세계의 붕괴와 회의주의, 정신 세계의 가치 질서의 붕괴를 겪었다.[13] 21세기에는 다원주의에 따른 범신론(pantheism)의 물결로 모든 종교들의 무차별적 동일성이 강조되고, '모든 종교는 결국 같은 것'이며, '신과 우주가 동일'하며, 모든 만물에 깃든 신성에 대한 새로운 체험이 강조되고 있다. 동시에 '신은 만물 안에 존재하고 따라서 만물이 신'이라는 범신론적 요소가 강하게 나타나고 있다.

범신론적 흐름은 한 분이신 절대적 초월자와의 인격적 관계 속에서 겪는 주종관계에 익숙하지 않은 현대인들이 신성을 더욱 넓은 지평에서 발견하려는 종교적 욕구와 잘 맞아떨어지고 있다. 특히 21세기는 앨빈 토플러가 강조했듯이 첨단 디지털 매체와 인터넷 문화로 대표되는 지식 정보화 사회로서, 현대인들은 정보화 시대의 '통합(convergence)' 문화 속에서 참된 자아를 과거처럼 유일한 절대신에 대한 순종에서

---

13) G. 하셴휘틀, 심상태 역, 『하느님―과학시대를 위한 신론 입문』, 바오로딸 1983, 18-105쪽 참조.

찾지 않고, 오히려 강한 독립심 속에서 지적 개방성과 자유로운 소신과 탐구 정신, 그리고 상호 간에 강력하게 연결된 네트워크 속에서 발견하려는 신인류 양태를 지니고 있기에 더욱 그렇다.[14]

이러한 시대적 흐름은 신흥 영성 운동에도 적지 않은 영향을 끼쳤다. 서구 종교, 특히 그리스도교 문명에 대한 반발은 여러 종교적 가치들을 상호 융합하여 하나의 종교적 대안으로 제시되었고, 적지 않은 현대인들은 종교의 감성적 요소와 범신론적 요소를 띤 동양의 불교적 전통과 힌두교의 신비주의적 전통에 대해 매력을 느끼게 되었다. 이런 측면에서 신흥 영성은 특별히 '일신론(monism)'적 성향을 띤다. 우주 만물은 하나라는 전체주의(holism)적 사상을 힌두교 전통으로부터 끌어들이며, 그 결과 인간과 신의 동일성이 강조되고, 인간의 내면성 안에서 신성의 발견이 중요시된다.[15] 불교와 자이나교의 범신론과 윤회사상은 인류가 겪는 죽음에 대한 위협을 넘어 생명의 순환성에 대한 관심으로 이어졌다. 이들은 인간 개체를 우주를 형성하는 모든 에너지 안에서 전체성을 이루는 존재로 이해하며, 인간과 우주는 우주적 조화 안에서 역동적 관계를 맺는다고 말하면서 그리스도교의 창조관에 대해 깊은 회의를 품는다.

---

14) 21세기 정보화 사회의 특징과 신인류에 관하여 참조: 앨빈 토플러, 『제3의 물결』, 이규행 옮김, 한국경제신문사, 1989; 돈 탭스콧, 『N세대의 무서운 아이들』, 허운나, 유영만 옮김, 물푸레 1999.
15) 힌두교 전통에서 말하는 브라만(우주의 본체)과 아트만(본질이자 독자적인 자아)의 신비적 일치에 대한 가르침은 인간과 신을 동일시하고 인간의 내면성 안에서의 신성의 발견하려는 뉴 에이지 사상에 많은 영감을 주었다.

다) 탈제도적, 탈권위적 개인 종교 운동으로의 전환

제1, 2차 세계대전 이후 서구 사회는 문명 전반에 걸친 회의론과 서구 중심의 그리스도교에 대한 강한 도전에 직면하였다. 이는 세계적으로 탈그리스도교화와 탈서구화를 촉진시켰다. 그리스도교에서 고백하는 창조주이자 구원자이며 역사의 주관자인 인격신에 대한 신앙과 계시종교로서 그리스도교가 타 종교들보다 우월하다고 여겨 온 전통적 권위는 상실되었다. 그렇다고 종교와 인간의 정신세계에 대한 관심이 사라진 것은 아니었다. 오히려 과학적 사유들은 종교적 관심과 결합되었고, 그 결과 신비주의에 입각한 점성술, 밀교전승 등이 과학적 사유를 기반으로 새로운 영성의 틀을 형성하기도 하였다.

탈그리스도교적 흐름은 비인격적 초월적 신비로서 신성을 강조해 온 동양적 사상에 대한 관심으로 이어졌다. 가령 불교의 공(空) 사상과 윤회사상, 힌두교를 중심으로 전승된 동양의 밀교전승과 독특한 자아 수행 방식들이 관심을 끌기 시작했다. 동시에 20세기 다원주의의 물결은 절대적 진리는 어떤 특정한 기준으로 온전히 인식될 수 없고 단지 제한적이고 상대적으로만 파악될 수 있을 뿐이라는 상대주의적 논리가 강조되면서 이에 근거한 종교 다원주의로 확산되었다. 이에 따라 예수는 그리스도교가 고백하듯이 유일한 구원자, 그리스도라는 배타적 진리 주장이 가능하지 않으며, '그리스도'의 범주를 우주적으로 확장해야 할 것을 요청하기에 이르렀다.[16] 이렇게 종교적 문화와 가치

---

16) 종교 다원주의자들에 따르면 '예수가 그리스도'라는 그리스도교의 전통적인 명제에는 동의하지만, 그 반대로 그리스도, 곧 인류의 구원자가 오직 예수뿐이라는 배타적 주장은 결코 수용될 수 없다고 강조한다. 종교다원주의에 관하여 존힉, 이찬수 역, 『하

의 상대화는 개인의 주관적 체험의 중요성을 강조하고, 개인적인 선호에 따라 종교적 가치들이 선별되는 신흥종교들과 신흥 영성 탄생의 배경이 되고 있다.

탈제도적이고 탈권위적인 다원주의 시대는 개인의 창의적 주체성과 다양성을 상호 인정하며 개인의 평화와 상생을 미덕으로 삼는 '웰빙(well-being)' 문화를 선도해 나가고 있다. 웰빙 문화는 초월적 세계에 대한 관심보다는 현세적 평화와 건강한 삶에 관심을 기울이고 있기 때문에 자연스럽게 자연 친화적인 영성을 선호한다. 현대 산업주의로 인한 환경 파괴와 생태계 위기는 인류의 생존과 공존을 위한 현대인의 관심을 일으켰고, 이는 곧바로 자연과의 합일 혹은 자연 속에서 신성을 발견하고자 하는 신흥 영성 운동가들에게 깊은 종교적 영감을 주었기 때문이다.[17] 이러한 흐름은 자연 속의 인간을 강조하는 동양 사상에 대한 호감으로 발전하였고, 현대의 신과학적 연구 성과와 결합하여 우주를 유기체적으로 바라보는 '가이아 학설'과 같은 과도한 심층생태학의 발전으로 이어지기도 하였다.[18]

느님은 많은 이름을 가졌다」, 창 1991; 폴 니터, 변선환 역, 「오직 예수 이름으로만?」 (한국신학연구소 1998) 참조.

17) 현대인들의 건강한 삶에 대한 관심과 '자연' 친화적 사상은 자연 지배적 사고방식을 주도한 그리스도교와는 달리 자연과의 조화와 공존을 주장하는 동양의 생태적 영성으로 발전하고 있다. 중국 도교의 이원론적 사상에 입각한 우주 만물의 화해와 조화에 관한 관심은 물론 동양의 음양사상과 기(氣) 사상에 입각한 자연주의적 전통들 역시 신흥 영성의 발전에 큰 영향을 끼쳤다.

18) 러브럭(James Lovelock)에 의해 주장된 가이아 학설에 따르면 '인간은 어머니 대지 (가이아 여신)의 순결한 몸에 기생하는 지적인 벼룩'으로 치부되기도 한다. 머레이 북친, 구승희 역, 「휴머니즘의 옹호」, 서울: 민음사 2002, 60쪽.

III. 가톨릭 영성과 뉴 에이지 영성의 공존은 가능한가?

신흥 영성 운동은 과연 도전일까, 기회일까?

제2차 바티칸 공의회는 「사목헌장」 4항에서 교회의 사명은 '시대의 징표를 탐구하고, 이를 복음의 빛으로 해석'하는 일이라고 밝혔다. 만일 신흥 영성 운동이 도전이라면, 무엇에 대한 도전인지 물어야 한다.

나의 정체성을 흔드는 위협적인 도전인가? 기성 사회 질서를 뒤흔드는 반사회적인 도전인가? 아니면 기성 종교와 교회들의 교리적 가르침과 윤리생활, 종교적 신념에 대한 도전인가? 반대로 만일 기회라면, 무엇을 위한 기회인가? 나의 영적 빈곤에 대한 새로운 영적 각성의 기회인가? 물질화, 세속화된 사회 속에서 참된 삶의 가치에 대한 새로운 변화의 기회인가? 혹은 세속화되고 보수화된 종교성과 제도교회의 모순을 극복할 수 있는 변혁의 기회인가?

1) 가톨릭 영성에 대한 도전인가?

뉴 에이지 운동을 바라보는 다양한 관점이 있지만 대체로 세속화되고 있는 제도종교의 역할 축소로 인한 종교 변용, 즉 종교의 모습 자체가 변화되는 현상의 일환으로 보는 입장이 강하다. 즉, 제도종교로서 보이는 종교들이 보이지 않는 종교, 영적 종교나 사이버 종교, 인터넷 종교나 신영성 운동 등으로 변용되면서 오늘날 '영성'이라는 이름으로 확대되고 있다. 뉴 에이지 운동의 시초는 서구의 '비의(秘儀)주의

(esotericism)'[19]에 뿌리를 두고 5, 60년대 유행한 종말론적 표상인 천년왕국설과 유토피아적 사상과 관련이 있다. 그러다가 60년대 서구에서 광범위하게 발전된 서구의 반문화 운동과 연결되면서 기성종교를 대체하는 대중적, 대안적 종교 운동으로 발전하였다. 뉴 에이지가 대체종교나 대안 영성으로 이해될 경우 가톨릭 신앙과 영성에 커다란 도전으로 여겨질 수 있다. 그 이유는 뉴 에이지 운동이 가톨릭 신앙과 영성과는 차별화된 독특한 영적 가르침과 종교적 요소들을 갖추고 있기 때문이다.

가) 호교론적 입장에서 뉴 에이지 운동에 대한 비판

대체로 뉴 에이지 운동은 1980년대 기독교 목회자와 기독교 관련 단체 종사자들이 신학적 이론에 비추어 뉴 에이지 운동의 오류를 비판하는 논저의 출판으로 소개되었기 때문에 그리스도교의 정체성을 지키기 위한 경고적 의미로 제시되었거나 복음주의자들에 의해 '이단'으로 비판받았다. 이들은 대체로 뉴 에이지 운동이 이단임을 부각시키고 그 사상의 핵심이기도 한 자기 안의 영성 추구에 대해 심각한 이의를 제기하면서, 성경 복음의 안내 없이 영적인 것을 추구하는 헛된 시도로부터 기독교인들의 신앙을 방어하려는 목적에서 이 책들을 저술하였다. 그리고 뉴 에이지 운동은 영적 실재를 인식하기 때문에

---

19) 서구의 비의주의는 동양 종교로부터 그 사상과 용어를 차용하여 18, 19세기 신지학회나 조화론자들의 저술에서 잘 표현되고 있다. 특히 낭만주의와의 만남은 비의주의를 역사화하여 사탄과 악마를 숭배하는 '비결신행(秘訣信行, occultism)'으로 극단적으로 재해석되었고, 오늘날에는 인과론, 종교학, 진화론, 심리학과 밀접한 관련 속에서 발전하고 있다고 한다.

인간의 기원, 현 우주 안에서의 인간의 위치와 인간의 궁극적인 운명에 대한 영적 정보를 제공한다. 그리고 인간의 기본적인 영적 문제에 대한 진단과 해결을 돕기 때문에 뉴 에이지 운동은 종교로 간주되고 있다. 물론 뉴 에이지 운동가들이 자신들을 영성적일 뿐, 종교적이지 않다고 주장한다. 그러나 이들은 사람들이 이중적 종교성에 빠지지 않고, 자신의 종교적 전통에 머물면서도 뉴 에이지 사상이 전하는 새로운 영성적 매력을 느끼도록 인도한다. 즉, 현대인들이 세상에서 이미 인정받고 있는 자신의 종교 안에 안주하면서도 뉴 에이지 운동에 참여하는 것이 자신의 종교성을 지키는 데 문제가 되지 않는다는 이중적 욕구를 채워 주려 한다는 점이다.

나) 도전으로서의 뉴 에이지 운동

뉴 에이지 운동이 현대인의 영성적 욕구와 잘 부합하고 있는 반면 그리스도교로부터 강한 반발을 받고 있는 이유는 교리적인 이해에 있어서 상충되는 부분이 많기 때문이다.

첫째로 뉴 에이지 운동은 제도적 요소를 갖춘 그리스도교에 대한 도전으로 받아들여진다. 이는 뉴 에이지의 반문화적, 반전통적, 반조직적 성향이 물질주의와 기술주의적 패러다임에서 영적 가치의 패러다임으로의 전환을 겪는 현대인들에게 종교의 '무정형성'이 갖는 매력을 강조하기 때문이다. 즉, 현대인들은 특정한 교리나 의례, 예배 장소나 종교 지도자 없이 강력한 네트워크로 결합되어, 개인의 체험에 따른 자유로운 종교적 행위를 선호하기 때문이다.

둘째로 뉴 에이지 사상의 범신론(phantheism), 전체주의(holism), 단일론(monism)은 그리스도교의 창조주로서의 인격 신관, 육화신앙, 부활신앙에 배치된다. 이들이 원용하고 있는 불교적 세계관에 입각한 개체 없는 우주와 인간의 상호 동일성, 힌두교 전통에서 나온 인간 의식을 신적 에너지의 응축된 힘으로 이해하는 점 등도 그리스도교 가르침과는 커다란 차이점으로 보인다.

셋째로 뉴 에이지 사상은 예수 그리스도를 통한 하느님의 은총에 의한 구원을 강조하는 그리스도교 입장과는 반대로 인간의 잠재력, 의식 범위의 확대를 위한 인간 정신성의 위대함을 재발견하고자 한다. 요가, 선(禪)을 통해 신비적 현실로 도달하려는 의지와, 초월명상, 뉴 에이지 음악을 통한 집중훈련과 명상, 집단 감수성 훈련, 꿈 분석, 최면술, 마인드 컨트롤 등의 강조는 역사 안의 한 인격체인 나자렛 예수와의 인격적 만남을 통하여 발생한 하느님의 구원을 강조하는 그리스도교의 입장과는 전혀 다르다. 특히 그리스도를 한 인격적 존재가 아닌 우주적 에너지의 응축으로 보려는 역사 없는 '우주적 그리스도론'의 입장 역시 상반된다.

넷째로 뉴 에이지 사상은 하느님의 모상이자 피조물로서 세상을 긍정적으로 바라보는 그리스도교 세계관과는 달리 신의 개입 없는 우주적 에너지의 순환으로 세계를 이해한다. 인간은 자연의 일부이며, 지구는 하나의 살아 있는 유기체로서 인류가 지구 에너지와의 일치를 이룰 때 내면적 신성의 해방과 의식의 상승이 이루어진다고 말한다.

다섯째로 뉴 에이지 사상은 인간의 죽음을 실존의 종결로 바라보고 예수의 부활을 통한 궁극적 구원과 영생에 대한 그리스도교의 종말론적 희망과는 대조적으로 힌두교와 불교의 종말론적 교리인 윤회와 환생을 통해 죽음을 생명의 단절로 이해하지 않는다. 동시에 신비주의 밀교 전승인 최면술, 영매술 등을 통해 전생과 환생, 윤회에 뿌리를 둔 생명의 순환성이 더 강조되어 현실 세계 안에서 인간의 자유에 따른 윤리적, 도덕적, 사회적 책임에 대한 도피를 부추길 수 있다.

끝으로 뉴 에이지 영성은 세상 안에서의 이웃사랑과 나눔, 희생과 봉사의 기도의 영성을 토대로 한 그리스도교 수행 영성과는 달리 영매술, 강신술, 마술, 마법 등의 수련을 통하여 영혼의 정화와 수행에 대한 다른 관점을 제시한다. 이는 하느님의 은총으로 섭리된 인간의 하느님 지향의 영성과는 다른 인간의 내면적 자기 지향의 영성으로 대조를 이룬다.

2) 가톨릭 영성의 새로운 기회인가?

뉴 에이지 운동을 바라보는 또 다른 입장은 뉴 에이지를 하나의 종교적 현상이라기보다는 인간의 영적인 능력의 개발을 통한 개인과 사회, 지구의 변형을 위한 사회 운동으로 보는 것이다. 여기서는 개인과 세계의 의식의 변형(transformation)이 중요하게 부각된다. 이러한 입장에 따르면 뉴 에이지 운동은 1960년대 반문화 운동(counter-culture movement)의 계승자로 한편으로는 교리적 기독교, 그리고 다른 한편으로 합리적, 과학주의적 이념에 의해 구현된 현대 서구 문화의 이원적, 그리고 환원주의적 경향에 대한 비평으로 특징지어지고 있다.[20]

---

20) 전명수, 『뉴에이지 운동의 전개와 변모』, 153쪽.

이들은 기존의 모든 사상, 제도, 삶의 방식으로부터 벗어나 인간의 자유로운 의식을 회복시키려는 하나의 문화 혁명을 일으키고자 한다. 따라서 뉴 에이지 운동은 자기 변용과 개인 수행 중심에 관심을 가지며 의식과 문명의 진화, 과학과 종교의 합치, 개개인의 자유로운 자기실현에 의한 정신 운동 등을 전 세계적인 운동으로 확산시키고자 한다. 그리고 뉴에이지 사상은 친숙한 대중문화의 코드들, 가령 음악, 옷차림, 공동체 생활, 마약, 동양적 종교의 신비 체험 등으로 표출되기도 하며, 건강 운동, 예술 공연, 대중문화의 활동의 참여뿐만 아니라 이러한 사상에 입각한 기업 운영에까지 광범위한 영향을 미쳐 왔다.[21)]

　이러한 흐름은 가톨릭교회 안에서도 '통합적 영성'의 필요성을 요청하는 계기가 되었다. 전통적인 가톨릭 영성과 새로운 영성적 욕구를 통합시키려는 노력은 다양한 수도 공동체의 영성 프로그램과 초교파적인 영성 모임 등을 통해서 발전하고 있다.[22)] 그러나 이에 못지않게 현대적 영성의 욕구를 과도하게 수용하여 가톨릭교회 안에서 잘못

---

21) 최근에 영화로 인기를 얻은 반지의 제왕(1954~55)은 미국에서 1965년에 보급되어 '반문화 운동'의 한 성과로 이해되고 있다. 이는 영화로 제작되어(2002~2003) 영웅 모험담, 전설, 민담, 설화 등의 허구의 환상 문학의 영역을 확장하였고, 이후 스타워즈 (1999~2008)의 제다이 기사의 역할이나 소설과 영화로 대중적 인기를 얻은 해리포터 (2001~2008)의 마법의 세계에 대한 관심, 매트릭스(1999~2003)의 가상 세계에서의 종교적 깨달음과 메시아적 구원의 강조로 이어져 왔다.
22) 예를 들어 천주교 성심수녀회가 전파하고 있는 '예수마음 호칭기도'는 전통적인 한국 불교의 선 명상법을 가톨릭 명상 수련법의 일부로 수용하여 토착화된 가톨릭적 영성으로 발전시키고 있고, 최근 청년들을 중심으로 형식과 제도에 얽매이지 않은 초교파적인 '떼제(Taize) 공동체'와 떼제 기도 영성에 대한 관심도 크게 일어나고 있다.

된 신심의 흐름을 낳는 일도 있다는 점을 유념해야 할 것이다.[23]

가) 가톨릭교회의 자성(自省)과 내적 영성 쇄신의 기회

문화 변용으로서의 뉴 에이지 운동은 가톨릭교회의 영성적 쇄신을 요청한다. 오늘날 가톨릭교회는 하느님의 복으로 가득 찬 삶의 새로운 부흥, 보다 분명한 그리스도인의 삶의 형태와 새로운 기도의 방법, 교회의 봉사와 참여를 통한 새로운 영성에 대한 요청을 받고 있다. 이는 곧바로 한국 가톨릭교회의 위기의식과 연관되어 있다. 쉬는 신자들의 증가, 상처 받고 교회를 떠나는 신자들, 신앙에 대한 열정을 잃고 의무감과 내적 부담으로 신앙에 회의를 갖는 사람들, 영적 서비스 없는 제도 교회의 모순과 특히 성직자 중심주의로 인한 평신도들과의 갈등, 서구적 교회에서 탈바꿈하지 못하고 있는 한국의 토착화되지 못한 교회의 현실에 경종을 올리고 있다.

과연 오늘날 그리스도교 영성은 여전히 매력적인가? 왜 현대인들은 교회 밖의 영성에 눈을 돌리고 있는가? 가톨릭교회는 이들에게 편안한 영성을 제공해야 하는가? 아니면 뉴 에이지의 대안 종교나 대안 영성에 자리를 내놓아야 하는가? 이러한 물음은 가톨릭교회에는 제2차 바티칸 공의회(1962~65) 이후 표방한 타 종교와의 대화적 영성 개발의 기회로 여겨질 수 있다. 동시에 타 종교에 대한 포용적, 관용적 입장을 뉴 에이지 사상이 수용하는 종교들의 긍정적 가치들과 결합시킬

---

23) 이에 관하여 주교회의 신앙교리위원회, 『건전한 신앙생활을 해치는 운동과 흐름』 1권 (1997), 2권(2003), 한국천주교중앙협의회를 참조.

수 있는지 관건이 되고 있다. 가령 21세기 생태 환경에 대한 관심은 오늘날 환경 파괴에 대한 대안으로 제시되는 다양한 불교 생태 운동들의 장점과 이들 영성 운동에서 나타나는 '옳고 성스런 요소'들에 대한 가톨릭 영성의 포용적 입장을 재촉하고 있다. 또한 신흥 영성 운동이 그리스도교가 못 이룬 '근대의 합리주의나 과학의 한계를 자각하여 그것을 극복하려는 것'을 목표로 하기에, 예전의 종교와 같이 과학과 대립하는 것이 아니라, 종교적인 것과 합리성이 융합되고 일치되는 새로운 깨달음을 구현하는 새로운 영성의 요구로 나타나고 있다.[24] 그런가 하면 뉴 에이지 운동은 그리스도교 신앙 교리에 대한 새로운 해석의 기회를 제공하기도 한다. 가톨릭 교리의 전통적 해석이 현대인들의 이해와 괴리될 때 이를 극복하기 위한 과학 시대의 신론의 재해석이나, 과학과 종교와의 만남을 추구하는 거시세계와 미시세계에 대한 관심 등은 전통적인 이원론의 모순을 탈피하여 전체론적 세계관(Holistic)에 입각한 인간의 감성과 능력의 중심인 몸과 마음에 대한 신학적 관심을 유발하고 있다.[25]

---

24) 이와 관련하여 가톨릭 신자들이 혼란스러워 하는 동양 종교들의 전통들, 가령 점술이나 불교적 수행법 등에 대한 가톨릭의 적극적인 해석이 필요하다. 이에 관하여 송용민, "무교의 점복 신앙에 대한 그리스도교의 해석학적 접근", 『한국그리스도사상』 제15집, 한국그리스도사상연구소 2007, 120-170쪽 참조.

25) 마음에 대한 과학적 관심은 2007년 KBS 스페셜에서 6부작으로 다룬 "다큐멘터리 마음"에서 잘 드러났고, 마음의 문제인 용서와 치유를 종교적인 입장에서 해명하려 했다는 점이 돋보인다. 마음에 대한 신학적 연구에 관하여 송용민, "마음의 신학—그 가능성과 한계", 『누리와 말씀』 제20호, 인천가톨릭대학교 출판부 2006, 111-153쪽 참조; 이 밖에도 지성적 신앙에서 전인적 신앙으로의 관심과 이를 바탕으로 한 우주적 형제애, 조화, 평화, 자연에 대한 존경심, 지구 환경의 개선은 물론 인간의 시간과 공간에 대한 의식의 확장과 진화와 창조 사상에 대한 화해, 하느님 나라에 대한 현대적

나) 문화 연구의 대상으로서의 뉴 에이지 운동

가톨릭교회는 뉴 에이지 운동이 지닌 사회 문화적 의미를 보다 깊이 연구할 필요가 있다. 오늘날 대중문화의 주요한 코드로 발전하고 있는 뉴 에이지 운동에서 드러나는 긍정적 요소를 존중하고 이들을 정보화 시대의 시대적 징표로 이해할 수 있다. 이는 '문화에 대한 복음화'의 요청으로 이어져, 문화를 복음적 정신으로 변화시키는 총체적인 사목적 노력으로 발전할 필요가 있다.[26] 또한 뉴 에이지 운동이 지닌 영적 치유와 의식 변형의 문화적 코드에서 발견되는 구원론적 관점은 가톨릭 영성에도 개인과 사회의 문화, 나아가 세계의 평화와 지구의 치유를 위한 영성적 대안을 요구하고 있다.[27]

이러한 문화적 흐름으로서 뉴 에이지 운동을 이해하는 데 가장 중요한 점은 가톨릭 영성과의 관계 속에서 모호하게 비춰질 수 있는 고유한 영적 식별의 기준을 찾아내는 일이다. 즉, 동양의 종교적 전통과 한국적 전통 문화와 융합된 뉴 에이지 운동의 성격을 그리스도교적 관점과 식별해 내는 능력이 요청된다. 가톨릭 신학자로서『세계윤리구상』[28]의 저자인 한스 큉은 뉴 에이지가 인류의 보편적인 가치나 윤

해석 등을 이끌어 낼 수 있다. 전헌호, "거시세계와 미시세계 사이의 인간과 신앙, 신영성 운동과 복음화",『누리와 말씀』12호, 인천가톨릭대학교 출판부 2003, 18-68쪽.

26) 문화 사목에 관하여 김민수,『디지털 시대의 문화 복음화와 문화 사목』(서울: 평사리 2008)을 참조

27) 뉴 에이지 운동이 물고기자리에서 물병자리 시대로의 전환을 토대로 인류의 근본적인 영적 변혁을 요구하는 극단적인 요청을 하고 있지만, 그 이면에 깔려 있는 인간 개인의 영적 치유와 사회, 환경, 생태의 치유, 나아가 세계 평화를 추구하고 있다는 점은 주목할 만하다.

28) 한스 큉, 안명옥 역,『세계윤리구상』, 분도출판사 1992.

리 덕목에 관한 언급은 거의 없이 개인의 육체적, 정신적인 건강과 안녕 그리고 심리적인 평화만을 강조한다면, 개인에게 삶의 의미와 올바른 방향을 제시하고 사회질서의 유지와 통합에 기여한다는 종교 본연의 기능과는 거리가 멀 수 있다고 지적한다.

이와 더불어 가톨릭 신자들이 지닌 고유한 영의 식별 능력인 '신앙 감각'을 토대로 시대의 징표를 올바르게 읽고, 이를 복음의 빛으로 해석해 내는 능력도 요청된다. 오늘날의 신흥 영성 운동에 대한 관심은 일반 신자들 전체의 문제라기보다는 일부 높은 교육 수준과 안정적 직업을 가진 이들을 중심으로 전개되어 신흥 종교가 지닌 사회 변혁적 요소 없이 개인의 안녕과 평화, 그것을 통한 자기완성에 치중하는 편향된 문제를 보게 해 준다. 신흥 영성 운동이 급속한 사회 변동에 적응하지 못한 채 소외되고 억눌리며 상처받고 고통 받는 사람들이 겪는 사회적 모순과 부조리를 고발해야 하는 기성 종교들의 사회적 기능을 대신해 주는 점과 단순히 하나의 대중문화 운동의 일환으로 자신도 알게 모르게 뉴 에이지 운동의 다양한 현상들에 대해 관여하고 있는 대다수의 대중들의 입장과는 구분할 필요가 있다고 본다.[29]

---

29) 가톨릭 신학자 차동엽 신부는 "현대인은 모두가 예외 없이 알게 모르게 신영성 운동을 호흡하고 먹고 마시며 살고 있다"고 지적한다. 그리고 무의식 중에 노출되어 있는 신흥 영성 운동의 폐해에 대한 가톨릭 신자들의 문단속을 강조하고 있다. 차동엽, "신영성 운동의 현상" 1-9, 「사목」, 203~209호(한국천주교중앙협의회 2004)를 참조. 그러나 뉴 에이지 운동이 추구하는 목표와 하나의 대중문화 코드로서의 뉴 에이지 형태의 문화 요소들을 일방적으로 동일화하여 매도하는 것은 가톨릭의 보편성을 훼손하는 지나친 입장이 될 수도 있다고 본다.

Ⅳ. 가톨릭(catholic) 신앙과 영성이 지닌 보편성의 매력

신흥 영성 운동 앞에 선 21세기 가톨릭 신앙과 영성은 여전히 매력적인가? 우리는 '가톨릭(catholic)'이라는 용어가 지닌 보편성(universal)과 포용성(integration)은 프로테스탄트 교회들이 오랫동안 비판해 온 가톨릭교회의 교파적 특성과 서구 문화의 편향성에도 불구하고 여전히 매력적인 교회의 요소인지 물어야 한다.

가톨릭 신앙이 지닌 매력은 인류의 보편적 종교성에 대해 공감하는 능력이다. 하나의 신앙적 체계이기 이전에 가톨릭 신앙은 종교로서 그리스도교 신앙이며, 종교가 지닌 인간의 실존적 물음에 대해 모든 종교들과 더불어 보편적인 해답을 제시하고자 한다. 그리고 그리스도의 복음적 가치들을 오늘의 상황에서 끊임없이 해석하고 구체적으로 실천하는 노력을 포기하지 않는다.

1) '완전함'의 질적 다이내믹

보편성이란 '궁극적으로 인간의 삶에는 눈으로 볼 수 없는 그 이상의 것, 곧 우리의 내부에 저 너머의 세계가 있다는 것을 의미'하며, '모든 시대와 모든 장소에 유효한 것, 영원하고 절대적인 것[30]'을 말한다. 이는 가톨릭 신앙이 '하느님과 하느님 나라'를 추구하는 것임을 말해 준다(마태 5,48; 루가 6,36; 레위 19,2). 완전성으로 나아가기 위한 순례의

---

30) 차동엽, 『이것이 가톨릭이다』, 가톨릭신문사 2004, 69쪽.

여정[31]에 있는 가톨릭교회는 지속적 쇄신(Ecclesia semper reformanda)을 통해서 교회의 죄책 고백과 역사 안에서의 제도 교회의 오류를 수정하는 용기를 갖고 있다.[32]

이러한 역동성은 인격적 친교를 맺고 있는 교회에서 베푸는 '성사(sacrament)'들에서 잘 드러난다. 가톨릭 신앙의 성사들은 보이는 '상징'을 통하여 보이지 않는 하느님의 은총의 체험을 이끌어 낸다. 인간은 본성상 표징으로 살아가기 때문이다. 눈으로 볼 수 없는 것들은 그것을 볼 수 있게 해 주는 다양한 표징들을 필요로 하기 때문이다. 가톨릭 신자들이 성물이나 성상 등을 공경하거나, 성인들과 마리아를 공경하는 일, 혼탁한 세상 속에서도 세상을 긍정하며 원수까지도 사랑하는 이웃 사랑의 가치를 드러내는 것은 이러한 표징들 속에서 하느님의 손길과 하느님을 향한 열정과 흔적을 읽어 낼 수 있는 능력이 인간에게 선사되어 있다고 믿기 때문이다.

가장 중요한 가톨릭 신앙의 역동성은 '성체성사'의 매력에 있다. 적지 않은 이들이 오해와 편견을 담은 눈으로 바라보는 가톨릭의 '성체성사'에는 하느님 구원 행위의 인간학적 구조인 '기억-감사-재현-실천'의 요소가 담겨 있다. 예수의 십자가가 지니는 역설적 가치의 승리는 오로지 신앙의 눈으로만 파악될 수 있는 신앙의 메시지

---

31) "하늘에 계신 아버지께서 완전하신 것같이 너희도 완전한 사람이 되어라"(마태 5,48)/ "너희의 아버지께서 자비로우신 것같이 너희도 자비로운 사람이 되어라"(루가 6,36)/ "나 야훼 너희 하느님이 거룩하니, 너희도 거룩한 사람이 되어라"(레위 19,2).

32) 가톨릭교회는 지난 1999년 21세기를 앞두고 교황 요한 바오로 2세를 통하여 가톨릭교회가 역사 안에서 저지른 죄책을 공식적으로 고백한 예가 있다. 여기에는 갈릴레오 재판 사건과 십자군 전쟁, 마녀 사냥 등과 같은 역사적 과오들이 포함되어 있다.

이다. 성체성사 안에서 나눠지는 축성된 빵을 통하여 가톨릭 신자는 최후의 만찬에서 당신을 희생하신 예수 그리스도의 십자가 고통의 희생적 의미를 체험하고, 자신이 끊임없이 겪고 있는 인생의 모순과 고통이 세상을 도피함으로써가 아니라 세상 속에서 자신을 희생하고 버림으로써 더 깊은 평화와 구원을 체험한다는 역설적 의미 체험을 할 수 있다. 특히 성체성사를 통해 나타나는 자기희생과 나눔의 미학은 그리스도인이 지닌 자기 비움과 공동체적 나눔의 실천이 뉴 에이지의 개인화된 피안적 영성과 차별화된 가톨릭 신앙의 매력으로 고백된다.

가톨릭의 상징과도 같은 '고해성사'의 매력 역시 가톨릭의 질적 역동성에 속한다. 디지털 정보화 시대에 외면당하고 있는 '면 대 면(face-to-face) 커뮤니케이션'은 인간의 인격적 관계 속에서 죄의 용서와 화해의 체험 구조를 새롭게 이해하게 한다. 즉, 생각으로서의 용서와 화해가 아니라 인격적 만남을 통한 화해야말로 참다운 인격적 화해의 체험을 이루기 때문이다. 특히 하느님과 인간 관계, 인간 상호 간의 단절로서 이해되는 인격적 죄와 용서의 이해는 죄란 존재하는 것이 아니라, 불완전한 지식일 뿐이라고 말하는 뉴 에이지 사상의 죄의식의 결핍을 지적하고, 인류의 참된 완성이 인격적 만남을 통한 용서와 화해 속에 있음을 역설적으로 드러내고 있다.

2) '전체'의 양적 다이내믹

가톨릭의 보편성은 전체를 아우를 수 있는 통합적, 우주적 관점도 포함한다. '다양한 유형의 세계관을 포용하고 포섭하는 포괄적인 지평과 효용성'[33]은 가톨릭교회가 보편적 하느님의 구원 의지를 바탕으로 무신론자, 타 종교인, 타 교파인 등 온 인류와 우주만물을 향한 하느님의 사랑과 섭리를 선포할 수 있는, 즉 하늘과 땅의 만물, 온 인류를 향한 열린 자세를 가질 수 있게 하는 근거가 된다(마르 16,15 참조).

가톨릭 신앙이 지닌 포용적, 대화적 특성은 먼저 제2차 바티칸 공의회(1962~65)의 봉사적 교회관을 통해서 분명히 드러났다. 교회는 '하느님과 온 인류의 긴밀한 일치와 인류 상호 간의 일치의 표징이자 도구'(교회헌장 1항)로서 성사적 교회이며, 아벨로부터 온 인류를 포괄하는 '하느님의 백성'이기에 인류 문화와의 대화뿐만 아니라, 하느님의 창조물에 대한 긍정적인 태도를 통하여 환경 보존과 생명 수호로 대표되는 창조 질서 보호를 위한 인간의 책임을 강조한다. 동시에 사회 정의와 인류 발전을 위한 사회 참여도 교회의 정치 참여의 관점이 아닌 하느님의 정의를 바탕으로 정의로운 사회를 건설해야 하는 교회의 소명에 속한다.

이러한 가톨릭 신앙의 보편성이 지닌 가치는 가톨릭교회가 타 종교와의 대화에 깊이 동참하는 근거가 되고 있다. 제2차 바티칸 공의회는 과거의 배타적인 교회관에서 벗어나 다른 종교들에 대한 관용적 입장을 표명한 바 있다. 즉, 타 종교들 안에서도 "불고 싶은 대로 부는" 성령의 활동으로 가톨릭교회 밖에서도 말씀의 씨앗들이 존재하기 때문에 가톨릭교회는 그들 종교 안에서 드러나는 "좋은 것, 참된 것은 무

---

33) 차동엽, 『이것이 가톨릭이다』, 가톨릭신문사 2004, 71쪽.

엇이든지 다 교회는 복음의 준비로 여기며, 모든 사람이 마침내 생명을 얻도록 빛을 비추시는 분께서 주신 것이라고 생각한다"(교회헌장 16항). 그리고 "이들 종교에서 발견되는 옳고 거룩한 것은 아무것도 배척하지 않는다. … 비록 가톨릭교회에서 주장하고 가르치는 것과는 여러 가지로 다르더라도, 모든 사람을 비추는 참 진리의 빛을 반영하는 일도 드물지 않다"[34]고 선언한다.

동시에 역사 속에서 서로의 신념과 갈등으로 갈라진 비가톨릭 신자들, 즉 동방교회(정교회)와 서방의 프로테스탄트(개신교) 신자들을 그리스도 안에서 세례성사로 한 몸이 된 한 형제로 받아들이며, 가톨릭의 온전한 보편성에 도달하기 위한 순례의 여정에 그들과 동참하고자 한다. 갈라진 교회들의 일치 운동(에큐메니즘)은 그리스도께서 세우신 하나인 교회를 재건하기 위한 가톨릭의 보편성을 실현하는 과제에 속하기 때문이다.

V. 맺으면서: 21세기 가톨릭의 토착화된 '한(恨)'의 영성을 향하여

21세기를 살아가는 가톨릭 신자들은 과거 어느 때보다 빠르게 확산되는 신흥 영성의 물결 속에서 자신의 신앙적 정체성을 찾는 힘겨운

---

34) 제2차 바티칸 공의회 문헌, 「비그리스도교와 교회의 관계에 관한 선언」, 한국천주교 중앙협의회 2002, 2항.

여정 앞에 서 있다. 이들의 영적 갈증에 대한 종교적 욕구를 채워 주지 못하는 가톨릭교회의 현실은 물론이거니와 다원주의 종교 문화 속에서 가톨릭 신자로서의 뚜렷한 정체성을 찾는다는 것이 말처럼 쉬운 일은 아니기 때문이다. 그렇다면 과연 가톨릭교회는 신자들의 신앙적 혼란을 막기 위해 그야말로 문단속을 해야 하는가? 아니면 신흥 영성 운동이 강조하는 동양의 오랜 종교적 전통과 현대의 시대적 징표들과의 창조적 대화를 필요로 하는가? 과연 한국 교회는 신앙인들이 자신들의 삶의 자리에서 더 깊게 신앙을 이해하고 실천할 수 있는 영성적 토대를 마련해 주고 있는지 묻지 않을 수 없다. 한국 천주교나 개신교가 우려하듯 뉴 에이지 운동이 안고 있는 종교적 혼합주의와 종교의 사회적 기능에 대한 소외 현상을 올바르게 식별하는 문제도 쉽지 않다.

중요한 점은 가톨릭교회가 신흥 영성 운동과의 만남에서 가톨릭 신앙의 '보편성'을 드러내기 위해서는 그리스도교의 독특한 원체험과 그 안에 뿌리를 내린 성령 안에서의 삶을 가시적으로 드러내야 한다는 것이다. 그리스도교 원체험에 뿌리를 둔 영적인 삶이란 실제 삶과는 동떨어진 추상적인 윤리나 교의(教意)적인 삶이 아니라, 예수의 십자가 죽음에서 드러난 고통과 부활의 희망 속에서 살아가는 것을 말한다. 그리스도교 영성은 인간의 어떤 특정한 영적 영역에 대한 관심이 아닌 인간 전체의 삶의 실천과 관련되어 있으며, 이 '전체'로의 부르심에 응답하는 것이기 때문이다. 전체로의 부르심을 깨닫는 일은 뉴 에이지 운동에서 말하는 과학과 종교적 사유의 결합이나 인간의 내면에 숨겨진 신성을 발견하는 추론적 상상력과는 다른 새로운 진리로의 접근 방법이다. 그리스도교 영성은 자신의 내면 안에 때로는 숨겨져 있어서 형언할 수 없으나, 자신의 전 존재를 떠받치고 있는 인격적이고 절대적 신비로 체험되는 '하느님'을 향한 신뢰의 여정이며, 자신이 이 무한한 신비에로 개방되어 은총으로 섭리된 자임을 고백하는 것을 말한다.[35]

신흥 영성 운동이 현대 가톨릭 신앙과 영성에 도전이자 기회라고 한다면 한국 가톨릭교회는 이 호기를 보다 깊은 영성적 전환의 계기로 삼아야 할 것이다. 이를 위해서는 무엇보다 먼저 한국적 '신앙 감각(sensus fidei)'에 뿌리를 둔 토착화된 영성의 발견이 필요하다. 여기서 '신앙 감각'이란 인류를 구원하시기 위하여 사람이 되시어 세상에 오신 하느님의 '육화'에 기초한 그리스도 신앙을 올바르게 수용하고 해석하며 증거할 수 있는 영적 감수성을 의미한다. 모든 그리스도인들은 진리의 영이신 성령께서 "일깨워 주시고, 지탱해 주시는"(교회헌장 12항) 은사(카리스마)인 신앙 감각을 통하여 그리스도 신앙을 고백할 수 있다. 그러나 인간의 '감각'이 구체적인 세상 속에서 양육되기 때문에 신앙은 단순히 '성스러운 체험'이나, 내면적 자아에 몰입하는 것이 아니라, 자신의 구체적 삶의 자리, 즉 생로병사를 체험하는 인간의 현실 속에서 자라날 수밖에 없다. 따라서 한국적 신앙 감각은 한국인의 고유한 종교 심성과 문화적 특성 속에서 복음적 언어가 창조적으로 발생할 수 있는 바탕이자 뿌리가 될 수 있다.[36]

---

35) 칼 라너, 이봉우 역, 『그리스도교 신앙 입문』, 분도출판사 1994, 69-128쪽.
36) 송용민, "토착화의 기초 원리로서 신앙 감각", 『누리와 말씀』 14호, 인천가톨릭대학교 출판부 2003.

그렇다면 한국적 신앙 감각에 뿌리를 둔 토착화된 가톨릭적 영성은 무엇일까? 필자는 한국인의 한(恨)의 영성에서 그 가능성을 바라본다. 이미 적지 않은 이들이 한(恨)의 정서가 한국인의 감성과 마음의 흐름을 잘 표현하는 우리 고유한 영성임을 간파한 바 있다.[37] 한국인들의 '한(恨)'은 마음에 응어리진 아픔이지만, 동시에 부조화와 비구원적 상황을 극복하는 영적 에너지로 이해될 수 있다. '한'의 정서는 한국인으로 하여금, 자신의 현재의 고통과 모순을 뛰어넘는 본래의 통일과 조화로서의 원천을 향한 갈망을 희망하게 하는 초월의 심성이며, 고통받는 피조물들과의 교감을 통해 서로 화해와 조화를 추구하는 가장 영성적인 태도라 할 수 있다. 이러한 '한'의 체험은 인간이 철저하게 현실에 발을 딛고 살아가면서도, 자신이 추구하는 삶의 종국적 완성을 향해 현실을 극복하려는 영적인 삶의 태도이며, 하나의 '영성'으로 볼 수 있다. 그리스도교적 관점에서 보면 한국인의 '한'은 하느님의 영, 성령의 탄식이자 하느님의 통애(痛愛), 즉 하느님의 아픔과 사랑의 애절한 숨결과도 같다. '한'의 심성이 한국인의 뿌리 깊은 종교 심성과 만나 창조적인 종교적 감각으로 승화될 때 신흥 영성 운동에 대응할 수 있는 가톨릭적 영성이 피어날 수 있다고 본다.

우리 시대는 어쩌면 '한' 많은 시대인지도 모른다. 많은 이들이 경제적 위기와 정치적 불안정, 가정 해체와 사회의 불안정 속에서 기쁨과 평화를 잃어 가는 한 맺힌 삶을 살고 있다. 시대가 변하고 세대가

---

37) 성백걸, "한과 한 신학의 시도", 김상일 편, 『한 사상의 이론과 실제』, 서울: 지식산업사 1990; 최길성, 『한국인의 한』, 서울: 예전사 1991.

바뀌어도 한국인의 마음속 깊이 응어리진 한의 정서를 올바르게 읽어 내는 일이 필요하다. 신흥 영성 운동이 대중적 확산된 것은 바로 이러한 한국인의 한의 정서를 읽어 내어 내적 해방과 평화를 안겨 주려는 종교적 운동으로 발전했기 때문이다.

이러한 흐름 속에서 가톨릭 영성은 한국인의 '한'을 예수 그리스도의 십자가에서 재발견할 수 있어야 한다. 예수의 십자가는 하느님의 자기 비움의 신비를 드러내는 자리이기 때문이다. 인간은 궁극적으로 자기를 포기함으로써, 즉 '한'을 받아들임으로써 세상의 논리와는 다른 십자가의 논리, 즉 낮아짐으로써 높아지는 역설의 신비를 체험한다. 그리고 이 체험을 통하여 성령으로 변화된 새로운 '자아'를 다시 얻는다. 고통은 내적 기쁨을 얻는 희생 제물과도 같기 때문이다(로마 12, 1-2). 비운의 인생을 살아간 나자렛 사람 '예수' 안에서 발견된 새로운 생의 가치들, 절망의 순간에도 끝까지 하느님 아버지께 순명하시어 죽음을 실패와 좌절이 아닌 하느님의 사랑과 영광을 드러내는 부활의 희망 속에서 예수의 제자 공동체는 교회를 통하여 인류 역사 안에 지속적으로 이 기쁜 소식을 선포하였고, 예수의 생생한 '한'의 역사는 곧바로 '부활의 신앙'으로 승화되어 모든 이에게 죽음을 넘어서는 영원한 생명의 희망이 되었다. 이 점은 신흥 영성에서 발견할 수 없는 그리스도교 영성의 독특성이라고 말할 수 있다.

'한'은 고통의 실재인 세상을 거부하지 않고, 고통 받는 모든 피조물들과 함께 고통을 나누는 한국인의 마음이자, 가톨릭의 보편성을 드러내는 한국인의 영성적 뿌리가 될 수 있다. 한의 영성은 세상을 도피하지 않고 세상을 향해 자신을 내던지는 열정의 삶을 살아온 한국인의 정서와 잘 맞기 때문이다. 그리스도인은 한의 영성을 통하여 예수 그리스도를 따르고 예수의 참된 봉사자로서 더욱 정진할 것을 결단하는 제2의 회심에 직면해야 한다. 종교인으로서, 신앙인으로서 더 충실하게 살아가려는 이런 결단은 십자가에 달리신 예수의 운명과 삶의 방식을 자신의 인격 안에서 받아들이고, 종말론적 희망의 삶 안에서 주님과 함께 탄식하면서 영적 완성을 갈망하게 한다. 한의 영성도 바로 이런 하느님과 인간을 향한 실천적 결단을 요청한다. 한마디로 한의 영성은 자아의 내적 평화에 몰두하는 것이 아니라, 하느님과 인간을 향해 봉사하는 실천적 성격을 갖는다. 마음으로만이 아니라 몸과 손으로 이웃에게 봉사하고 희생하며, 서로가 가진 것을 나누는 기쁨 속에서 참된 인간의 완성과 신앙인의 희망은 이 세상에서 이미 시작된 영원한 생명의 씨앗을 심는 일이 될 것이다. 21세기 가톨릭 신앙과 영성은 바로 이러한 한의 영성에 뿌리를 둔 참된 자기 비움의 영성으로 거듭나야 할 것이다.

(2008. 10. 18)

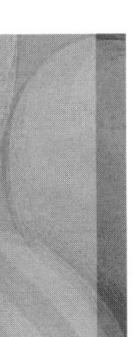

신앙인과 재테크
― 투기인가 투자인가

이지순 | 서울대 교수, 경제학

I. 신앙인과 돈

1) 부자가 되고 싶은 마음은 인지상정

우리들 중에서 부자가 되는 것을 싫어하는 사람은 그리 많지 않을 것이다. 돈이 있어야 예쁜 집에 살며 멋진 차를 타고 아름다운 옷을 걸치며 좋은 음식을 즐길 수 있으니 싫어할 까닭이 없다. 그뿐이 아니다. 돈에 여유가 있어야 아이들도 잘 교육시킬 수 있고, 여행도 다닐 수 있으며, 문화와 예술 활동도 즐기면서 여유롭게 살 수 있다. 게다가 돈에 여유가 있으면 늙고 병들었을 때 어떻게 살아갈까 노심초사할 일도 적다. 또한 헌금도 많이 하고 어려운 이웃에게 크게 베풀며 국가에 세금을 많이 내려 해도 번 돈이 별로 없으면 소용이 없는 일이다. 돈이란 참 좋은 것인 듯하다.

소비자의 관점에서만 돈이 요긴한 것은 아니다. 기업의 입장에서 보면 더 그러하다. 돈을 많이 벌어야 종업원에게 월급을 잘 줄 수 있고, 납품업자에게 때 맞춰 대금을 지불할 수 있으며, 빌린 돈의 이자를 제대로 갚을 수 있고, 자본을 댄 사람에게 충분한 배당을 해 줄 수 있다. 돈을 많이 벌어야 국가에 세금도 많이 낼 수 있으며 수시로 손을 벌리는 개인이나 단체에게 도움을 줄 수도 있다. 돈이 있어야 미래를 위해 투자할 수가 있고 투자를 잘해야 더 나은 미래를 가질 수 있다. 그러니 기업에게도 돈은 참 좋은 것임이 분명하다.

사실 돈이 좋다는 점은 정부라고 해서 다르지 않다. 각종 정책을 수행하려면 막대한 돈이 들게 마련이고 그 돈은 주로 세금을 거두어 충당해야 하는데, 개인이나 기업이 돈을 많이 벌어야 세금도 많이 걷히므로, 정부의 입장에서 보더라도 국민들이 돈을 많이 버는 게 좋은 일이다. 가령 정부가 복지 정책을 통해 어려운 사람을 도와주고자 해도 국민들이 그에 합당한 세금을 낼 수 있을 정도로 돈을 벌지 못하면 공염불로 끝나기가 십상이다.

돈이 나쁜 게 아니라면 돈을 벌려고 백방으로 애쓰는 일도 나쁜 것이 아님이 분명하다. 사실 이 세상 사람치고 성년이 되어서 돈을 벌기 위해 애쓰지 않는 사람이 몇이나 되겠는가? 철저하게 금욕적인 삶을 살 수 있는 성현이 아닌 다음에야 돈이 있어야 사람답게 살 수 있을 터이니 보통 사람들이 돈을 벌려고 애쓰는 것은 당연한 일이다.

2) 그렇지만 신자인데?

이렇게 물질이나 돈에 대해 긍정적으로 생각하는 것이 가톨릭 신자의 처지에서도 어울리는 일일까? 모든 재산을 버리고 나를 따르라고 한 예수님 말씀을 따르려면 돈이나 물질에 대해서 초연해야 하지 않을까? 부자가 천국에 들어가는 게 낙타가 바늘구멍을 통과하는 것보다 어렵다고 하셨으니 천국에 가려면 부자가 되어서는 곤란한 것 아닐까? 반면 우리가 지닌 탤런트를 올바로 활용하지 않았다고 꾸지람하신 예수님의 말씀을 들으면 주님이 우리에게 맡기신 것을 잘 써서 돈도 벌어야 하는 것 아닐까 하는 생각도 든다. 더구나 우리가 가정을 꾸려 아이들을 낳아 기르면서 이 세상을 살아가려면 상당히 많은 돈이 필요한데, 누구인가가 돈을 벌지 않으면 어떻게 가족을 먹여 살린단 말인가? 도대체 돈을 벌라는 것인가, 말라는 것인가?

3) 물질에 대한 신앙인의 태도: 설문조사 결과

이 질문에 대해 답하기 전에 우선 이 문제에 관해 신자들이 어떻게 생각하고 있는지 알아보기로 하자. 몇 년 전에 미국에서 신자들을 대상으로 조사한 것을 보면, 사회가 지나치게 물질적으로 되어 간다고 생각하는 사람이 89%나 되고, 물질만능주의가 아주 심각한 사회 문제라고 생각하는 이가 74% 그리고 우리가 지금보다 돈을 덜 중시해야 한다고 믿는 사람이 71%로 나타났다. 이를 보면 많은 신자들이 돈과 물질에 대해 상당히 부정적으로 생각하고 있음을 알 수 있다. 또한 조사 대상자의 다수가 물질만능주의가 가족을 파괴시키고 있다고 생각하고 있으며 많은 사람이 TV와 광고의 폐해에 대해 걱정하고 있는 것으로 나타났다. 예를 들어 90%의 응답자가 아이들이 물질적인 것만 너무 많이 원해 걱정하고 있으며, 75%가 광고 때문에 우리가 지켜야 할 근본적인 가치가 흔들리고 있다고 생각한다. 또한 응답자의 71%가 욕심을 죄악이라고 믿고 있기도 하다.

그런데 사람들이 실제로 살아가는 태도를 조사해 보면 돈과 물질을 아주 중요시하는 것으로 나타나 물질주의의 폐해에 대해 걱정하던 것과는 거리가 상당히 거리가 있음을 알 수 있다. 어떻게 하면 돈을 더 벌 수 있을까라는 생각이 머리에서 떠나지 않는다는 사람이 63%에 이르고, 지금보다 돈이 조금만 더 있으면 좋겠다고 생각하는 사람이 84%가 되며, 돈 걱정 따위는 하지 않는다는 응답자는 1%도 되지 않는다. 아름다운 집이나 새 차를 갖는 일이 얼마나 중요한가라는 질문에 별로 중요하지 않다고 대답한 사람은 22%에 불과하다.

돈이 있어야 자유를 만끽할 수 있다고 생각하는 사람이 71% 그리고 돈을 많이 벌수록 자존심이 살아난다고 생각하는 사람이 76%가 된다. 부자일수록 행복할 것이라고 생각하는 사람은 11%에 불과하지만 지금보다 돈이 조금 더 많으면 좋겠다는 생각을 갖지 않은 사람은 하나도 없다. 5년 전보다 더 오래 일한다는 사람이 66%가 되는데도 불구하고, 돈을 더 벌 수 있다면 더 오랜 시간 일할 용의가 있다는 사람이 68%나 된다. 열심히 일해서 돈을 많이 벌어 부자가 된 사람을 존경하는 사람의 비율은 80%에 달하지만 별로 돈이 되지는 않으나 가치가 있는 일에 열심인 사람을 존경한다는 비율은 25%에 불과하다.

욕심에 대해서는 어떤 태도를 보일까? 지나친 욕심이 죄악이라고 믿는 사람이 절대 다수임에도 불구하고, 돈을 더 많이 갖고 싶어 하면 안 된다고 배운 사람은 매주 미사에 참여하는 사람의 16%에 불과하다. 사실 대부분은 어릴 때부터 기왕이면 돈을 많이 벌어야 한다고 배워 왔다. 신자들 다수가 하느님을 섬기는 것도 중요하지만 돈을 많이 버는 것도 중요하다고 믿고 있다. 또한 대다수의 신자는 불법적인 방법으로 한 것만 아니면 돈을 많이 벌어 부자가 되는 게 나쁜 일이 아니라고 믿고 있다. 주님께서는 내가 좋아하는 일을 하시기를 원한다고 믿는 사람이 70%에 달하고, 열심히 일하는 게 게으른 것보다 하느님 보시기에 훨씬 더 좋다고 생각한다. 아침기도가 하루의 직장 생활을 더 잘할 수 있게 해 준다고 믿는 사람이 50%를 넘으면서도, 남들이 헐벗고 굶주리는데 나만 안락하게 사는 게 도덕적으로 볼 때 잘못된 일이라고 생각하는 사람은 25%에 불과하며, 가난한 이가 부자보다 하느님 나라에 더 가까이 있다고 믿는 사람은 20%에 불과하다.

이러한 조사결과가 보여 주는 바는, 신자들이 마음으로는 물질적 욕망에 사로잡혀 있는 자신을 책망하며 욕심을 절제해야 된다고 생각하지만, 실생활에서는 물질적 욕망을 버리기는커녕 돈이 많을수록 좋다고 믿어 조금이라도 더 벌기 위해 애쓰고 있다는 사실이다. 그러니 신자라고 해서 비신자와 크게 다를 바가 없다. 다만 다른 점은 때때로 물질의 노예가 되어 가고 있는 자신에 대해서 반성하며 더 이상 그렇게 살지 않아야 하겠다고 다짐도 하고 뉘우치는 마음에서 가진 것을 나누기도 한다는 사실이다. 문제는 그러한 반성이 그렇게 오래 지속되지 않는다는 데 있다. 이내 한 푼이라도 돈을 더 벌려고 애쓰며 가진 것을 빼앗기지 않으려고 버둥거리는 원래의 모습으로 되돌아가곤 하니 말이다.

4) 이에 관한 교회의 입장은 무엇인가

그렇다면 좁게는 돈 버는 일 그리고 더 넓게는 자본주의에 대해 교회는 어떤 생각을 갖고 있을까? 이 물음에 대해 하나의 일치된 답을 내리기는 매우 어렵다. 교회의 가르침이 하나로 통일되어 있지 않기 때문이다. 이제 1891년에 공포된 교황 레오 13세의 가르침과 1931년에 공포된 교황 비오 11세의 가르침 그리고 1991년에 공포된 교황 요한 바오로 2세의 가르침을 중심으로 이에 대해 살펴보기로 하자.

교황 레오 13세의 가르침은 기본적으로 자본주의에 부합한다. 사유재산권을 자연법에 합치되는 것으로 여겨 국가라 할지라도 함부로 침해해서는 안 된다고 보는 것이 그 좋은 예이다. 또한 큰 어려움을 겪는 사람을 국가가 도와주는 것은 당연하지만 그렇다고 부모나 형제가 할 일을 국가가 대신하려 들지 말라고 가르친다. 이는 국가의 힘이 지나치게 커지는 것을 경계한 것이다. 아울러 사람마다 차이가 나는 것이 당연한 일이므로 국가가 개개인의 차이를 없애 모든 이를 평등하게 만들려고 해서는 안 된다고 가르친다. 한편 노동자와 자본가는 상호 보완적인 존재로서 전자는 성실하게 일할 의무가 있고 후자는 노동자의 권익을 보호하고 그들을 혹사하거나 윤리에 어긋나는 일을 하도록 강요해서는 안 된다고 가르치고 있다. 이는 노동자뿐만 아니라 자본가도 중요함을 인정한 것이다. 동시에 내 것이니 내 맘대로 사용하겠다는 이기심만 갖고 살지는 말라고 가르친다. 우리가 가진 것을 기꺼운 마음으로 어려운 이웃과 나누어 써야 한다는 것이다.

반면 교황 비오 11세의 가르침은 반자본주의적이며 파시스트적이다. 자본가란 본래 노동자를 착취하게 마련이므로 국가가 나서서 이를 강력하게 제지해야 하며 자본주의로 인해 생긴 불평등을 시정하는 일 역시 국가의 책무라고 본다. 지나친 경쟁은 해악을 낳을 뿐이므로 억제되어야 하며 자본가의 힘은 적절히 통제해야 하고 자칫 대립되기 쉬운 노사 간의 이해관계는 국가가 지원하는 협동체 결성을 통해 조정되어야 한다고 본다. 또한 자본가들은 이익을 위해서라면 전쟁을 일으키는 일은 물론 불법이나 비윤리적인 일도 서슴지 않는 존재라고 보았다. 따라서 도덕적 가르침을 엄정하게 집행에 옮김으로써 더러운 욕망의 구렁텅이에서 연약한 인간을 구원할 필요가 있다고 한다. 그러한 일에 마땅히 교회가 나서야 하며 국가도 교회의 가르침을 따라야 한다고 본다. 이렇게 보면 교황 비오 11세의 가르침이 지지한 것은 자본주의도 아니고 공산주의도 아니며 사회주의 그중에서도 기독교 사회주의임을 알 수 있다.

한편 교황 요한 바오로 2세의 가르침은 위에서 본 두 가지 극단을 절충한 것으로 보인다. 자본주의 또는 시장경제와 사회 정의에 관한 교회의 가르침이 조화를 이룰 수 있는가라는 질문에 대해 이 가르침은 두 가지 답을 주고 있다. 하나는 다음과 같다. "자본주의라는 말이 기업, 시장, 사유재산 그리고 그로부터 나오는 각종 생산수단이 갖는 근본적이며 긍정적인 역할 그리고 경제생활에서 발휘되는 인간의 자유로운 창의성을 인정하는 시스템을 지칭하는 것이라면 이는 교회의 가르침과 다르지 않다." 이는 교회가 고전적인 자본주의를 용인하고 있음을 보여 준다. 다른 하나는 다음과 같다. "그러나 자본주의가, 강력한 법적 장치를 통해 인간의 온전한 자유 그중에서도 특히 윤리적 종교적 자유를 보호 신장하는 데 공헌할 수 있도록 제어되지 않은, 무절제한 경제적 자유를 지칭하는 것이라면 이는 교회의 가르침에 위배된다." 이는 자본주의를 인정하되 그것을 법적인 장치를 통해 적절하게 제어함으로써 윤리적이고 종교적인 가르침에 합당한 것이 되게 만들어야 한다는 생각을 나타내고 있다.

이를 보면 개인주의에 바탕을 둔 자본주의에 대하여 가톨릭이 그다지 우호적이 아님을 알 수 있다. 그렇다고 해서 전체주의 또는 공산주의를 적극적으로 옹호하지도 않는다. 사실 교회는 이 문제에 관해 상당히 모호하며 이중적인 잣대를 지닌 듯하다. 한편으로는 분별없는 이기심을 경계하고 경쟁의 비인간성을 비판하며 돈의 노예가 되는 것을 죄악시하고 가진 것을 나누지 않는 인색함을 나무란다. 반면 교회 역시 돈이 중요하다는 사실과 현대사회를 살아가려면 누구이건 돈을 벌지 않으면 안 된다는 사실을 잘 알고 있기도 하다.

사실 '기업'이라는 관점에서 보면 교회도 여느 기업과 크게 다르지 않은 태도를 보인다. 고용인에게 남보다 월급을 더 많이 주는 것도 아니며 물품을 사들일 때 남보다 더 비싼 값을 쳐주는 것도 아니다. 무슨 일을 하건 기왕이면 돈을 더 많이 남기기를 바라며, 절약해 모은 돈을 저축할 때는 일반인과 다름없이 되도록이면 높은 이자를 주는 은행을 선택한다. 재산에 따라 사람을 차별해서는 안 된다고 가르치면서도 헌금을 많이 내는 부자를 좋아하고 장사치들을 경멸하는 태도를 보이면서도 스스로 장사에 나서는 것은 아무렇지도 않게 생각한다. 물질적인 것을 비판하면서도 교회 건물은 더 좋게 짓고자 하며, 추위나 더위에 노출되어 있는 가난한 교회이기보다는 냉난방시설과 편의장치를 갖춘 부자 교회를 지향하며, 지나치게 돈을 중시하는 신자들을 엄히 꾸짖지도 못한다.

물론 교회는 말한다. 그 모든 것이 하느님의 구속 사업을 위한 것이므로 교회가 하는 일을 사리사욕에 물든 기업가의 행동과 동일시하는 것은 어불성설이며 나아가 자본주의 사회를 살아가는 신자들을 보듬어 안기 위해서는 그들처럼 생각하고 행동할 필요가 있다고 말이다. 교회라고 해서 있는 것을 모두 나누어 준다면 무엇을 갖고 신자들을 보살필 것이며 교회를 온통 헐벗고 굶주린 이들로 채우기 위해 그렇지 않은 신자들을 버려둘 수는 없다고 말한다. 지나치게 엄격하고 고고한 태도를 보여서 신자들을 그릇된 길로 내모는 것보다는 이기적이며 돈을 좋아하는 단점까지도 수용하는 편이 낫다고 생각한다.

II. 신앙인과 재테크의 실제

그렇다면 자본주의 경제를 연구하고 가르치는 경제학자이며 동시에 가톨릭 신자인 본인은 이런 주제에 관해 어떤 생각을 갖고 있는가? 이제 이에 관해 알아보기로 한다. 당연한 얘기이지만 이하에서 전개되는 내용은 필자의 사견일 뿐이다.

1) 신앙인에게도 재테크는 필수

가톨릭 신자라고 해서 돈을 버는 행위를 백안시해서는 안 된다. 어제보다는 오늘 그리고 오늘보다는 내일의 삶이 더 나은 것이 되기를 바라는 마음은 인지상정이므로 나와 내 가족이 잘되게 하기 위해 돈을 벌려고 애쓰는 것을 나쁘다고 할 수는 없다. 보통 사람에게 있어서는 삶의 물질적인 토대를 제대로 갖추는 것이 사람답게 살아갈 수 있는 필요조건이 된다. 가진 것이 없어서 헐벗고 굶주리면서 행복을 누릴 수 있는 사람은 많지 않다. 아시시의 프란치스코 성인처럼 살면 좋겠지만 보통 사람들에게는 무소유의 청빈한 삶을 살아가는 것이 거의 불가능하다. 더욱이 "결혼해서 자손을 낳아 번창하라"라고 하신 주님의 말씀을 상기할 때 돈을 벌어 가족을 먹여 살리는 일은 하느님 보시기에도 좋은 일일 것이다.

돈을 벌되 무조건 해서는 안 될 것이다. 우선 가톨릭 신자이기 이전에 한 사람의 시민으로서 나라의 법과 규범이 정하는 테두리 안에서 정당한 방법으로 돈을 벌어야 할 것이다. 이에 더해 가톨릭 신자로서는 어떤 일을 하는 것이 과연 하느님 보시기에 좋은 일인가를 생각해야 한다.

돈을 더 많이 벌려고 노력하는 것은 어떤가? 이 경우에도 법과 규범을 준수하면서 사랑하는 마음을 간직한 채 그렇게 한다면 죄 될 것이 없다. 자본주의의 원리가 제대로 정착된 사회에서는 남에게 더 크게 봉사할 수 있을 때 더 크게 돈을 벌 수 있음을 기억해야 한다. 그러므로 정상적인 사회에서 정당한 방법으로 경제생활에 임하면서 돈을 많이 번다면 그것은 그만큼 더 크게 남에게 혜택을 주었기 때문이라고 할 수 있다. 예를 들어 어떤 가게가 손님으로 문전성시를 이루어 사업이 번창한다면 그것은 그만큼 좋은 물건을 싸게 팔기 때문이라고 할 수 있다. 즉, 고객에게 더 큰 혜택을 주기 때문에 고객이 그리로 몰리는 것이다. 이렇게 보면 자본주의가 잘 정착되어 있고 법과 규범이 제대로 준수되는 사회에서는 돈을 많이 버는 사람이나 이윤을 많이 내는 기업을 칭찬할 일이지 그들을 비판의 대상으로 삼아서는 안 된다.

이를 오늘의 주제인 재테크의 관점에서 보면 어떤가? 재테크란 재산을 늘리기 위해 우리가 취하는 경제 행위를 총칭하는 말이다. 여기에서는 우리가 벌어들인 소득을 절약해서 사용하고 남긴 돈을 금융자산이나 부동산 또는 귀금속과 같은 실물자산에 투자해서 돈을 벌려고 하는 행위에 국한해서 보기로 하자.

2) 근검절약이 첫걸음이다

이때 우리가 먼저 생각해야 할 것은 벌어들인 소득을 알뜰하게 씀으로써 투자할 몫을 남기는 행위가 칭찬받을 만한 미덕이라는 점이다. 근검절약하는 삶을 나쁘다고 비판할 사람은 별로 없을 것이다. 물론 아껴서 모은 돈을 어떤 일에 쓰는 것이 좋은가 하는 데 대해서는 여러 가지 생각이 있을 수 있다. 그것을 순전히 나를 위해서 쓸 것인가 아니면 어려운 이웃에게 나누어 줄 것인가 하는 문제가 대두되는 것이다. 하지만 일단 이 문제는 접어 두고 절약한 것을 돈을 버는 데 쓰는 행위의 타당성에 관해 생각해 보기로 하자.

재테크에 관한 필자의 견해는 합법적인 방법으로 합법적인 대상에 대해 투자해서 돈을 벌려는 행위는 어느 모로 보나 타당하다는 것이다. 우리가 은행에 예금을 하는 행위를 나무라지 않듯이 주식이나 다른 금융자산을 사고팔아서 돈을 벌려고 하는 일이나 부동산을 사고팔아서 돈을 벌려고 하는 행위를 나쁘다고 할 까닭은 없다. 법을 지키며 내야 할 세금을 제대로 내는 한 재테크를 잘 해서 돈을 버는 행위를 비판해서는 안 된다. 열심히 노동해서 돈을 버는 것과 마찬가지로 재테크를 잘하기 위해서도 정보를 수집해서 분석하고 발품을 파는 등 많은 시간과 노력을 기울여야 한다. 세상에 공짜가 없다는 말은 이 경우에도 적용된다. 그러니 부동산이나 금융자산을 통해 번 돈은 불로소득이므로 사회로 환원해야 한다고 말하는 것은 잘못이다.

이 경우 투자인가 투기인가를 구분하는 것도 올바른 태도가 아니다. 경제학적으로는 모든 투자에 투기적인 요소가 있기 때문에 양자를 구분하지 않는다. 가격 변화를 예상해서 물건을 사고팔아 이득을 취하려는 행위를 투기라고 정의하더라도 마찬가지이다. 그런 종류의 투기가 역설적으로 물건 값을 안정시키는 데 공헌한다는 점을 이해해야 한다. 물론 남들은 집이 없어서 걱정인데 부동산을 투자나 투기의 대상으로 삼는 일은 비도덕적인 행위라고 비난받는 게 현실이다. 그렇지만 부동산을 사고팔아 돈을 벌려는 행위가 나쁘다면 금융자산을 사고팔아 돈을 벌려는 행위도 나쁘다고 해야 할 것이다. 그러므로 부동산 투자에 대해 비판하는 것은 돈 버는 행위가 나쁘다는 주장과 다르지 않다.

이때 주목할 것은 우리가 투자를 통해 돈을 벌게 되는 것은 그것이 어떤 형태로든 상대방에게 이익을 가져다주었기 때문이라는 사실이다. 부동산 투자자가 있기에 건설회사가 많은 사람들을 고용할 수 있는 것이며 또한 부동산 투자자가 있기에 집이나 사무실을 임대하기가 쉬워지는 것이다. 금융자산에 투자하는 사람이 있기에 다른 사람이나 기업이 그것을 빌려다가 유용하게 쓸 수 있는 것이다. 사실 자본주의 사회에서 이루어지는 모든 경제 행위는 주고받는 것이지 일방적으로 주거나 빼앗는 것은 없다. 이 세상에는 공짜가 없다는 말은 만고불변의 진리이다. 그러므로 우리가 돈을 벌었다면 우리가 누구에게인가 가치 있는 일을 해 주었기 때문임이 분명하다. 노동을 하거나 물건을 팔아서 돈을 버는 행위는 신성한 경제 행위이지만 돈을 꾸어 주고 이자를 받는 것은 저급한 경제 행위라는 생각을 하는 사람들이 많다. 금융자산으로 돈을 버는 것은 특별한 노력도 없이 그저 돈이 있다는 사실 때문에 돈을 버는 것이므로 땀 흘려 일해서 돈을 버는 것과는 차원이 다르다고 생각한다. 물론 그렇게 생각하는 것은 착각일 뿐이다. 빌려 줄 돈을 마련하기 위해 소비하고자 하는 욕망을 희생했을 뿐 아니라 빌려 간 사람이 그 돈을 유용한 일에 쓸 수 있게 해 주었음을 감안하면 알 수 있는 일이다.

3) 재테크도 하느님 뜻에 맞갖게

그런데 여기에서 한 가지 심각한 문제가 등장한다. 규범이나 법규를 어기면서 경제생활에 임하는 이가 많은데 나만 법대로 그리고 더 나아가 신자로서의 책무인 사랑하는 마음을 갖고 경제생활에 임하다

보면 결국 타인과의 경쟁에서 도태되지 않을까 하는 두려움이다. 예를 들어 탈세를 하면서 물건을 싸게 팔거나 정치인에게 뇌물을 주고 특혜를 받아 사업에 임하는 경쟁자가 있다면 신자로서 어떻게 대처해야 좋을까? 나도 탈세하거나 뇌물을 주어야 할까? 아니면 그런 경쟁자를 법에 호소해서 처벌해야 할까? 사실 공정한 경쟁의 룰을 어기고 부당한 방법을 통해 돈을 벌려는 사람들이 너무나 많다. 그러한 현실을 무시하고 신자들더러만 법대로 살라고 말하기도 상당히 어렵다. 그렇더라도 신자들더러 탈세를 해도 좋고 뇌물을 주어도 좋다고 말할 수는 없는 노릇이다. 남이 죄를 짓는다고 해서 신자가 죄를 지어도 좋다는 법은 어디에도 없다. 오히려 그 반대가 옳다. 그렇지만 죄를 짓는 일에 있어서는 내가 바르게 살아 죄를 짓지 않으면 그게 오히려 나에게 도움이 되는 일이지만 남이 부당한 방법으로 돈을 벌 때 내가 법을 지키느라 경쟁에서 도태된다면 나에게는 큰 손실인데 어떻게 양자가 같다는 말인가? 이런 생각은 인간의 셈법일 뿐이다. 하느님의 셈법으로 보면 법을 지키며 정당한 방법으로 돈을 버는 것이 그러다가 설령 경제적인 손실을 입더라도 구원에 이르는 길이다. 물론 하느님께서 바르게 사는 우리를 도와주시리라는 믿음도 있다.

이 문제는 사실 게임의 룰과 관련된 것으로서 애초에 룰이 부당하게 되어 있는 경우는 물론 합당한 룰이라도 그것을 준수하지 않는 사람들이 있는 경우에 어떻게 대처하는 것이 좋은지에 관한 의문을 제기한다. 즉, 부당한 룰이라도 지켜야 하는가? 합당한 룰이지만 지키지 않는 사람들이 많을 때 그럼에도 불구하고 나는 그것을 지켜야 하는가? 이 문제는 개인적인 차원에서 해결할 수 있는 성격의 것이 아니다.

부당한 룰이라도 일단은 준수해야 하지만 모두가 힘을 합쳐 부당한 점을 시정하도록 하는 게 급선무다. 이때 룰이 부당한지의 여부는 하느님의 가르침에 비추어 판단함이 옳을 것이다. 따라서 룰의 부당성 여부를 판별하는 일이나 부당한 룰을 고치도록 하는 노력을 기울임에 있어서 교회가 해야 할 책무가 크다. 교회의 가르침에 따라 어떤 룰이 합당하지 않은 것으로 판명되면 전 신자와 교회가 힘을 합쳐 그것을 고치도록 애써야 할 것이다. 예를 들어 현재 논란이 되고 있는 종합부동산세 개정 여부에 관해 교회는 어떤 판단을 내려야 할 것인가? 종부세를 도입한 것은 부동산으로 돈을 버는 일은 비윤리적인 경제 행위라는 생각에서였는데 이는 교회의 판단으로도 옳은 생각일까? 이에 대해 교회가 특별히 반대의 목소리를 내지 않은 것을 보면 교회 역시 부동산으로 돈을 버는 행위에 대해 못마땅해 하고 있는 듯하다. 그것이 교회의 입장이라면 신자로서 그런 가르침을 따르는 것이 도리일 것이다.

그렇지만 그런 문제에 관해 교회의 가르침과 신자의 생각이 다를 때는 어떻게 해야 하는가? 사실 수많은 경제 문제에 관해 그것을 판단하는 교회의 눈과 신자의 눈이 항상 같을 수는 없을 것이다. 예를 들어 신자 가운데는 철저하게 시장경제를 신봉하는 자유주의자도 있지만 그 반대로 모든 것을 공유화해야 한다고 믿는 공산주의자도 있다. 그러므로 구체적인 경제 문제에 대한 교회의 가르침이 모든 신자의 뜻에 부합할 것으로 기대해서는 안 된다. 이 경우 교회의 가르침과 다른 생각을 하는 신자들이 어떤 태도를 취해야 할 것인지는 매우 어려운 문제이다.

예를 들어 강론 시간에 부동산으로 돈을 버는 것은 나쁜 일이라거나 대기업은 이윤추구를 위해 어떤 일이든지 하는 나쁜 존재라고 말하는 사제가 있을 때 그와 견해를 달리하는 신자들은 어떤 태도를 가져야 하는가? 사제의 말씀을 따라 자신의 견해를 수정해야 하는가, 사제가 틀렸다고 반박해야 하는가, 그도 저도 아니면 조용히 교회를 떠나야 하는가? 이 경우 어느 한편이 절대적으로 틀렸다면 문제 해결은 비교적 간단하다. 그러나 객관적으로도 결론이 모호한 경우에는 그렇지 않다. 그러나 어떤 경우에라도 신자들은 자기가 틀리지 않았을까 하고 깊이 반성해 보아야 한다.

교회는 교회대로 현실 특히 경제에 관한 올바른 교육을 통해 사제들이 판단을 그르치지 않도록 할 책임이 있다. 본당 사목을 맡고 있는 사제나 교회의 지도자들이 반 자본적이고 반 시장적이며 반 기업적이고 반 개방적인 생각을 갖고 있음을 볼 수 있다. 교회나 사제가 그러한 태도를 갖는 것은 나라와 나라 사이의 국경이 실질적으로 소멸되어 가는 현대 세계에서 이루어지는 경제의 작동 원리에 대해 잘 모르고 있기 때문이 아닐까? 그런 측면이 조금이라도 있다면 사제를 비롯한 교회의 지도자들도 올바른 경제 교육을 받을 필요가 있을 것이다. 교회와 사제들이 신자들에게 미치는 영향이 매우 크므로, 그들이 부지불식간에 그릇된 경제관을 전파한다면 그로 인한 폐해가 만만치 않을 것이다.

룰을 지키지 않는 사람들이 많은 경우에 대해서는 신자나 교회나 동일한 판단을 내릴 수 있다. 남이 룰을 어긴다고 해서 나도 따라서 룰을 지킬 필요가 없다는 명제가 틀린 것이라는 데 대해서 교회와 신자가 견해를 달리 해야 할 까닭이 없다. 제대로 된 교회가 불법을 옹호할 수는 없는 노릇이며 법을 어기고 싶은 유혹을 이겨야 하는 것이 신자 된 도리이기 때문이다. 이때에도 신자와 교회가 할 일은 법을 지키지 않는 사람들이 사라질 수 있게 보다 더 철저하게 법을 집행하도록 정부에게 압력을 가하는 것이다. 교회나 신자 단체가 탈세나 부정부패 사례를 신고 받아 사법당국에 의법 조치를 내리도록 요청할 수도 있을 것이다. 물론 그렇게 하기 위해서도 신자나 교회는 법을 어기는 일이 없어야 할 것이다.

룰을 지키지 않는 부당한 경쟁자가 많은 현실에서 룰을 제대로 지키는 신자나 신자가 참여하는 기업을 도울 수 있는 방법이 있다면 그것을 실행에 옮기는 것도 좋은 일이다. 예를 들어 신자들이나 교회가 같은 값이면 법을 지키면서 양심적으로 경영하는 기업의 제품을 사 줄 수 있을 것이다. 그러나 가장 효과적인 방법은 룰을 지키지 않는 경쟁자보다 더 열심히 노력해서 더 좋은 제품을 더 싸게 공급함으로써 룰을 지키면서도 기업 경영에 성공할 수 있음을 보여 주는 일이다. 이 일은 일견 불가능할 것처럼 보이지만 사실은 누구나 할 수 있는 일이다.

룰을 어기는 기업이 경쟁에서 이길 수 있을 것처럼 보이는 것은 대개의 경우 오직 단기적으로만 그러할 뿐이다. 룰을 어길 정도로 기본이 갖추어지지 않은 기업이라면 틀림없이 여러 가지 면에서 부실한 점이 많은 기업일 가능성이 높다. 예를 들어 룰을 어기는 경영자가 운영하는 기업의 종업원이 근면성실하게 업무에 임할 것으로 기대하기는 어렵다. 경영자가 탈세나 불법을 일삼는데 종업원이 그를 닮지 않을 까닭이 있겠는가. 그러니 십중팔구 종업원들도 어떻게 하면 회사 돈을 착복할 수 있을까 궁리할 것이다. 또한 룰을 지키지 않는 기업이 고객들에게 좋은 평판을 듣게 될 리도 없을 것이다. 그보다는 나쁜 소문이 퍼져 영업 활동에 지장을 받게 될 가능성이 더 높다. 반면 룰을 제대로 지키는 기업은 종업원이나 거래 상대방도 합당하게 대우해 줄 것이므로 그들이 나름대로 최선을 다하게 되어 기업 경영이 잘될 가능성이 크다. 고객들 역시 룰을 잘 지키는 기업에게 더 큰 신뢰를 보여 그 기업 제품을 애호하게 될 것이다. 결국 제대로 된 사회라면 룰을 제대로 지키면서 경제 활동에 임하는 것이 장기적으로 볼 때 경쟁에서 승리하는 길이 된다.

4) 재테크에 절제는 필수

돈이란 것이 본질적으로 나쁜 것이 아니며 정당한 방법으로 돈을 버는 것 역시 나쁜 일이 아니라 하더라도 돈을 갖거나 돈을 버는 일에 어느 정도의 절제가 필요한 것은 아닐까? 이 문제는 행복이라는 관점에서 답을 찾아보아야 할 성격의 것이다. 우리는 지금까지의 논의에서 돈이 많은 것이 나쁜 일이 아니며 따라서 돈을 더 많이 벌기 위해 재테크에 열을 올리는 것도 나쁜 일이 아님을 보았다. 그렇지만 교회의 가르침을 보면 돈을 갖는 일이나 돈을 버는 일에 지나치게 몰두하는 것을 경계하고 있음을 알 수 있다. 즉, 돈을 갖는 것이 중요하기는 하지만 그것은 어디까지나 건강, 행복, 구원, 나눔, 빈민 구제, 봉사 등 더 가치 있는 일을 하기 위한 수단으로서 그럴 뿐이지 돈 그 자체가 중요하기 때문은 아니라는 것이다. 따라서 돈에 몰두되어 다른 일을 돌보지 않는 것은 매우 어리석은 짓이다. 마찬가지로 돈을 벌려고 애쓰는 것이 올바른 일이기는 하지만 모든 것을 다 희생하면서까지 돈을 벌려고 하는 것 역시 어리석은 일이다.

돈은 어디까지나 우리가 진정으로 가치 있다고 생각하는 것을 달성하게 해 주는 수단일 뿐이다. 따라서 돈을 벌더라도 그것이 우리가 진정으로 가치 있다고 생각하는 것을 더 잘 달성하게 해 줄 때 의미가 있는 것이다. 그러니 돈의 노예가 되어 모든 것에 앞서 돈만 생각하고 돈을 더 벌기 위해 혈안이 되어 날뛴다면 그것은 본말이 전도된 행동이다. 돈의 노예가 되는 순간 우리가 진정으로 좋아하는 일이나 사랑하는 것에서 멀어지게 마련이다. 그러므로 이 논의에서 우리가 얻어야 할 교훈은 돈을 벌려고 애를 쓰기는 하되 어디까지나 그것이 스스로의 행복을 손상하지 않는 범위 내에서 하라는 것이다. 무엇보다도 돈의 노예가 되는 일은 피해야 한다.

그러나 이 일이 말처럼 쉽지 않다는 데 문제가 있다. 돈의 노예가 되지 말자고 결심하는 것이 어렵지 않듯이 돈의 노예가 되는 일 역시 너무나 쉽다. 사실 인간이라면 누구나 돈의 노예가 될 소지를 지니고 있다. 왜냐하면 인간의 욕망은 본래 끝이 없이 커서 채우고 채워도 늘 부족하다고 느끼기 때문이다. 많은 사람들이 그 부족한 점을 물질적인 것으로 메우기 위해 돈 벌기에 매진하다 보면 돈의 노예로 전락하게 되는 것이다. 돈의 노예가 되지 않으려면 모든 면에서 절제해야 하며 조금은 부족하다고 생각하는 수준에서 멈출 줄 알아야 한다.

재테크를 통해 돈을 버는 일에 있어서도 너무 그 일에 몰두하지 않는 것이 좋다. 예를 들어 당초 열 개를 목표로 했더라도 그 반 정도를 이루었으면 발을 뺄 줄 알아야 한다. 사실 이 점은 돈의 노예가 되지 않기 위해서도 중요하지만 재테크의 본질적 속성에 비추어 보아도 지나치게 욕심을 부리지 않는 것이 현명한 투자임을 알 수 있다. 재테크의 중요한 대상이 되는 부동산이나 주식은 가격이 오를 때는 계속해서 오를 것처럼 보여도 한 번 떨어지기 시작하면 폭락하는 경향을 지닌다. 그래서 조금 더 벌자고 덤벼들다가는 오히려 손해를 볼 가능성이 높다. 증권투자에서 무릎에서 사서 어깨에서 팔라는 격언이 빛을 발하는 까닭을 음미해 볼 필요가 있다.

재테크를 하면서 지나친 욕심에 빠져 들지 않는 방안이 있는가? 한 가지는 합당한 수준에서 목표 수익률을 정한 다음 실제 수익률이 그 수준을 넘어서면 투자의 대상을 처분하는 것이다. 이는 또한 스스로 감당할 수 있는 손실률의 목표치를 정한 다음 실제의 손실률이 목표치를 상회할 때도 투자 대상을 손절매하라는 것이 된다. 이때 목표 수익률을 지나치게 높게 잡아서는 안 된다. 좋은 방안은 시장의 실질 수익률을 참고로 해서 그보다 약간 높은 수준에서 목표치를 정하는 것이다. 예를 들어 회사채의 실질 순 수익률이 연 8%이면 주식이나 부동산 투자에 들어가는 각종 경비를 제외한 순 수익률을 기준으로 해서 연 10%를 목표치로 정하는 식이다.

재테크를 하면서 또 한 가지 돈의 노예가 되는 것을 막는 방안은 되도록 장기투자를 하라는 것이다. 너무 자주 사고파는 것은 거래비용만 높일 뿐 투자자에게 별로 도움이 되지 않는다. 무엇보다도 그렇게 하려면 거의 매일 주식 시장이나 부동산 시장의 동향을 점검해야 한다.

그렇지만 깨어 있는 시간의 대부분을 돈 버는 일만 생각하다가는 자기도 모르는 사이에 돈의 노예가 되기 십상이다. 그러므로 가톨릭 신자들은 특히 더 긴 안목으로 장기투자를 하는 것이 좋다.

또 한 가지 돈의 노예가 되는 일을 피하는 방안은 가능한 한 남의 돈을 빌려서 투자하지는 말라는 것이다. 가장 좋은 것은 최악의 경우 모두 잃어버려도 견딜 수 있는 만큼의 돈을 우량 자산에 장기간 묻어 두는 것이다. 예를 들어 주식투자라면 '여유자금'을 우량주식 또는 우량주식 펀드에 투자한 후 단기간의 시세 등락에 일희일비하지 말고 끈기 있게 기다리는 것도 좋은 방안이다. 부동산 투자도 마찬가지이다. 여기에서는 적어도 5년 이상 보유할 계획을 세워 투자에 나서는 것이 좋다. 단기간에 사고팔아 보아야 중개인과 세무서만 좋은 일 시킬 뿐 본인에게는 별 이득이 안 된다.

5) 헛된 욕심: 멸망으로 가는 지름길

재테크를 함에 있어서 신앙인은 물론 일반 사람 모두가 반드시 지켜야 할 원칙이 하나 더 있다. 그것은 "이 세상이 공짜는 없다"라는 사실을 명심하고 공돈을 벌려고 해서는 절대로 안 된다는 사실이다. 무엇이 공돈인가? 재테크와 관련해서는 우리가 정상적이라고 생각하는 것을 훨씬 뛰어 넘는 수익률을 약속하는 투자에 나서는 일은 모두 공돈을 쫓는 것이 된다. 가령 예를 들어 우리나라의 평균적인 수익률이 8%인 상황에서 어떤 사람이 30% 이상의 수익률을 내걸고 투자를 유치한다면 그것은 99% 이상 사기일 뿐임을 알아야 한다. 그런데도 수많은 사람들이 금융 다단계에 빠져 전 재산을 탕진하는 일이 반복되는 것은 우리 모두가 헛된 욕심에 속아 넘어가는 탓이다. 일반인도 마찬가지이지만 신앙인들은 특히 더 그런 헛된 약속에 속아서는 안 된다.

세상에서 정해지는 정상적인 수익률이 5~15%인데 30% 이상의 수익률을 약속하는 사람이 있다면 그는 틀림없이 사기꾼이다. 그것이 금융상품이건 부동산이건 사업 기회이건 모두 마찬가지다. 그런 일을 보거든 "어떻게 그렇게 좋은 일이 내게 일어날 수 있을까?" 하고 자문해 보아야 한다. 상대가 아주 믿을 만한 자선사업가가 아니라면 그런 일은 있을 수가 없다. 그런데도 사람들은 참으로 잘 속아 넘어간다. 왜? 욕심에 눈이 멀어 진실을 보지 못하기 때문이다.

우리나라가 고도성장을 거듭하던 과거에는 단기간에도 두세 배씩 이익을 남기는 투자 기회가 더러 있었지만 이미 성숙 단계에 들어간 우리 경제에서는 이제 더 이상 그런 수익을 기대해서는 안 된다. 그러므로 여러분에게 누군가가 "여기에 투자하면 몇 년 사이에 몇 배는 남을 것이다" 하고 유혹하더라도 절대로 속아서는 안 된다.

6) 은퇴 후를 잘 대비하자

재테크와 관련해서 우리가 명심해야 할 또 하나는 은퇴 후에 어떻게 살아갈 것인지에 대해 미리미리 준비해 두어야 한다는 점이다. 적어도 두 가지를 준비해야 한다. 하나는 은퇴 후에 살아갈 바탕이 될 재산을 쌓아 나가는 금전적인 것이고 다른 하나는 은퇴 후에도 보람 있는 일을 할 수 있는 능력을 갖춰 나가는 일이다.

은퇴 후의 생활에 필요한 재산을 마련하는 방안으로는, 주식·채권·연금 등 금융상품을 쌓아 나가는 일, 임대소득을 얻을 수 있는 부동산을 마련하는 일, 자녀 교육을 잘 시켜 그들에게 의존하는 방안 등 스스로 할 수 있는 일과 국민연금과 같이 나라에서 해 주는 일이 있다. 부모와 자식 사이의 관계가 바뀌어 나가는 양상을 보면 자식에게 기대어 노후를 보내기는 점점 더 어려워질 전망이다. 그러므로 우리는 아직 능력이 있을 때 미리미리 금융상품이나 부동산에 투자해서 노후를 대비하지 않으면 안 된다. 그런데도 너무나 많은 사람들이 그저 어떻게 되겠지 하고 살아가고 있어서 염려스럽다. 어떤 경우이건 나라에서 모든 사람을 먹여 살려 줄 수는 없음을 알아야 한다. 더욱이 출산율 저하와 평균수명의 연장으로 우리 사회가 아주 빠른 속도로 고령화하고 있음을 고려하면 노년층의 삶을 국가가 전적으로 책임질 수 없음은 더 분명하다. 따라서 그렇게 할 능력이 있는 사람들은 스스로 노후를 대비해 나가야 한다.

　금전적인 것보다 더 문제가 되는 것은 은퇴 후 무엇을 하며 살아갈 것인가 하는 점이다. 현재의 관행대로라면 60세를 전후해서 공식적인 경제 활동을 접는 사람들이 다수인데 건강수명이 연장되는 추세를 보면 이들은 은퇴 후 적어도 20년은 더 건강하게 살아가게 될 것이다. 그 20년 동안 과연 무엇을 하며 살아갈 것인가? 20년이면 인생의 사분의 일인데 그 중요한 시기를 '허송'해서는 안 될 것이다. 당연히 무엇인가 쓸모 있는 삶을 살도록 해야 하겠다. 그러기 위해서는 은퇴 후에도 무엇인가 할 수 있는 능력을 갖추는 일이 아주 중요하다.

　무엇을 할 수 있는가? 무엇보다도 새로운 일을 가져 돈을 벌 수 있다면 좋을 것이다. 비록 한창때만큼은 벌지 않더라도 무엇인가 쓸모 있는 일을 하면서 돈을 벌 수 있다면 돈도 돈이지만 내 자신 유용하게 쓰인다는 자부심을 가질 수 있어 더할 나위 없이 좋을 것이다. 그렇지만 우리가 미리미리 준비하지 않는다면 은퇴 후 새로운 일자리를 잡기가 쉽지 않을 것이다. 젊은이 일자리도 많지 않은데 노인에게까지 좋은 일자리가 주어지기를 기대하기는 어렵다. 그러나 필요한 능력을 갖춘다면 얘기가 달라진다. 물론 이와 관련하여 노인들의 일자리 창출을 위한 정부의 정책적 노력이 아주 중요해질 것이다. 당연히 우리 정부도 앞으로 노년층의 일자리 창출에 힘을 쓸 것이다. 우리가 지금부터 은퇴 후에도 잘 쓰일 수 있게 준비해 나간다면 정작 때가 닥쳤을 때 좋은 기회를 잘 활용할 수 있을 것이다.

먹고 살기 위해 돈을 벌어야 할 처지가 아니라면 무엇인가 사회에 보탬이 되는 일을 할 수 있는 능력을 갖추는 것도 중요하다. 이는 우리가 흔히 봉사 활동이라고 부르는 일과 관련된 것이다. 봉사를 함에 있어서도 기왕이면 남에게 더 보탬이 되는 일을 할 수 있으면 좋을 것이다. 단순 노동으로 봉사하는 일은 늙어서 할 일이 못 된다. 단순 노동을 넘어서는 봉사를 하기 위해서는 현직에 있을 때부터 하나 둘씩 필요한 '기술'이나 능력을 키워 나가야 할 것이다. 봉사 활동을 함에 있어서 앞으로는 그 대상이 전 지구적인 것이 될 것이라는 점도 기억할 필요가 있다. 즉, 앞으로는 은퇴 후에 우리나라뿐만 아니라 동남아시아, 중앙아시아, 아프리카 등지에 이르기까지 아주·다양한 곳에서 봉사 활동을 전개하게 될 것이다. 그만큼 세계화가 진전될 것이기 때문에 그렇다. 그렇다면 약간의 언어 능력을 습득해 두는 일도 중요할 것이다.

형편이 괜찮아서 직업을 갖거나 봉사하는 대신 주로 '놀기'로 작정한 사람일지라도 잘 놀기 위해서는 치밀한 준비가 필요하다. '노는데' 무슨 준비가 필요하냐 하고 그냥 있다가 정작 은퇴 후에 남는 시간을 어떻게 보내야 할지 몰라 허송세월 하다가 허무하게 죽어가는 사람들이 너무 많다. 제대로 놀지 못하면 건강만 해치고 그래서 일찍 세상을 하직하게 되는 것이다. 따라서 설령 '놀기'로 작정한 사람일지라도 잘 노는 데 필요한 것들을 갖추어 나가야 하는 것이다. 이 점에 관해서는 필자가 문외한이므로 무엇이라 말할 처지가 아니다. 그렇지만 수요가 있으므로 틀림없이 이 방면에서 은퇴 설계를 도와줄 사람들이 출현할 것이니 그들에게 자문을 구해 봄이 좋을 것이다.

7) 재테크와 신앙인의 법도

이 밖에 재테크를 함에 있어서 신자로서 특별히 고려해야 할 점은 또 없는가? 법과 규범을 지켜야 한다는 점은 앞서 말한 바와 같다. 이에 더해 신자라면 사랑하는 마음을 갖고 주님의 뜻에 어긋나지 않게 투자하겠다는 자세를 가져야 한다. 예를 들어 부동산 투자를 하되 세입자를 부당하게 올리는 일이 있어서는 안 되며, 주식투자를 하되 시세조정을 하거나 내부자 거래를 하거나 하는 등의 불공정 행위를 해서는 안 될 것이다. 이에 더해 투자의 대상이 하느님 보시기에도 좋은 것인지 살펴야 한다. 부동산 투자를 하되 사회적으로 지탄받을 일을 하는 데 쓰이는 대상을 골라서는 안 될 것이다. 같은 맥락에서 주식 투자를 하되 교회의 가르침에 어긋나는 일을 하는 기업은 투자 대상으로 삼지 않아야 한다. 가령 도박이나 마약 또는 매춘에 이용되는 건물에 투자해서는 안 될 것이며, 아동이나 여성이나 소수 인종을 차별하고 착취하는 기업에 투자해서는 안 될 것이다. 하느님의 가르침에 위배되는 물건을 생산하고 서비스를 제공하는 기업에 투자하지 않아야 함은 말할 것도 없다.

이 점 역시 말하기는 쉽지만 그대로 행동으로 옮기기에는 어려운 점이 많다. 부동산 투자를 할 때 그 대상이 어떤 일에 쓰이게 될지 사전에 잘 모르는 경우가 허다하며 사후에 그 대상이 비윤리적인 일에 쓰이는 것을 안다 하더라도 그것을 막기가 어렵다는 문제가 있다. 물론 투자한 물건을 임대하는 계약을 맺을 때 본인의 의사를 명확하게 밝히고 거기에 동의하는 사람에게 임대하는 방안을 고려할 수는 있을 것이다. 설령 그렇게 함으로써 임대료를 깎아 주어야 하는 한이 있더라도 신자라면 마땅히 그렇게 해야 할 것이다. 주식 투자를 할 때는 사전에 투자의 대상이 되는 기업이 어떤 일에 종사하는지 조사해 볼 수 있고 또한 그 기업이 어떤 노사관행을 갖고 있는지 알아볼 수도 있을 것이다. 따라서 투자 대상을 선별하기가 부동산의 경우보다 용이할 수도 있다. 그러나 이 경우에도 해당 기업이 하는 일이 아주 많을 때는 그 모든 일이 하느님 뜻에 맞는 것인지 일일이 확인하기가 거의 불가능하다. 이 경우에도 하느님의 뜻을 잘 따르는 기업만 골라서 투자하는 펀드가 있다면 도움이 될 수도 있다. 그렇더라도 그런 펀드의 수익률이 다른 펀드에 비해 지나치게 낮다면 문제가 된다. 또 하나의 방안은 주식에 투자한 가톨릭 신자들이 단합해서 주주의 권리를 행사함으로써 해당 기업이 윤리에 위배되는 일을 하지 않도록 압력을 행사하는 것이다.

재테크를 하는 것만으로도 벅찬데 투자 대상이 하느님 뜻에 맞는 것인지의 여부까지 확인하는 일은 지나치게 번거로운 것이 아닐까? 그렇게 하는 것이 보통의 투자자들에 비해 더 큰 부담을 지는 것임은 틀림없는 사실이다. 왜 가톨릭 신자들만 그런 가외의 부담(extra burden)을 감당해야 하는가? 그것도 하느님의 자녀가 되기 위한 하나의 희생으로 간주해야 하는가? 교회의 입장에서 보면 대답은 의심할 나위 없이 "예"가 된다. 그렇더라도 가톨릭 신자들 또는 더 나아가 양심적인 투자자들이 감당해야 할 이 가외의 부담을 줄일 수 있다면 좋을 것이다. 사실 그런 방안이 있다. 첫째는 법을 엄정하게 집행하도록 하는 것이고 둘째는 경쟁이 더 치열하게 이루어지도록 유도하는 일이다.

법을 엄정하게 집행함으로써 투자의 대상이 되는 부동산이 마약, 도박, 매춘 등 불법적이면서도 비윤리적인 일에 쓰이지 않도록 한다면 가톨릭 신자인 투자자들이 투자 대상이 어떤 일에 쓰이는지 일일이 확인하느라 애쓰지 않아도 될 것이다. 가령 투자의 대상이 되는 모든 부동산이 합법적인 용도로만 쓰인다면 오로지 경제적인 측면만 고려해서 투자하면 되므로 가외의 번거로움을 줄일 수 있다. 주식 투자의 경우에도 마찬가지이다. 법을 엄정하게 집행하여 불법적이거나 비윤리적인 일을 하는 기업에게 철퇴를 가한다면 투자자들의 경제성에 더해 해당 기업의 윤리성까지 판별해야 하는 수고를 하지 않아도 될 것이다. 한편 경쟁이 치열해지면 더 나은 서비스를 제공하는 투자 대상만 살아남게 마련이다. 특히 불법이나 비윤리적인 행태를 일삼는 기업은 그렇지 않은 기업에 의해 도태될 것이다. 따라서 경쟁을 조장하는 일 역시 윤리적인 측면까지 고려해야 하는 신자들의 투자를 쉽게 만들어 준다. 이와 관련하여 교회나 신자가 정부로 하여금 법질서를 보다 더 '엄정하고 불편부당하게 집행하도록 압력을 넣을 수 있으면 좋겠다.

법을 엄정하게 집행하고 경쟁이 더 치열하게 벌어지도록 유도함으로써 시장 그 자체가 원만한 질서를 찾아가도록 하는 것이 투자에 임하는 가톨릭 신자를 가장 잘 도와주는 일이다. 사실 이 점은 투자에 대해서만 적용되는 것이 아니라 자본주의 그 자체에 대해서 적용되는 기본 원리이다. 바로 그 점이 교황 요한 바오로 2세의 가르침에서 "법적 장치를 통해 도덕적이며 윤리적인 측면에서의 인간의 자유에 기여할 수 있도록 자본주의를 적절하게 제어할" 필요성이 있음을 밝힌 이유라 할 수 있다. 즉, 신자들이 투자 대상이 하느님 뜻에 합당한지를 판단해서 투자에 임하는 것은 매우 어려운 일이므로 그보다는 일정한 법적 장치를 갖추도록 하여 경제적 자유를 중시하는 자본주의가 동시에 도덕적, 윤리적 자유 창달에도 공헌하도록 유도함으로써 신자들이 도덕성과 윤리성까지 고려해서 투자 대상을 선정하는 수고를 덜도록 하는 것이 좋다는 것이 교회의 가르침이라 하겠다.

III. 진짜 남는 장사는?

지금까지는 투자 대상을 부동산과 금융자산에 국한해서 신자로서 재테크를 하는 것이 좋은 것인지 그렇다면 어떻게 하는 것이 가톨릭

윤리에 맞는 재테크인지 생각해 보았다. 이제 관점을 바꾸어 우리가 지금까지 고려하지 않았던 것 가운데 정말 더 좋은 재테크 대상은 없는가 생각해 보기로 하자.

필자의 견해로는 부동산이나 금융자산보다 더 나은 재테크 대상이 적어도 두 가지가 있다.

1) 사람에 대한 투자에 나서라

하나는 사람에 대해 투자하는 것이다. 그것이 자기 자신이든, 자녀이든 또는 나와는 직접 관련이 없는 제삼자이든 사람에 대해 투자하는 것이 수익률도 높고 보람도 있는 재테크이다. 그러므로 여러분들도 부동산과 금융자산에 대한 재테크에만 매달리지 말고 여러분 자산에 대한 투자 그리고 여러분 가족에 대한 투자에 더 관심과 열정을 쏟을 필요가 있다. 그리고 가능하면 자신과 가족이 아닌 제삼자에게도 투자하도록 권고하고 싶다. 무엇이 인간에 대해 투자하는 길인가? 건강 증진을 위한 노력, 지식과 지혜를 풍부하게 만들기 위한 학습, 근면 성실한 노동을 통한 숙련과 경험의 축적, 좋은 이웃과의 사귐, 아름다운 마음 가꾸기 등등 인간에 대한 투자에는 한도 끝도 없다. 물론 자녀를 잘 키우고 교육시키며 좋은 배우자와 짝 지어 주는 것도 자신에 대한 투자에 못지않게 중요하다. 더 중요한 것은 인간에 대한 투자를 좀 더 광범위하게 수행하는 일이다. 가난한 학생들이 학업을 계속할 수 있도록 재정적으로 도와주는 일이 쉬운 예가 된다. 조금 더 어려운 것은 우리 사회가 좀 더 나은 곳이 될 수 있게 하는 데 도움이 되도록 이

옷, 그중에서도 가난하고 어려운 이웃에게 도움의 손길을 펼치는 일이 있다. 이 모든 것이 인간에 대한 투자가 된다.

인간에 대해 투자할 때 돌아오는 것이 무엇이냐고 물을 수 있을 것이다. 인간에 대해 투자하기 위해서도 막대한 비용이 드니 그렇게 반문하는 것이 당연한 일이다. 자신이나 자녀에 대한 투자의 경우에는 그로 인해 우리가 더 건강하고 행복해질 수 있으며 아울러 미래에 더 좋은 직장을 갖고 더 나은 배우자를 만나 더 잘살 수 있을 터이니 정말 좋은 투자라 할 수 있다. 제삼자에 대한 투자의 경우에는 우리에게 직접 보상이 돌아오지는 않지만 그런 일을 통해 우리가 얻는 보람 그리고 그런 투자의 결과로 이 사회가 좀 더 나은 곳이 될 때 우리가 누릴 행복이 보상이 된다.

2) 영원한 삶을 위해 투자하라

또 하나는, 이것도 결국은 인간에 대한 투자이지만, 영원한 삶을 위해 투자하는 일이다. 아무리 건강하고 돈이 많고 오래 살고 명예가 높아지더라도 우리의 영혼과 육신이 하느님 나라에 들어가지 못한다면 무슨 소용이 있는가? 이 세상 모든 재테크 가운데 가장 중요하고 또한 가장 수익률이 큰 투자가 바로 하느님 나라에 들어가기 위한 투자이다.

어떻게 하는 것이 하느님 나라에 들어가기 위한 좋은 투자인가? 이 주제에 관해서는 필자도 전문가가 아니다. 그저 하느님 나라에 들어가기 위해 뜨뜻미지근하게 노력하는 별로 착실하지 못한 신자일 뿐이다. 그렇더라도 몇 가지 생각을 나누어 볼 수는 있을 것이다.

육신을 튼튼하게 하는 것보다 영혼을 아름답고 맑게 가꾸는 것이 더 중요하다. 수도자들은 참으로 좋은 몫을 택했다. 우리가 모두 수도자가 될 수는 없겠지만 그들처럼 살아갈 수는 있을 것이다. 그 첫걸음은 우리의 욕심을 절제하고 적게 갖고 적게 쓰며 소박하게 살아가는 것이다. 날마다의 삶을 기도와 묵상으로 시작하고 맺으며 우리가 살기 위해 행하는 일체의 일에 하느님을 동반자로 삼으면 좋을 것이다. 좋은 글을 읽고 뜻 깊은 대화를 나누며 아름다운 생각을 하고 정결한 삶을 사는 것도 도움이 될 것이다. 때때로 조용한 곳을 찾아 자신을 되돌아보고 주님과 마음 속 깊은 대화를 나누는 것도 좋은 일이다. 거기서 더 나아가 주님의 가르침을 충실하게 실행에 옮기려 노력한다면 더 좋을 것이다.

또 하나의 좋은 투자는 이웃에 대한 사랑이다. 금전적 보상은 없겠지만 이웃을 사랑할 때 우리가 누릴 행복감이 더 큰 보상이 된다. 생각해 보면 우리는 사랑에 있어서 참으로 인색한 존재들이다. 특히 우리가 가진 것을 나누고 베푸는 일에 있어서는 지독히도 짠돌이들이다. 내 것을 빼앗길까 봐 두려움에 떠는 사람들이 얼마나 많은가? 참으로 탐욕적인 인간 군상이다. 여러분이나 저나 재산이 많다는 것이 우리를 행복하게 해 주지는 못한다는 사실을 잘 알고 있다. 그런데도 재산을 보존하고자 필사의 노력을 기울인다. 사실 그 모든 것이 헛된 것이거늘. 우리는 누구나 다 결국에는 이 세상을 하직해야 한다. 진부한 얘기이지만 우리가 이 세상을 떠날 때 갖고 갈 수 있는 재산은 하나도 없다. 그저 우리가 일생 동안 가꾸어 온 영혼만 갖고 갈 수 있을 뿐이다. 그런데도 그 영혼을 잘 가꾸고 키울 생각은 하지 않고 썩어 문드러질 육신을 돌보고 가져 갈 수도 없는 재산을 모으는 데만 평생을 바치는 어리석음을 범한다.

여기에서 우리가 깨달아야 할 것은 사실은 본래부터 내 것은 하나도 없다는 사실이다. 영혼과 육신과 능력과 정신과 지력 등 우리 자신 그 자체도 하느님이 마련해 주신 것이고 우리가 갖고 있는 재산도 본래는 모두 다 주님의 것이다. 모든 것이 잠시 맡아 잘 관리하라고 주님께서 우리에게 주신 것일 뿐이다. 주님께서 우리에게 맡겨 놓으신 것을 잘 가꾸고 정성을 다해 돌볼 책임이 우리에게 있다. 이런 면에서 우리는 정말 훌륭한 관리자가 되어야 한다.

실제로 주님께서는 우리들에게 맡겨 놓으신 것을 잘 가꾸도록 하기 위해 우리 마음속에 이기심이라는 아주 강한 힘을 심어 놓으셨다. 그래서 누가 시키지 않아도 우리는 스스로의 발전을 위해 노력하고 조금이라도 재산을 더 늘리려고 애쓰는 것이다. 주님께서 주신 것이니 이기심이 나쁜 것은 아니라고 말할 수도 있을 것이다. 어느 정도는 맞는 말이다. 그러나 주님은 눈먼 이기심을 절제하라고 가르치시기도 한다. 그렇다. 우리는 이기심조차도 슬기롭게 다스릴 줄 알아야 한다. 지나친 욕심을 억제하는 일, 즉 절제가 그것이다.

모든 것이 주님께서 우리에게 맡겨 두신 것이니 그것을 성심성의껏 관리하되 그로부터 나온 과실은 주님과 함께 나누어 씀이 마땅하다. 무엇이 주님과 나누어 쓰는 길인가? 바로 이웃에게 나누어 주고, 교회에 헌금을 바치고, 나라에 세금을 내는 일이 그것이다. 이 중에 나라에 세금을 바치는 일은 논외로 하더라도 우리가 갖고 있는 것을 이웃에게 나누어 주거나 교회에 헌금으로 내는 일에 대해 과연 우리가 얼마나 잘하고 있는지 반성해 볼 일이다. 우리 것을 하느님과 나누어 쓴다는 것은 우리가 지닌 모든 것에 관련된 얘기다. 즉, 우리들의 재산뿐 아니라 시간, 능력, 지식, 경험, 지혜, 기술 등도 하느님과 나누어 쓸 수 있어야 한다. 실제로 재산이 별로 없더라도 시간이나 지식이나 기술이나 경험 등을 나누는 일은 마음만 먹으면 누구나 할 수 있는 일이다.

사실 재산을 남겨 놓고 죽는 것만큼 어리석은 일이 없다. 우리들은 자식들에게 많은 재산을 남겨 주어야 그들이 행복해질 수 있다고 믿는다. 그렇지만 재산을 남겨 주는 것만큼 어리석은 투자가 없다. 자녀들에게 남겨 주어야 할 것은 그들이 고기 잡는 방법을 터득해서 독립할 수 있는 능력이지 재산이 아니다. 많은 재산을 남기고 죽은 다음 재산 다툼 때문에 화목하던 집안이 갈기갈기 찢기는 경우가 얼마나 많은가? 또한 경제적으로 독립할 능력이 모자라 부모가 남겨 준 재산을 흥청망청 탕진하다가 신세를 망친 젊은이들이 얼마나 많은가? 물론 자식들이 되도록 큰 어려움을 겪지 않고 살 수 있도록 금전적으로 도와주려는 부모의 심정은 훌륭한 것이다. 그러나 자식을 망칠 만큼 많은 재산을 남겨 주는 것은 잘못이다. 재산을 남기더라도 자식들에게는 조금만 물려주고 더 큰 몫은 하느님 사랑을 실천하는 일에 쓰도록 조치하는 것이 현명한 일이다.

자녀를 건강하게 키워 잘 교육시키고 좋은 배우자와 짝 지어 주는 일 못지않게 중요한 것은 그들의 영혼을 올바로 인도하는 일이다. 사실 자녀에 대한 투자에 있어서도 이 부분이 가장 중요하다. 아무리 좋은 학교를 보내고 좋은 직장을 갖고 좋은 배우자를 만나더라도 자식의 영혼이 죄에 찌들어 있다면 아무런 소용이 없다. 억지로 되는 일은 아니지만 자녀들이 하느님의 품 안에서 성장하도록 유도하는 것이 결국에는 최상의 재테크이다. 우리 부모들 대다수는 자신의 행복보다도 자녀들의 행복을 우선시한다. 그래서 자식을 잘되게 하는 일이라면 아무리 큰 재산이라도 내놓고자 하며 심지어는 목숨까지도 주고자 한다. 참으로 지극한 사랑이다. 그런데 부모들의 끝이 없는 사랑이 자녀들의 외형적 성공을 도모하는 쪽으로 쏠리는 데 문제가 있다. 우리들 중에 아이들이 좋은 학교에 가고 좋은 직장을 갖고 좋은 배우자를 만나기를 바라는 것만큼 그들이 더 훌륭한 더 크게 사랑받는 하느님의 자녀가 되기를 애타게 바라는 사람이 몇이나 되는가? 학원에 가는 일과 미사 시간이 겹치면 학원에 보내는 것이 바로 우리들 아닌가? 투자의 우선순위가 잘못되어 있어도 참으로 크게 잘못 되어 있음이다.

재테크에 관한 강의 시간에 뚱딴지같이 영성 타령이냐고 하실 분들도 많을 것이다. 영혼에 대한 '투자'가 이 세상 모든 투자 가운데 가장 '수익률'이 큰 투자임을 생각하면 재테크로서 그것을 따라갈 것이 어디 있겠는가? 그러니 영원한 구원을 얻을 수 있도록 자신에게 투자하라는 가르침이야말로 그 어떤 재테크 법칙보다도 훌륭한 것이다. 영혼을 살리는 투자의 수익률은 수학에서 말하는 무한대이다. 이 세상에 무한대의 수익률을 주는 투자 기회는 이것 말고는 없다.

IV. 우리가 살아가는 이야기
— 어느 신자의 재테크를 중심으로

이제 어떤 신자의 삶을 예로 들어 지금까지 얘기한 바를 정리해 보자.

　나는 나이가 40이며 연봉 8,000만 원을 받는 직장인으로서 두 명의 자녀를 둔 가톨릭 신자다. 나는 지금 시가 6억 원짜리 아파트에서 거주하고 있으며 그동안 모은 돈 5,000만 원을 금융자산으로 갖고 있다. 건강한 아내와 아들과 딸 이렇게 네 식구가 살아가고 있다. 나의 총 소득은 노동소득 8,000만 원과 금융소득 500만 원을 합친 8,500만 원이다. 이 돈에서 각종 세금으로 1,500만 원을 낸 나머지 7,000만 원이 나와 가족이 쓸 수 있는 가처분소득이다. 아이들 교육비가 많이 들어 우리 집 1년 생활비가 4,800만 원이나 된다. 그래도 2,200만 원이나 흑자를 기록하니 기분이 좋다. 나는 그 가운데 500만 원은 이웃을 위해 쓰기로 결심하고 나머지 1,700만 원을 재테크에 활용하기로 하였다. 이웃을 위해 쓰기로 결심한 액수는 우리 생활비 4,800만 원의 십분의 일을 조금 넘는 수치로서 그 정도 쓰면 십일조를 내는 셈이니 하느님 보시기에도 괜찮을 것 같다. 교회에는 교무금과 각종 헌금으로 300만 원을 내고 나머지 200만 원은 불우 이웃을 찾아 직접 도와주려고 한다. 재테크에 활용할 1,700만 원과 기왕에 갖고 있던 금융자산 5,000만 원을 합해도 부동산에 투자하기에는 적은 금액이므로 향후 몇 년 동안은 수익률이 높고 비교적 안전한 우량 채권에 투자하려고 한다. 시장 조사를 해 보니 파산할 염려가 별로 없는 공기업이 발행한 채권의 수익률이 10%로 나타나 6,700만 원 전액을 거기에 투자하기로 하였다.

▶ 우리가 생각해 볼 점

우리나라의 1인당 소득이 2007년에 2만 달러 정도였으므로 4인 가족으로서 연간 총소득이 8,500만 원인 우리의 주인공은 중산층의 전형이라고 할 수 있다. 소득의 약 16%인 1,500만 원을 세금으로 납부했지만 소비단계에서도 부가가치세 등을 내야 하므로 실제의 조세부담률은 이보다 높다. 가처분소득 중 소비로 쓰는 몫이 약 69%이고 저축은 24%인데 이 사람의 저축률은 우리나라의 가계저축률과는 같은 수준이지만 총 저축률 30%보다는 낮다(물론 교육비 지출은 본문에서 말한 '사람'에 대한 투자로서 이것 역시 저축의 일부로 이해해야 옳다). 한편 이웃을 위해 쓰는 500만 원은 소비도 아니고 저축도 아니다. 올해의 저축 1,700만 원과 기왕에 있던 금융자산 5,000만 원을 합쳐서 공채에 투자하기로 한 것은 잘한 일이다.

1년이 지났다. 그동안 스스로의 계발을 위해 노력한 결과 연봉이 1억 원으로 올랐다. 또한 금융소득도 지난해보다 많은 670만 원이 되었다. 총 수입은 1억 670만 원으로 작년보다 2,670만 원이 늘었지만 각종 세금을 내고 나니 실제로 쓸 수 있는 돈은 8,670만 원으로 1,670만 원이 늘었을 뿐이다. 그동안 자녀 교육비도 늘어나고 물가도 올라 생활비가 6,000만 원으로 늘어났다. 이제 여유 자금은 2,670만 원밖에 안 된다. 작년보다 겨우 470만 원이 늘어난 셈이다. 십일조에 맞추려고 하느님 몫으로 600만 원을 떼어 놓고 나니 올해 재테크에 활용할 수 있는 돈이 2,070만 원이 된다. 여유자금 총액이 8,770만 원인 셈이다. 아직도 부동산에 투자하기에는 적은 금액이라 올해도 전액을 채권에 투자하기로 하였다. 예상 수익률은 작년이나 마찬가지로 연 10%이다.

▶ 생각해 볼 점

1년 만에 연봉이 대폭 늘어난 것은 매우 이례적인 일이다. 우리의 주인공은 참으로 복도 많다. 소득은 늘었지만 조세부담률도 18.6%로 전보다 크게 올랐다. 생활비 급증으로 소비지출의 비중이 69.2%로 높아졌으며 저축률은 23.9%로 낮아졌다. 이 사람은 십일조라고 생각하면서 600만 원을 기부금으로 책정했는데 이는 지출액을 기준으로 한 십일조일 뿐이다. 가처분소득을 기준으로 했더라면 867만 원을 냈어야 하며 총 소득을 기준으로 했더라면 1,067만 원을 기부금으로 책정해야 십일조가 된다. 물론 기부금 600만 원도 우리나라 사람들의 평균을 생각하면 대단히 많은 금액이다. 여유자금 총액 8,770만 원을 공채에 투자하기로 한 것은 자금 규모나 안정성 등을 감안할 때 잘한 일이다.

그로부터 15년이 지났다. 그동안 참으로 많은 변화가 있었다. 그동안 다니던 직장을 그만두고 내 가게를 열어 부부가 함께 운영하고 있으며 아이들도 이제 대학교를 졸업할 정도로 다 자랐다. 남매 가운데 아들은 대학을 마치고 군대를 다녀온 후 회사에 취직해 다니고 있고 딸아이는 대학을 졸업하고 곧바로 수도원에 들어갔다. 그러지 말라고 말려 보기도 했지만 그도 하느님 뜻인 듯 고집을 꺾을 수 없었다. 재정 상태에도 많은 변화가 생겼다. 경비를 제외하고 가게 운영에서 벌어들이는 수입이 우리 부부의 인건비를 포함해서 연 7,000만 원이고, 그동안 사두었던 상가에서 들어오는 임대료 수입이 2,000만 원 그리고 원금 2억 원인 금융자산에서 벌어들이는 수입이 2,000만 원이 된다. 살고 있는 집은 시가가 10억 원이 되었다. 그동안 세금이 많이 올라 각종 명목으로 총 4,000만 원의 세금을 내고 있다. 따라서 우리가 실제로 쓸 수 있는 돈은 7,000만 원이 된다. 딸아이가 수녀원에 들어갔고 아들은 제 밥벌이를 하고 부부가 다 가게 운영에 매달리다 보니 생활비는 3,600만 원으로 전보다 크게 줄었다. 이제 3,400만 원의 여유가 생긴 셈이다. 우리 생활비의 십분의 일인 360만 원을 하느님 몫으로 할까 하다가 딸애를 바쳤으니 돈으로 내는 것은 이제 그만해도 되지 않을까 하는 생각이 들기도 하였다. 그러다가 딸애를 데리고 있었으면 생활비가 적어도 1,000만 원은 더 들었을 것이라는 것을 생각하고는 그 절반인 500만 원은 딸애 몫으로 쳐서 총 860만 원을 떼어 놓기로 하였다. 나머지 2,540만 원은 금융자산에 보태기로 하였다.

▶ 생각해 볼 점

이 사람은 55세에 직장에서 물러나 부부가 공동으로 가게를 운영하게 되었으니 그만하면 은퇴 후 전직에 성공하였다. 딸아이가 수도원으로 간 것은 하느님 보시기에 참으로 좋은 일인 듯하다. 집과 상가 그리고 금융자산 등 재산도 크게 늘었고 맞벌이로 가게를 운영해서 돈도 버니 이만하면 성공한 셈이다. 연 소득이 1억 1,000만 원이나 되니 무엇을 더 바라랴? 그래도 세금으로 4,000만 원을 내는 것이 아깝기는 하다. 생활비가 많이 들지 않아서 가처분소득의 반 정도를 저축할 수

있으니 다행이다. 이 나이에 새로 부동산 투자에 나서기는 망설여지
니 여유자금을 금융자산으로 운영하기로 한 것은 잘한 일이다. 가처
분 소득이 7,000만 원인데 860만 원을 기부금으로 책정하였으니 이 나
이에야 비로소 십일조를 바치게 된 것이다. 마땅히 감사하며 살아갈
일이다.

　다시 10년이 지났다. 내 나이 이제 65세 노후생활을 시작할 때이다. 지
난 10년 동안에도 여러 가지 큰 변화가 있었다. 우선 아내의 건강이 나빠져
서 둘이서 운영해 오던 가게를 처분하였다. 원래 내 건물이 아니었으므로 처
분했다고 해도 영업권 2,000만 원을 보상받았을 뿐이다. 아들이 장가들어
분가하였다. 전세 얻고 새 살림 밑천에 쓰라고 있는 재산을 정리해서 아들에
게 3억 원을 주었다. 딸애는 수도원 생활을 아주 잘하고 있다. 우리 부부에게
남은 것은 그동안 부동산 버블이 꺼짐에 따라 시가 7억 원이 된 아파트 한 채
와 금융자산 5천만 원이 전부다. 아직은 건강이 그리 좋지 않은 아내와 앞으
로 살아갈 일이 막막하다. 금융자산 수입은 잘 해 보아야 연 500만 원밖에
안 되니 어떻게 살아야 할지 걱정이다. 저 살기에 바쁜 아들에게 기댈 수도 없
다. 요즈음 애들이라 그런지 부모를 공양할 생각은 하지도 않고 있으니 서운
하기도 하지만 세태가 그런 것을 어떻게 하겠는가? 부부가 몇 날을 두고 궁
리한 끝에 아파트를 팔아 시골로 이사하기로 하였다. 급히 처분하느라 6억
5,000만 원을 받고 팔아 세금 내고 나니 수중에 5억 원이 들어왔다. 그중 3억
원을 들여 서울에서 차로 두 시간쯤 떨어져 있는 소도시 근교에 1만 평의 밭이
딸린 대지 200평의 농가주택을 구매하였다. 나머지 가운데 1,000만 원은
앞으로 1년 동안의 생활비로 쓰고자 은행에 넣어 두고 1억 9,000만 원은 장

기 금융상품에 넣어 두기로 하였다. 결국 내 재산은 토지와 집으로 3억원, 장기 금융자산 2억 4,000천만 원 그리고 단기자금으로 1,000만 원이 되었다.

▶ 생각해 볼 점

우리의 주인공은 또 한 차례 인생의 전환기를 맞게 되었다. 본인도 늙고 아내도 병이 들어 그동안 운영하던 가게를 접게 된 것이다. 이제 매달의 수입이 없어지게 되었으니 앞으로 살아가기가 참으로 난감한 일이다. 그래도 남은 재산을 정리해서 시골로 갈 수 있으니 우리의 주인공은 그나마 다행이다. 이럴 때 노후 준비가 되어 있지 않아 막막한 사람들이 너무나 많다. 헛된 욕심을 부리지 않고 시골로 와서 밭을 사서 경작하기로 한 것은 잘한 결정이다. 주식 투자에 나섰다가 전 재산을 날린 사람들을 보면 그런 생각이 더 크게 든다. 수도원에 간 딸은 하느님께 바쳤으니 할 수 없지만 공부 잘 시켜 재산까지 떼어 주어 분가시킨 아들은 저 살기에도 바빠서 부모에게 소홀하니 평소에 신앙 교육을 제대로 시키지 못한 벌을 받는 것일까?

1년 동안 시골 생활에 적응하느라 참으로 고생이 많았다. 다행인 것은 웬만한 식재료는 직접 길러 먹을 수 있어서 농사에 들어간 비용을 합쳐도 한 달 생활비가 평균 100만 원이면 된다는 점이다. 그 정도면 금융자산에서 얻는 순수입 1,400백만 원으로 충당하고도 남으니 주님께 크게 감사할 일이다. 시골 생활하면서 조금씩이나마 절약할 수 있으니 얼마나 다행인가? 더 큰 복은 건강이 좋지 않던 아내가 기력을 완전히 회복했다는 사실이다. 아직 판단하기는 이르지만 시골로 오기를 아주 잘한 것 같다. 내 나이 66이니 앞으로 적어도 20년은 더 이렇게 살 수 있을 것이다. 성당은 집에서 그리 멀지 않은 공소에 다니는데 시골로 이사 온 후 이곳 신자들과 친해져서 공소에서 보내는 시간이 많아졌다. 다른 신자들이 도움이 없었으면 시골 생활에 적응하기가 무척 어려웠을 것이다. 이곳에서는 교무금과 헌금으로 1년에 100만 원을 내고 있다. 더 내고 싶지만 아직은 모든 것이 서툴고 불안해서 마음의 여유를 갖기가 어렵다. 한편 지난해 남겨 놓은 1,000천만 원과 올해 번 돈 1,400만 원 가운데 생활비와 교무금으로 1,300만 원을 지출했으니 1,100만 원의 여유가 생긴 셈이다. 새해에는 올해보다 생활비가 더 들 것이고 교무금과 기부금도 더 내야 할 것이므로 당장 쓸 수 있는 돈이 1,600만 원은 있어야 하겠다. 그래서 장기 금융상품에서 500만 원을 인출하기로 결정하였다.

▶ 생각해 볼 점

손수 농사를 지어 먹으며 이자소득을 갖고 소박하게 살아갈 수 있으니 우리의 주인공은 복이 많다. 이곳에서 살아 보니 돈이 많지 않아도 행복할 수 있음을 알게 되었다. 신자가 너무 많아 복잡하기만 하던 서울의 성당이 아닌 조그만 시골 공소에서 모든 신자가 한 가족처럼 신앙생활을 할 수 있어서 참 좋다. 게다가 아내의 건강도 몰라보게 좋아졌으니 얼마나 다행인가? 예전에 이리로 올 것을 하고 후회가 된다. 연간 기부금이 100만 원으로 줄어든 것은 서운한 일이지만 은퇴한 노부부의 형편으로는 그 이상 내기가 쉽지 않다. 주님께서도 이해해 주실 것으로 믿는다.

다시 1년이 지났다. 나에게 있어 지난 1년은 커다란 시련의 기간이었다. 우선 새로 들어온 정부가 부동산 붐을 일으키는 바람에 내가 팔고 온 서울 집이 그 사이 12억 원이 되었다. 우리가 팔았던 가격의 거의 두 배 가까이 오른 것이다. 아무리 잊으려 해도 속이 무척 쓰린 것을 어찌하랴. 아내도 말은 안 하지만 꽤나 속상한 눈치다. 게다가 급히 사느라 잘 살펴보지 못한 탓인지 집에 문제가 많아 그것을 고치느라 2,000만 원이나 썼다. 예상치 못한 비용이 나간 것이다. 공소에도 분란이 생겼다. 몇몇 신자들이 우리가 서울서 온 티를 낸다고 구박을 해서 견디다 못해 더 이상 나가지 않고 있다. 몇 십 년간 굳어 온 생활 태도를 하루아침에 바꿀 수 없음을 이해해 주면 좋으련만. 그동안 정겹게 지내던 공소 식구들을 만나지 못하게 되니 이곳 생활이 더 쓸쓸해진다. 이들네도 문제가 생겼다. 서로 좋아서 결혼하겠다고 야단이더니 근래에는 싸움이 잦고 성당에도 안 나간다. 바쁘다고 찾아오지도 않으니 그저 전화통만 불이 날 뿐이다. 언제까지 자식 뒷바라지를 해야 하나 하고 한숨만 나온다. 너무나 이기적으로 키운 탓이 아닐까 후회해 보지만 벌써 늦은 일이다. 그나마 위안을 주던 딸애는 수도원에서 교포 사목을 위해 브라질로 떠나보내서 만날 수도 없게 되었다. 요즈음 들어와 시도 때도 없이 불안감이 엄습해 와서 밤잠을 설칠 때가 많아졌다.

▶ 생각해 볼 점

세상일에 조금은 초연해졌다고 생각했는데 그렇지도 않은 것 같다. 팔고 온 집의 가격이 올랐다고 배 아파해 보아야 아무런 소용이 없는 일인데 말이다. 인생사에는 예상하지 못했던 어려움이 닥쳐오기 마련이다. 공소 신자들과의 관계가 나빠진 것도 그렇고, 집수리에 큰 돈을 들이게 된 것도 그렇고, 아들네한테 문제가 생긴 것도 그렇다. 그러니 인생이 고해라고 하지 않던가? 그래도 아직은 길거리에 나 앉을 정도가 아니니 얼마나 다행인가? 공소 신자들과의 불편한 관계는 내가 먼저 용서를 청하면 되지 않을까? 집수리도 헌 집을 샀을 때는 어느 정도 각오해야 했을 일이다. 아들네의 문제는 우리가 신앙 교육을 제대로 시키지 않은 탓이기도 하지만 자식이라고 해서 어찌 부모 뜻대로 모든 일이 잘 되기를 바라겠는가? 주님께서 주신 시련으로 받아들여야 하지 않을까?

에필로그

이 이야기는 여기서 끝나지 않을 것이다. 필자 역시 이 사람이 어떻게 인생을 끝내게 될지 모른다. 여러분 스스로가 이 이야기의 결말을 만들어 보면 좋겠다는 생각이다.

V. 신앙인의 재테크—무엇으로 평가할 것인가

이제 신앙인의 재테크가 얼마나 성공적이었나를 판단하는 기준에 관해 논의를 통해 이 글을 맺기로 하자. 재테크의 성공 여부를 판가름하려면 아래에 열거한 일련의 질문에 대해 각자가 어떤 답을 내릴 수 있는지 생각해 봄이 좋을 것이다.

① 나는 근검절약하는 삶을 살았는가? 나는 열심히 일해서 많이 벌었고 그것을 현명하게 쓰고 저축하는 삶을 살았는가?

② 나는 일생을 살아오면서 가장 좋은 투자 방안을 택해 왔는가? 그 결과 그만하면 내가 벌 수 있었던 최대치의 돈을 벌었다고 생각하는가? 좀 더 나은 대안은 없었던가?

③ 나는 주님의 마음에 드는 삶을 살았는가? 또한 그분이 보시기에 좋은 곳에 투자했는가? 돈을 벌고 투자를 하면서 주님의 뜻이 무엇인지 진지하게 생각해 보았는가?

④ 나는 지나치게 물질적인 욕망에 사로잡히지 않았던가? 주님의 가르침대로 욕망을 절제했는가? 돈 버는 일에 지나치게 혈안이 되었던 것은 아닌가?

⑤ 나는 그럴듯한 사탕발림에 속아 헛된 것에 투자했다가 재산을 날리고 자신도 망치지는 않았던가? 정상적인 것보다 아주 높은 수익률을 약속하는 투자는 모두가 사기라는 사실을 알았는가?

⑥ 나는 가장 좋은 재테크 대상인 인간에 대한 투자에 성공했는가? 무엇보다도 나 자신과 내 아내와 아이들을 올바로 성장시켜 왔는가? 사람보다는 물질을 더 중시했던 것은 아닌가?

⑦ 나는 내 자녀들을 하느님의 아들과 딸로 훌륭하게 키웠는가? 하느님 뜻을 따르기보다는 자녀들의 세속적 성공만을 위해 애쓰지 않았던가? 세속적인 면만을 중시해서 자녀들의 배우자를 골랐던 것은 아닌가?

⑧ 나는 내 것을 이웃과 나누는 데 성공하였는가? 지나치게 인색하지는 않았는가? 나도 모르게 남은 것을 빼앗으려 들거나 나보다 잘되는 사람들을 시기하지는 않았는가?

⑨ 나는 내 가족을 넘어 이웃 특히 불쌍한 이웃에 대해 이해하려고 얼마나 애썼는가? 내가 가진 재산과 재능과 지식과 지혜를 그들과 나누어 쓰고자 한 적이 있는가? 이웃에게 너무 무심하게 살아온 것은 아닌가?

⑩ 나는 내 영혼을 구원하는 일에 얼마나 많은 노력을 기울였는가? 영혼을 구원하는 '투자'의 수익률이 무한대라는 사실을 알고 또 그렇게 믿었던가? 아니면 그저 한 귀로 듣고 흘려버렸는가?

이 질문들은 신앙인의 재테크와 관련해서 점검해 보아야 할 최소한의 사항을 열거한 것이다. 여러분 스스로 위의 리스트를 수정하거나 보태어 보면 좋을 것이다. 이 글에서 필자가 얘기한 재테크는 거의 모두 가족 단위로 결정해야 되는 일이므로 이번 기회에 온 가족이 모여 앉아 과연 우리 가정의 재테크는 어떻게 하는 것이 좋은지 의견을 나누어 보면 좋을 것이다. 먼저 우리 가정은 무엇을 목표로 해서 살아갈 것인지 정한 다음 어떻게 하면 그 목표를 잘 달성할 수 있는지 합당한 방안들을 모색해 보고 온 가족이 합심해서 그 방안들을 실천해 나간다면 우리가 세운 목표를 잘 달성할 수 있을 것이다. 물론 우리가 처음에 세운 목표가 언제나 옳은 것은 아닐 수 있으므로 변화된 환경과 새로운 정보를 반영해서 목표를 주기적으로 수정해 나가는 일도 필요할 것이다. 이 모든 일을 하느님 뜻에 맞갖게 살아야 하겠다는 정신을 바탕으로 해 나가는 것이 신앙인의 바른 자세일 것이다.

(2008. 10. 15)

내일을 생각하는 교육

권길중 | 전 영등포고등학교 교장

I. 우리 교육을 걱정한다

지난 베이징 올림픽에서 내리 네 판을 업어치기로 이기고 금메달을 목에 건 유도의 최민호 선수의 쾌거를 보면서, 그리고 드라마보다 더 드라마 같은 경기를 펼친 끝에 쿠바를 제치고 금메달을 목에 건 야구 선수들을 보면서 우리 교육도 저렇게 국민들에게 속 시원한 희망을 안겨 줄 수는 없을까를 생각해 보았다. 사실 생산의 3요소 중 '노동력' 말고는 아무것도 없는 나라가 급격한 성장으로 세계를 놀라게 한 것은 한풀이에 가까운 학부모들의 강한 교육열이 배경이 되었음을 의심할 사람은 없을 것이다. 그런데 오늘날 자녀 출생률의 저조, 심각한 가정 해체 문제, 청년 실업 문제, 노후 문제, 자살 문제 등 모든 사회 문제와 가정 문제의 배경을 살피면 교육 문제와 직간접적으로 연결되어 있음을 쉽게 살필 수 있을 만큼 우리 교육의 문제가 심각한 지경에 이르게 되었다.

이 글에서는 우리 교육, 무엇이 문제인지를 살피고 이 문제에 대한 해답을 대증적(對症的) 치료법에서 찾기보다는 좀 더 근본적인 곳에서 찾고 싶은 생각이다. 나의 오랜 현장 경험을 바탕으로 '길이고 진리이시며, 생명이신 그리스도', '단 한 분뿐인 스승 그리스도'의 마음과 눈이 되어 찾아보고자 한다.

1) 우리는 아이들에게 사랑을 가르치지 못하고 있다

교육에 대해서 말하는 사람은 누구나 '전인 교육'을 말한다. 그리고 무엇보다 인성 교육이 중요하다고 주장한다. 그럼에도 불구하고 막상 교육하는 현장인 가정과 학교, 교회에서 아이들에게 '사랑하는 방법' 과 '다른 사람과 어울려 사는 방법'에 대해서 교육하는 것은 늘 뒷전으로 밀린다. 이것이 우리 교육이 어려워진 첫째 원인이라고 생각된다. 아이들마다 부모들의 사랑을 받는 데만 익숙해서 남을 이해하거나 사랑하지 못해서 친구들과 서로 어울리지 못한다.

2008년 봄 일간신문의 보도에 접하고 놀라움을 금할 수 없었다. 초등학교 교문 앞 문구점에서 '저주의 일기장'이 판매되고 있다는 내용이었다. '저주의 일기'는 자신을 앞지르는 아이, 자기를 무시하거나 깔보는 아이, 잘난 척하는 아이, 무언가 보기 싫은 짓을 하는 아이 등 마음에 들지 않거나 자신에게 방해가 되는 아이의 이름을 들어 그 일기장에 일기를 쓰면 그 아이가 저주를 받게 된다는 무서운 일기장이다. 우리 교육 현실의 한 면을 보는 듯해서 겁이 났다.

같은 걱정인데 초·중·고 학생 4명 가운데 1명이 왕따 피해를 당했거나 당하고 있는 것으로 나타났다. 그 피해는 매우 심각한 것으로 심한 경우 자살로까지 이어지고 있다. 한국교육개발원이 1998년 57개 초, 중, 고교 6,893명을 대상으로 학교폭력과 집단 괴롭힘 등을 조사한 결과 설문에 응답한 학생 중 24.2% 가 따돌림이나 괴롭힘을 당한 적이 있다고 응답했다. 그리고 왕따가 되는 이유 중 '튀는 행동(잘난 척, 예쁜 척)'을 든 학생이 가장 많았고(65.6%), '이기적이거나 남을 무시할 때'(50.6%), '솔직하지 않을 때'(48.1%), '눈치가 없을 때'(36.4%), '소극적이고 말이 없을 때'(33.4%)의 순이었다. 결국 이 왕따 문제도 다른 아이가 자기와 같지 않음에 대한 이해와 배려의 부족에서, 혹은 심한 경쟁의식으로 나타나는 현상이라 볼 때 '저주의 일기' 문제와 별개의 것일 수 없음을 알 수 있다.

가정과 학교, 심지어 교회에서까지 아이들에게 다른 사람을 배려하고 사랑하며 어울려 사는 것을 교육하지 못해서 일어난 당연한 현상이라고 생각한다.

2) 학부모들은 아이들에게 공부만 잘할 것을 경쟁적으로 요구하고 있다

한 연구보고서에서는 한국 부모의 자녀 양육 행태의 특성을 첫째, 아직도 자녀의 성(性)에 따라 차별하여 기르고 있다. 둘째, 부모의 만

족도에 따라 자녀 양육 태도가 다르게 나타난다. 셋째, 자녀들의 특성을 인정하기보다 "학력(學力)에 대한 과도한 압력을 받는다." 즉, 자녀들이 공부만 잘해 주기를 기대한다는 것이다. 그래서 아기를 출산했을 때 '혀의 구조'를 영어권 사람들과 같게 해 준다는 이유로 혀를 수술하는 일을 자랑스럽게 실행하고 있다. 아기가 말만 배우고 나면 '정보가 힘'이라면서 남들이 좋은 학원이라고 말하는 학원을 찾아 12시간 이상 뺑뺑 돌린다.

"교육에 모든 것을 바치고도 아무것도 못 건지는 딱한 민족"(주간조선 2008. 8. 25)이라는 제하의 기사를 읽었다. 제일 앞에 교육 원로들이 탄식하는 고별 강연의 요지를 통해서 '미친 교육' 이대로 놔둘 건가를 묻고 있었다. 다음에는 "불길한 교육의 나라 한국"의 제하에 영국 파이낸셜 타임스의 서울 주재 기자 안나 파이필드(Anna Fifield)가 한 강연(8월 11일)의 요지를 다음과 같이 전하고 있다.

"정부가 추산하기로 작년 한해 사교육비가 23조 원(학생 1인당 22만원), 금년에는 전반기에 벌써 30조 원이 넘을 것으로 추산되는 사교육비를 쏟아 붓고도 국제무대에서 영어 한마디 못하는 한심한 현실은 어디서 비롯된 것일까(더 대단한 것은 세계 경제를 어렵게 하는 금융위기에서도 다른 소비는 줄었어도 아직 사교육비는 줄지 않고 있다는 사실임). 한국 학생들은 선진국 어느 나라 학생보다 학교에서 많은 시간을 보내고, 가장 많은 돈(GDP의 8%)을 공교육에 지출하며 30조 원에 달하는 사교육비를 지출하고 있다. "점수를 잘 받아야 한다"라는 강박관념이 너무 크기에 학교에서 종일 공부하고 다시 학원과외를 오가며 자정까지 쳇바퀴 돈다.

기계적 반복학습은 분석하고 창조하는 능력을 키우지 못하고 배운 것을 현실에 적용할 수도 없게 만든다. 교육에 관한 과도한 집착은 많은 경제, 사회적 문제를 야기했다(만혼 문제, 출산율 문제, 아파트 버블 문제, 제조 업 종사자가 없는 문제 등을 지적). 사실 한국인은 시험에서는 눈에 띄는 점수를 기록했지만, 세계경제포럼 (WEF)에서 발표한 교육의 질은 60위에 불과하다. 한국이 진정 선진국의 대열에 합류하고자 한다면 한국의 교육 은 가속 페달에서 발을 떼어야 한다."

정말 우리 교육의 질적 수준은 국제사회의 최하위권이다. 스위스 국제경영개발원(IMD)의 2008년도 연차보고서에 따르면 우리나라 교 육 경쟁력은 55개 조사 대상국 중 35위, 대학교육은 53위라는 부끄러 운 수준이다.

다른 일체의 것은 모두 포기하고 죽기 살기로 '공부'만 해서 대학에 입학한 학생들이 소위 명문대학이라는 곳에서도 교수들이 학기 초마 다 '강의의 최저 수준'을 얼마나 더 떨어뜨려야 하는지를 고민해야 하 고, 이공계 전공을 강의하기 위해서 별도로 '수학과 물리 열반'을 편성 해서 특별과외를 해야 하는 현실은 정말로 '교육에 모든 것을 바치고 도 아무것도 못 건지는 딱한 나라'라는 말을 들을 만한 것이다. 이런 현실 때문에 교회에서 젊은 학생들을 보기 어렵게 된 상황을 모르는 체해도 되는지를 생각해 보아야 할 때라고 말하고 싶다.

3) 정작 학습자인 학생들은 학습 성취동기가 없다

18세의 어린 나이에 대학교수가 된 건국대학교의 사버 교수는 첫 공개 강의를 마치고 기자회견을 하는 자리에서 "저는 '계산 불가'라는 판정을 받을 정도로 지능지수가 높습니다. 그러나 제가 프로 수준으로 악기 연주를 하고 조기에 학위를 받아 최연소 교수가 된 것은 저의 지능 때문이 아니라 학문에 대한 열정 때문이었다고 생각합니다. '열정'이 없는 지능은 전혀 도움이 되지 못합니다"라고 말했다. 이 말의 진위를 떠나 학습의 성공 여부에 '성취동기'가 중요한 몫을 하고 있는 것을 의심할 사람은 없다. 그런데 우리 학교 교육의 가장 근본적인 문제는 바로 학생들의 학습 성취동기가 약하다는 것이다.

서울시교육청은 이 문제의 원인을 구명하는 연구를 진행하여 "학생들의 성취동기가 약한 것은 학원에서 선행학습을 하기 때문이다"라고 발표하였다. 미국의 학습 이론가들은 "부모의 사회, 경제적 지위와 그 자녀의 성취동기가 밀접한 관계가 있다"면서 하류가정의 자녀들은 뒷받침해 줄 수 없는 부모들이 자녀를 양육하면서 어려서부터 은연중 성취목표를 지워 나가는 훈련을 해서 성취동기가 약한 것으로 나타났는가 하면 상류가정의 자녀들은 아무런 '결핍'을 모르기 때문에 성취동기가 약한 것으로 나타났다고 말하고 있다.

그런데 우리나라의 경우에 부모는 상류, 중산, 하류로 구분할 수 있을지라도 학생의 경우에는 모두가 '결핍'을 모르는 상류층이라고 말할 수 있다. 아무리 가정 경제가 어려워도 자녀들이 원하는 것은 무엇이든 해 주는 것이 '훌륭한 부모'인 것으로 착각하고 있는 부모들이 많이 있기 때문이다. 이것이 학생의 성취동기를 약화시키는 원인이 될 것임은 아랑곳하지 않는다.

우리의 부모들은 내 아이의 '기'를 살리기 위해서는 무엇이든 할 수 있다. 그래서 '기러기 아빠' '펭귄 아빠'도 좋고, 사교육비를 벌기 위해서는 일의 귀천을 가리지 않으며, 다른 집 아이들이 갖는 것이라면 빚을 얻어서라도 해결해 준다. 남의 아이보다 우월하다는 칭찬을 듣고 기를 살려 주기 위해서 숙제도 대신 해 주고, 아이는 공부해야 하니까 봉사도 어머니가 대신해 주고, 아이는 성당을 멀리하게 하면서도 그 대신 엄마가 성모상 앞에 촛불을 봉헌하고 기도와 미사도 대신해 준다. 이런 상황과 환경에서 학습자인 아이가 성취목표를 세우고 그 목표를 달성하기 위해서 성취동기를 갖는다는 것은 생각하기 힘든 일이다. 거기에 아이가 부모의 무리한 요구와 기대까지 짐으로 느끼게 되면 '학습에 진력'나서 '다시는 보기 싫은 책'이 되어 버리고 학습 시간에는 책상 위에 널브러져 잠을 청한다. 모든 것에서 도피하고 싶은 것이다.

나는 우리 학생들이 성취동기가 없는 가장 큰 이유를 바로 '끝을 모르는 학부모의 이기적 교육열'이라고 판단한다. 그래서 우리 교육 문제 해결의 실마리를 여기서부터 찾아야 한다고 생각한다. 그러나 전에 교육부 장관을 지낸 서울대학교 이명현 교수는 "좋은 학교, 좋은 직장에 들어가고 싶다는 그 마음은 하느님인들 없앨 수 있겠느냐"라며 "한국 교육의 문제를 쉽게 말하지만 해법은 간단하지 않다"고 말하고 있다.

4) 학생들을 가슴에 품고 있는 교사가 적다

"교육의 수준은 교사의 질을 능가할 수 없다"는 말이 있다. 또 잭슨 (Jackson)의 연구에 의하면 교사와 학생 사이에 하루 동안 맺는 교육적 관계가 1천 회가 되는 것으로 나타나 어찌 보면 아이들 교육에서 교사 가 부모보다도 더 중요한 것으로 보고되고 있다. Oak 학교의 실험에 서 볼 수 있듯이 경영자인 교장과 학급을 경영하는 교사 사이의 인간 관계가 애정을 기초로 하고 있을 때 학생들이 행복해지는 것은 너무 당연한 일이다. 제품 생산 공장과 달리 학교 교무실의 분위기는 사랑 과 일치의 분위기여야 한다는 전제가 되는 것이다. 그런데 지금 우리 학교들은 경영지인 교장과 교사들 사이에 이런 분위기를 찾아보기 힘 들지 않나 생각된다. 또 교사의 학생에 대한 평가는 일종의 판단이며 이 판단은 자성예언을 형성하게 된다. 그러므로 교사의 편견 없는 학 생 이해와 사랑이 학생을 올바르게 성장할 수 있도록 도와줄 수 있는 것이다(잭슨). 그러므로 학교 사회는 교사와 학생 사이의 올바른 인간 관계를 요구하며 이에 대한 학부모의 신뢰를 요구하는 것이다. 정말 우리나라 학교의 현실을 걱정하게 하는 대목이다.

그러면 학부모들은 어떤 교사들을 좋은 교사로 생각하고 있을까. 하트(F. W. Hartt)의 설문 조사에 의하면 이상적인 교사로 다음과 같은 것을 꼽았다.

① 공부에 도움을 주고 교과를 잘 설명하며 예를 적절하게 들어 준다.

② 유쾌하고 행복스럽고 온후하며 유머가 있다.

③ 인간적이고 사람을 잘 따르게 하고 친하기 쉽다.

④ 학생에게 관심이 크고 잘 이해한다.

⑤ 공부에 관심을 일으키고, 공부에 욕망을 갖도록 성취동기를 유발하고 학습 활동을 즐겁게 만든다.

⑥ 엄밀하게 학급을 조정하며 관심을 일으킨다.

⑦ 공평하고 편애하지 않는다.

⑧ 무뚝뚝하지 않고 까다롭지 않고, 말이 많지 않으며 비꼬지 않는다.

⑨ 배운 것이 많다.

⑩ 사람 자체를 좋아하는 인성이다.

한국교육개발원에서도 이상적인 교사상에 대하여 학부모와 교사들을 대상으로 설문조사를 하였는데 결과는 다음과 같았다.

① 교육자로서의 신념을 지닌 교사(32.5%)

② 학생에 대하여 깊은 관심과 사랑을 지닌 교사(32.5%)

③ 인생에 대한 자세를 가르쳐 주는 교사(16.8%)

④ 담당교과에 실력 있는 교사(7.6%)

⑤ 예절과 질서를 존중하는 교사(5.5%)

⑥ 요령 있게 수업하는 교사(5.1%)

위의 두 연구에서도 모두가 이상적인 교사를, 모델로서의 교사의 인격과 학생에 대한 애정을 꼽고 있음을 알 수 있다.

우리 현실을 들여다보자. 학생들은 학교에 내는 '수업료'를 '숙박료'라 부른다. 학교는 단지 학생들의 모자란 잠을 채울 수 있는 곳이라

는 뜻이다. 대학생들이 '교육고시'라고 부를 만큼 어려운 과정(2007년
에 치러진 교원임용고시의 전국 평균 경쟁률은 13.9 대 1을 기록)을 거친
뒤에 '신임교사 연수'라는 교육 과정을 거치고 발령된 교사들은 "실력
이 없다"고 사회적인 비판을 받고 있다.

많은 이들은 이 이유를 "학교는 학생과 학부모로부터 선택당하지
않고도 존립이 가능하고 교사는 동료와 능력을 견주지 않고도 정년까
지 임기가 보장되기 때문"이라고 단정한다. 물론 맞는 지적이라고 생
각한다. 그러나 그 외에도 중요한 요인들이 더 많을 것으로 안다. "교
사 임용을 위한 시험문제가 과연 이상적인 교사를 선발할 수 있는 적
절한 방법인가"도 살펴야 할 것이다. 책임 문제에서 자유롭기 위해서
교사의 인성과 학생에 대한 열정은 평가하지 못하고 객관적인 선다형
문제로 단순히 암기한 지식의 양으로만 임용하고 있다면 여기에도 문
제가 있는 것이다.

간과할 수 없는 문제는 이미 법으로 시행하고 있는 것이기는 하지
만 교원들의 노동조합 운동이 지닌 생래적인 문제이다. 원래 노동조
합이란 근무여건을 개선하고 임금을 인상하기 위해서 투쟁하는 것이
본래의 목적이다. 그렇다면 교원의 정원을 늘리는 문제를 제외한 근
무여건 개선이란 학생들에 대한 사랑과 관계를 약화시키는 것들이 대
부분일 수 있기 때문이다. 또 이 일을 쟁취하기 위해서 학교 경영자들
과의 사이에 갈등과 긴장 관계를 형성하기 때문에 이 관계가 학생들
에게 영향을 주게 된다는 점이다.

아무튼 교사에 대한 권위와 신뢰가 없고, 교사는 성취동기가 없는
학생들을 돌보기 위해 심신이 지친 상태여서 우리 학교는 생기를 잃

고 있으니 교육을 생각하는 모든 이들이 크게 걱정하고 있는 것이다.

5) 상급학교 진학을 위한 반복학습에 아이들의 사고력과 창의력은 죽어가고 있다

교육을 말할 때 누가, 무엇을 어떻게 가르칠 것인가와 배우는 학생을 살피는 것은 너무 당연한 일일 것이다. 이제까지 이 글에서는 아이들에게 가장 우선적으로 가르쳐야 할 사랑을 가르치지 못하고 있음을, 배우는 학생들은 성취동기가 극히 약함을, 교육의 관건인 교사들은 사기가 떨어져 학생들을 사랑으로 품고 있지 못함을, 학부모들의 과도한 '공부만 잘하기 경쟁'이 아이들에게 미치는 역효과를 개략적으로 살폈다.

이제 가르치는 방법의 문제를 살펴야 할 것이다. 지금까지 우리 교육은 국가가 주도하여 '가르치기'에만 모든 역량을 집중시켜 왔다. 이 같은 암기, 주입식 교육은 산업사회까지에는 매우 효과적이었다고 볼 수 있다. 단기간 내에 값싼 상품을 대량으로 생산하는 것이 중요하던 시대에는 축적된 지식을 압축해서 주입하는 게 필요했기 때문이다. 그러나 이제 우리가 살고 있는 세상은 지식정보가 중요한 지식사회로 진입한 지 오래 되었다. 그래서 축적된 지식의 양이 아니라 '지식의 생산 능력'이 삶의 방식을 결정하는 시대가 된 것이다. 더 이상 교사가 알고 있는 지식을 효과적이고 요령 있게 전달하는 것을 변화된 세계에서는 요구하지 않는 것이다. 그럼에도 교실에서는 첫 시간부터 '방과 후 교실'에 이르기까지 반복해서 문제풀이를 하고 있는 것이다. 그

뒤에 실시되는 학원 공부에서도 문제풀이는 더욱 강화되고 있다. 학생들의 입장에서 보면 유치원 과정부터 13~14년간을 문제집과 씨름하며 '정답 찾기 요령'을 익혀야 하고 그 결과를 평가받아야 하는 생활이 얼마나 힘들고 지루할 것인가. 그동안 아이들의 분석하고 종합하는 사고는 발달할 시기를 잃게 되고 창조하는 능력과 지식을 적용하는 힘은 메말라 사회 유용성은 최저 수준이 될 수밖에 없다. 그래서 대단한 교육열에도 불구하고 우리나라의 교육 국제경쟁력이 최하위 수준에 머물게 된 것이다.

많은 사람들은 그럴 수밖에 없는 이유를 '대학 입학 전형방식'에서 찾는다. 물론 대학 입학 전형방법을 개선할 필요를 부인할 사람은 없다. 그러나 대학 입학 전형방법이 문제 해결의 필수조건일 수는 있어도 충족조건일 수는 없다고 생각한다. "보다 더 좋은 대학에 합격하는 것이 좋은 직장을 보장하고, 좋은 직장이 곧 아이의 미래 행복을 보장한다"라는 사회 통념과 학부모의 인식이 먼저 해결되지 않는 한 어떤 교육의 개혁과 개선도 모두 또 다른 파행만을 초래하게 될 것이기 때문이다.

II. 우리의 교육 문제 어떻게 해결할 것인가

1) 먼저 우리 교육의 현실을 예수님의 눈으로 보아야 한다

복음서는 "여러분의 스승은 오직 한 분뿐이고 여러분은 모두 형제들입니다"(마태오 23,8)라고 말씀하신다. 예수님만이 스승이시라면 교육자인 부모와 교사들은 먼저 그분이 어떤 스승이셨는지를 배워야 할 것이다.

포콜라레 운동의 창설자인 끼아라 루빅은 세계 가정대회에서 "가정과 교육"(1987)을 주제로 발표하면서 스승으로서의 예수님의 특징을 다음과 같이 제시한다. 첫째, 예수님은 자신의 가르침을 실천에 옮김으로써 먼저 모범을 보여 주신 분이다. 자신이 짊어지지 않는 짐을 다른 이들에게 강요하시지 않으셨다. 그리고 이렇게 말씀하신다. "불행하여라! 너희가 힘겨운 짐을 사람들에게 지워 놓고 너희 자신들은 그 짐에 손가락 하나 대려고 하지 않기 때문이다"(루카 11,46). 그러니 학생들에게 사랑과 성실, 열정, 인내심, 우애 등을 원한다면 학생들이 교사와 부모에게서 의심할 수 없는 모범을 발견하고 이를 기준으로 삼을 수 있어야 할 것이다.

둘째, 예수님께서는 가르침을 받는 이에게 깊은 신뢰심을 보여 주신다. 간음한 여인에게도 "가거라. 그리고 이제부터 다시는 죄짓지 마라"(요한 8,11)고 말씀하시어 그 여인이 올바르게 생활할 수 있다는 가능성을 믿어 주신 것이다. 호수에서 풍랑을 잠잠하게 해 주신 것(루카 8,24)처럼 아이들 일에 구체적인 도움을 주시지만, 모든 것을 대신해 주신 것이 아니고 아이들 스스로 자신의 문제를 해결할 수 있도록 용기와 희망을 북돋우며 기다려 줄 줄을 알아야 함을 보여 주신 것이다. 부모는 무엇보다 먼저 우리들의 자녀가 우리의 자녀일 수 없고 하느님의 자녀임을 인식해야 할 것이다. 따라서 우리의 소유물로서가 아니라, 우리에게 '맡겨진 한 인격'으로 대해야 함을 명심해야 할 것이다. 그럴 때에만 우리나라 부모들이 깊이 빠져 있는 전능(?)한 부모 역할로부터 해방되고 깊은 늪에 빠진 우리 교육 문제를 해결할 실마리를 찾을 수 있을 것이라고 생각한다.

셋째, 예수님은 모든 일을 결정할 때 스스로 자유로우면서 책임감 있게 결정할 수 있도록 맡겨 주신다(마태 19,16 이하 부자 청년과의 대화 참조). 부모와 교사는 자신의 의견을, 그리고 정해진 답을 아이들에게 강요해서는 결코 안 되며 사랑의 표현을 통하여 그 길을 제시해 주는 것으로 그쳐야 할 것이다. 그렇지만 예수님께서도 베드로가 수난을 피하시도록 권유하자 "사탄아 내게서 물러가라. …너는 하느님의 일은 생각하지 않고 사람의 일만 생각하는구나!"(마태 16,23)라고 말씀하시며 그 잘못을 강하게 꾸짖으신 것처럼 우리들도 아이들의 잘못을 바로잡아 주어야 한다. 귀엽다고 해서 잘못을 고쳐 주지 않는다면 이 중요한 임무를 게을리한 책임을 면할 수 없을 것이다. 에제키엘 예언자는 "네가 악인에게 그 악한 길을 버리도록 경고하는 말을 하지 않으면, 그 악인은 자기 죄 때문에 죽겠지만, 그가 죽은 책임은 너에게 묻겠다"(에제 33,8)고 기록하고 있다. 예수님은 방탕한 아들에 대한 비유로 자신의 잘못을 뉘우치고 올바른 길로 돌아오는 사람들에 대하여 성부께서 얼마나 자비로우신지를 보여 주신다. 그러니 부모와 교사가 지닐 수 있는 자비심 역시 "모든 것을 덮어 주기"(1코린 13,7)에 이르러야 할 것이다. 과거에 일어난 일들을 되풀이하여 기억하게 하는 것은 예수님의 노선이 아니며 또한 아이들의 공감을 얻을 수도 없을 것이다.

넷째, 예수님은 군중을 가르치실 때 통상적 가치관을 거꾸로 하는 것을 두려워하지 않으셨다. 진복팔단에서 그 예를 찾을 수 있을 것이다(마태 5,2 이하 참조). 여기서는 전혀 행복할 수 없는 사람들을 행복하다고 말씀하신다. 예수님은 세상이 제시하는 가치를 거슬러 올라가야만 하는 힘든 길을 우리에게 제시하시며 그렇게 살기를 원하신다. 우리는 이쯤에서 "세상의 조류를 좇아서 남들처럼 아이들에게 좀 더 좋은 학교의 진학을 위해서 다른 모든 가치를 버리도록 지도해야 하는가, 아니면 세상이야 어떻게 가든 나의 주인이신 예수님이 제시하시는 거스르는 삶을 살면서 다른 모든 이들이 나와 함께 행복을 누리도록 초대해야 할 것인가"를 심각하게 고민해야 할 것이다. 뿐만 아니라 쉽고 편한 것만을 추구하는 아이들 역시 예수님께서 가치 있고 행복하다고 말씀하신 대로 작고 큰 고통 속에서 자신이 누릴 수 있는 참 행복을 찾을 수 있도록 지도해야 할 것이다. 부모는 '하나밖에 없는 내 자식', 그가 원하는 모든 것을 갖도록 해 주어야 한다는 망상에서 깨어나야 할 것이다.

마지막으로, 예수님께서는 제자들을 교육하기 위해서 당신 자신의 고유한 가르침을 완전하게 전해 주신다. "이것이 나의 계명이다. 내가 너희를 사랑한 것처럼 너희도 서로 사랑하여라"(요한 15,12). '내가 사랑한 것처럼'이라고 사랑의 척도를 제시하셨으니, 우리 사랑에서 인간적 집착을 완전히 씻어 버리고, 내가 이룰 수 없었던 꿈을 아이가 대신 이루어 주기를 바란다거나 내 학생들이 다른 반 학생보다 더 잘해야 한다는 등의 이기심 없이, 순수하게 사랑할 것을 주문하신다. 이렇게 사랑하려면 우리의 마음은 언제나 '버림받은 예수'를 지향해야 할 것이다. 또한 아들의 고통을 묵묵히 지켜보면서 십자가의 고통을 함께

했던 마리아처럼 우리 부모와 교사 역시 아이들이 아무런 고통 없이 바른 인간으로 성장하기를 기대하기보다 자신의 값진 고통을 통해서 다른 사람을 배려하고 사랑할 줄 알도록 교육해야 함을 결코 잊어서는 안 될 것이다. 더 나가서 "서로 사랑하라"라고 말씀하셨음에 주의해야 한다. 부모가 아이를 사랑하는 것으로 그치는 것이 아니라 아이도 부모를 사랑할 줄 알아야 한다. 그뿐만 아니라 부모의 사랑 속에 자라는 아이는 형제가 서로 사랑해야 하고 해마다 새로 만나는 학교 친구들을 사랑할 줄 알아야 할 것이다.

2) 학생들은 사랑하는 것부터 먼저 배워야 한다

스승이신 예수님께서 가장 완전하고 확실하게 가르치신 것은 당신의 계명이고 새 계명이라고 말씀하신 "서로 사랑하라"(요한 15,12)라는 것이다. 그런데 우리 가정과 학교에서는 아이들에게 '사랑'을 가르치지 못하고 오직 '경쟁'만을 가르쳐 왔다. 경쟁에서 이기기 위해서 '저주의 일기'를 쓰면서 자란 이들이 이루게 될 사회를 상상하면 정말 두려움이 앞선다.

대통령 산하 교육개혁위원회가 1995년 5월 30일 발표한 교육 개혁안에서는 제1과제로 "실천 중심의 인성 교육"을 제안하였다. 실천과제로 제안된 안은 지역의 벽을 넘는 도농 간의 '교환학습'을 할 것, 교실의 벽을 넘어 '체험학습'을 할 것, 남을 배려하고 사랑할 수 있도록 '봉사 활동'을 교육할 것 등이었다. 이 3개의 실천 주제들은 학생들에게 지식을 교육하기 전에 바른 인성을 길러 주자는 지극히 상식적이고 타당한 제안이라고 생각한다. 그리고 이들 안이 나타내는 공통점은 학생들에게 경험을 확대시켜 주자는 것이다. 학생들이 자기 가정 안에 머물지 않고 다른 세상을 경험하여 '나와 같지 않은 사람'에 대한 이해와 사랑을 경험하게 해 주자는 취지라고 생각한다. 그 결과 교환학습과 체험학습은 여러 가지 이유로 유야무야 되었지만 봉사 활동은 특별 활동의 한 영역으로 교육 과정에 포함되었다.

그렇지만 교사들이 봉사를 경험한 적도, 교육받은 적도 없었기 때문에 시행에 어려움이 있었다. 그래서 학교에서는 학생들에게 개별적으로 봉사 활동을 한 뒤에 '봉사 활동 확인서'만 제출하도록 지시하였고 학생들은 스스로 봉사 활동 대상과 터전을 찾을 수 없어서 방황하였다. 대상 기관과 시설에서도 학생들만의 봉사를 달가워하지 않았기 때문에 학생들에게는 이 봉사 활동이 자신들을 난감하게 하는 '귀찮은 존재'가 될 수밖에 없었다. 바로 이때 우리 특유의 '학부모 교육열'이 작용하기 시작했다. 아이는 학원에 가서 공부하고 어머니가 사회적 지위와 경제적 수단을 이용하여 학교에 제출할 '봉사 활동 확인서'를 얻어 낸 것이다. '사랑과 배려'를 가르치자는 취지는 간데없고 대신에 일찍부터 좋지 않은 편법을 교육하게 된 것이다.

이 문제로 여론과 사회가 뜨겁게 달아오르고 있을 때 필자가 소속된 '봉사회'에서 "학교와 학부모, 지역사회가 일체가 되어 추진하는 학생 봉사 활동 교육 방안"을 정부에 제안하여 채택되었다. 이것은 학교가 주도하는 가운데 학부모들이 학생 봉사 활동 지도를 맡아서 추진하고 지역사회는 봉사 터전을 마련해 주자는 것이다. 우리 회가 이안을 제안한 것은 이제 우리의 교육 문제는 어떤 제도의 개선으로 해결되는 것이 아니고 사회적 방법으로 접근해야만 가능할 것이라는 가설이 바탕에 깔려 있는 것이다. 학교 교육을 통해서 하게 되는 '가치 교육' '인성 교육'은 사회가 지향하는 가치와 같을 때 교육 효과를 기대할 수 있다. 그런 면에서 이 방법은 봉사 활동을 지도하는 학부모가 학생보다 먼저 '보편적 사랑'을 경험하고 사랑이 주는 훌륭한 선물인 기쁨을 맛볼 수 있기 때문에 학생 교육과 성인 교육을 동시에 하는 효과를 얻고 있다. 그리고 우리 사회에 만연한 '이기적 교육열'이 점차 완화되고 '공동체적 교육열'로 승화되어 감을 이 제도의 시행을 통해서 경험할 수 있기에 하느님에게 감사드린다. 물론 봉사에 참여하고 있는 학생이 이 사랑의 행위를 통해서 변해 가는 예는 일일이 열거할 수 없을 만큼 많다. 그리고 이 제도가 교육 당국의 도움 없이 비록 속도는 느리지만 점점 확대되어 가고 있음은 하나의 희망이 될 수 있을 것이다. 이 일이 우리 교육 문제를 해결할 첫 번째 과업이기 때문이다.

카네기 공과대학에서 조사 연구한 결과에 의하면 '성공하지 못하고 실패한 원인'을 1만 명을 대상으로 설문한 것인데 응답자의 85%에 해당하는 사람들이 "인간관계 때문에 실패를 했다. 인간관계만 잘했으면 성공을 했을 것이다"라고 답했다. 우리가 그렇게 관심을 가지고 교육의 모든 것을 걸고 있는 지능이나 재능이 원인이 되었다고 응답한 사람은 불과 15%밖에 안 되었다.

보스턴 대학에서는 7세 어린이 450명을 대상으로 47세까지 40년간을 추적 조사한 연구가 있다. 이 연구의 결과 '성공과 출세의 가장 중요한 요인'은 다음의 3가지인 것으로 밝혀졌다. 첫째, 다른 사람들과 어울리는 능력이었고 둘째, 좌절에 부딪혔을 때와 실패를 겪었을 때 그 좌절을 극복하고 실패를 대면하는 태도였고 셋째, 감정 조절 능력, 이 3가지에 기인한다는 것이다.

결국 이 두 가지 연구에서도 다른 사람을 잘 사랑하는 사람이 "세상을 이긴다"라는 것을 말해 주고 있어서 우리 교육 문제에서 무엇을 가르칠 것인가를 말해 주고 있는 셈이다. 일본의 교육학자 이시하라도 우리 교육의 문제를 "정작 가르쳐야 할 것을 가르치지 않고 있는 것이다"라고 지적하였으며 하비지 여사는 '한국의 교육은 따뜻함과 웃음이 없는 교육이 문제'라고 지적한 바 있다.

짧은 시간에 모든 것을 말할 수는 없지만 차제에 우리 교회의 주일학교가 아이들에게 사랑을 가르치고 경험하게 하는 첫 번째 교육장이 될 수 있도록 우리 모두의 지혜를 모아야 할 때임은 분명한 것 같다 (이 문제는 별도의 기회에 논하고 싶다).

3) 학생들의 의존적인 학습 습관을 고쳐 주어야 한다.

가) '학습에 대한 정의'로 '자기 주도적 학습'의 중요성을 인식해야 한다

우선 학습(學習)에 대한 정의부터 말하고 싶다. 학습이란 글자는 배울 學, 익힐 習으로 '배우고 익히는 것'을 말한다. 옛날에 학습에 성공하는 어린이에게 "하나를 가르치면 열을 안다"라는 말을 했다. 하나(1)를 가르쳤는데 어떻게 열(10)을 알 수 있을까? 이 말은 과연 아이의 영재성을 말하기 위한 것일까? 나의 개인적인 생각으로는 하나(1)를 배운 아이가 이 하나의 지식을 기본으로 해서 자기 스스로 아홉(9)을

더 익혔기(習) 때문일 것으로 본다. 이처럼 학습은 다른 사람의 도움보다 '자기 주도적'으로 이루어질 때 그 성과가 크게 나타날 수 있다고 생각한다.

칼 로저스(Karl Rogers)는 학습을 다음의 세 가지로 정의하고 있다. 첫째, 학습이란 자신의 '지적 호기심'을 충족하는 과정에서 학습하는 방법을 학습하는 것이다. 즉, 탈무드에서 말하고 있는 것처럼 "아이에게 생선 한 마리를 잡아 주면 한 끼를 맛있게 먹을 수 있다. 그렇지만 아이에게 고기 잡는 방법을 가르쳐 주면 평생을 맛있게 먹고 살 수 있다"는 생각으로 아이가 책임을 가지고 문제를 스스로 해결할 수 있도록 기회를 주고 기다려 줄 것을 요구하는 대목이다(마태오 복음 19장 16절 이하의 부자 청년과의 대화, 요한 복음 8장 11절의 죄 지은 여인을 용서하고 믿어 주신 이야기를 그대로 받아들여야 할 것임).

학자들에 의하면 우리 인간은 만 3~4세 때 지적 호기심이 가장 왕성한 것으로 알려져 있다. 그래서 모든 아이들이 그 시기가 되면 부모들이 귀찮을 만큼 질문이 많아진다. 그 시기의 부모들은 아이의 영재성을 의식해서 모든 것을 가르치려고 노력한다. 부모가 그 노력에 한계를 느끼게 되면 "그만 좀 물으라"라고 핀잔해서 아이의 지적 호기심에 찬물을 끼얹는다. 이것이 아이가 새로운 지식을 탐구하고자 하는 열정을 잃게 되고 학습 성취동기가 약화되는 첫 번째 장애가 된다.

지금까지 노벨상을 가장 많이 받은 나라인 이스라엘의 어머니들은 아이가 질문했을 때 기본적인 답을 아이가 이해할 수 있는 방법으로 잘 설명한 뒤 새로운 질문이 이어지면 그 아이에게 되물어 주어서 스스로 알아내게 한다는 것이다. 이것이 아이의 지적 호기심에 불을 붙여 학습의 동기를 만들어 줌으로써 학습을 재미있게 할 수 있도록 돕는다는 것이다.

초등학교 교사들은 많은 경우 어린이들의 학습 능력을 제고하고 문제 해결 능력을 길러 주며, 사고력을 교육하기 위한 과제를 제시하는 경우가 많이 있다. 이 경우 선다형 문제일 수 없음은 물론이다. 그런데 상당히 많은 어머니들이 아이를 위해서 자료를 활용하는 방법을 지도하는 대신, 자신이 밤을 새워 그 숙제를 해 준다거나 심한 경우 숙제 전문학원에서 답을 사서 주는 경우가 있다고 들었다. 이런 경우 '수행 평가'를 다른 집 아이보다 더 잘 맞을 수는 있지만 자신의 학습 방법을 구안할 수 있고 사고력을 기를 수 있는 기회를 잃게 되는 엄청난 손실을 보게 될 것이다. 최근에 한 팀의 교사들이 "IQ가 90인 학생도 학습 방법을 지도하면 전교 1등이 가능할 것이다" 라는 가설을 증명하는 연구를 함으로써 학습 방법의 효능성을 증명하기도 하였다.

둘째, 단순한 지식의 축적이 아니라 지식을 적용하고 창조하는 방법을 학습하는 것이 학습이다. 산업사회까지는 '아는 것이 힘'이 될 수 있었다. 그러나 지식의 양이 폭증하고 지식생산의 양과 발전 속도가 급격히 빨라진 현 시대에는 '지식의 창조와 적용이 힘'이 된다. 그런데 우리 아이들은 지식의 축적도 아니고 '문제풀이 요령'을 익히는 데 자신이 지닌 모든 힘을 쏟고 있는 것이다. 그 결과 대학에서 전공을 하고도 회사에 취업하면 단 한 가지의 프로젝트도 해결하지 못하는 무능한 사원이 되고 마는 것이다.

셋째, 지식을 추구하는 과정만이 안전에 대한 기반이 됨을 배우는 것이다. 우리는 성급하게 하나밖에 없는 정답을 찾는 데 혈안이 되어 있다. 그러나 학습한 사람은 자신이 추구한 문제가 해결되지 않는다 해도 그 문제를 해결하기 위해서 취한 모든 조치, 즉 수행 과정을 중요하게 생각해야 한다는 것이다. 이 태도가 학문하는 이들의 참된 길임은 말할 것도 없을 것이다.

학습을 이렇게 정의할 때 학생이 자기 주도로 학습하는 것이 중요함을 인식할 수 있다. 그러므로 학부모에 의해서 이루어지는 경쟁적이고 소모적인 사교육 열풍은 아이의 능력을 훼손하는 결과를 초래하는 것임을 인식할 수 있도록 계도할 필요를 강하게 느낀다.

나) '학습 외적 요인'들도 학교 교육의 정상화를 요구한다

학습을 더 잘 이해하기 위해서 가네(Gange)의 학습 외적 요인에 대하여 잠시 살피고자 한다. 가네는 학습의 결과에서 개인차 변량의 50%가 선수학습(先修學習)의 결손에 있다고 보았다. 대부분의 교과에서 학습 문제의 조직 상 앞에서 학습한 것을 이해하지 못하면 현재의 문제를 해결할 수 없는 경우가 많이 있다. 그러므로 누구든 가르치는 사람은 지금 학습하고 있는 단원의 문제를 해결하는 데 특히 어려움을 겪고 있는 학생이 있을 때 학습의 계열을 생각하여 그 학생의 결손 부분을 찾아 이를 해결해 주어야 할 것이다. 이 한 순간이 이 학생의 자아 효능감을 높여 주어서 학습에 흥미를 되찾을 수 있는 경우를 많이 볼 수 있다. 그러므로 영재 교육에 대하여 관심을 갖는 만큼 학습이 부진한 학생의 선수학습 결손 문제에 관심과 사랑을 집중해 주어야 할 것이다. 교사는 자기 전공과목의 전 교육 과정(초 1부터 고 3까지)을 이해하고 교수 중 학생이 어느 단계에서 결손이 발생했는지를 진단하

여 지도할 수 있는 전문적인 능력을 배양해야 할 것이다. 이 학습 결손 문제는 어떤 경우 50%가 아니라 100%의 영향을 발휘할 수도 있음을 교사와 부모 모두가 명심해야 할 것이다(마태 25,40: 너희가 여기 있는 형제 중에 가장 보잘것없는 사람 하나에게 해 준 것이 곧 내게 해 준 것이다).

다음은 자아 정체성, 학습에 대한 태도와 흥미 등을 말하는 정의적 출발점 행동이 개인차 변량의 25%가 된다는 것이다. 이 요인 역시 어떤 경우의 학생에게는 100%의 효과를 나타낼 수도 있을 것이다.

반듀라(Bandura)는 자아 효능감에 관한 연구에서 학생의 학습에 대한 자신감(자아 효능감)과 학습의 습관화는 지구력이나 학습의 기회와 밀접하게 관련되어 있음을 증명하였다. 자아 효능감이나 무능은 어려서부터 누적된 학습의 결과이다. 그러므로 학생에게 알맞은 칭찬과 격려는 성취동기를 강화하고 학습의 지구력을 높여 주는 결과를 가져올 수 있다. 신앙이 있는 가정에서 기회가 있을 때마다 종교 교육을 강화하면 '하느님이 사랑'이심을 확신하게 되고 하느님을 사랑하는 것이 곧 그분의 뜻을 행하는 것임을 알게 되어 학습의 참된 의미를 주게 되면 정의적 출발점 행동을 강화할 수 있다는 이점을 누릴 수 있게 된다(마태 7,21: 나에게 '주님, 주님!' 한다고 모두 하늘나라에 들어가는 것이 아니다. 하늘에 계신 내 아버지의 뜻을 실행하는 이라야 들어간다; 마태 12,50: 하늘에 계신 내 아버지의 뜻을 실행하는 사람이 내 형제요 누이요 어머니다). 그러므로 학습자가 부모와 선생님으로부터 인격적인 대접을 받고 학습의 기회가 있을 때마다 손쉬운 방법으로 부모가 대신해 주는 것이 아니라, 자신이 해결한 경험을 많이 가질 때 학습의 성공률을 높일 수 있을 것이다.

남은 25%의 몫은 수업의 질과 수준이다. 수업의 질은 물론 교사의 능력과 전달 기법에 크게 좌우될 수 있을 것이다. 교사의 수업에 대한 책임감과 준비에도 많은 영향을 받게 될 것이다. 그러나 무엇보다 중요한 것은 '교사와 학생 간에 맺게 되는 인간관계'일 것으로 생각한다. 아무리 교사가 좋은 수업을 계획하여 철저하게 준비했다 하더라도 학생이 교사를 신뢰하지 않아 이를 받아들이지 않는다면 수업의 효과는 기대할 수 없기 때문이다. 실제 교육의 역량을 크게 올리고 있는 교사를 보면 학생과의 인간관계를 가장 우선으로 하고 있음을 알 수 있다. 그러므로 부모는 아이의 성적 향상을 위해서 학원을 기웃거리는 것보다 아이가 학교 선생님을 믿고 따를 수 있도록 지도하는 것이 더 바른 길임을 알아야 할 것이다.

물론 교사들의 행태가 마음에 들지 않을 수도 있다. 그렇지만 교사들이 권위를 가지고 학생들과의 좋은 관계에서 교육할 수 있도록 교회와 뜻있는 학부모들이 힘을 모아 노력해야 할 것이다(마태 7,1: 남을 심판하지 마라. 그래야 너희도 심판받지 않는다.; 마태 22,39: 네 이웃을 너 자신처럼 사랑해야 한다).

4) 교사의 문제를 해결해야 한다

가) '참 스승 다솜 운동'을 전개한다

필자는 최근에 뜻을 같이 하는 학부모들과 '참 스승 다솜 운동'을 전개하고 있다. '다솜'은 '사랑한다'는 우리 옛말이다. 쉽게 말하면 선생님을 사랑하고 믿고 존경해 드리기 운동이다. 학교 교육의 문제를 마치 어린아이와 같은 천진한 눈으로 보고(마태 19,14: 사실 하늘나라는 이 어린이들과 같은 사람들의 것이다) 풀고자 한 발상이다. 학부모들이 선생님들을 전적으로 믿고 사랑해 주면 이 사랑은 선생님들의 변화를 촉진할 것이고 이 사랑이 학생들에게로 흘러가게 될 것이다. 교사의 학생에 대한 관심과 사랑은 학생들로부터 가득한 신뢰를 받고 학생들이 교사들에게 '권위의 관'을 씌워 드리게 될 것이기 때문이다. 이 사랑의 선순환 관계가 복잡하게 얽힌 학교 교육의 문제를 푸는 '실마리'라고 생각했지만 말처럼 쉬울 것을 믿고 시작한 것은 아니다. 다만 열다섯 살 미소년 다윗이 이스라엘을 조롱하며 괴롭히는 백전노장 골리앗을 대적하러 나갈 때 사울 왕이 "하느님께서 함께하심을 믿는다면 나가라"라고 격려했던 구절을 수십 번 되새기며 시작하였다. 일을 진행하다가 막히고 어려울 때면 "나다. 두려워하지 마라"하고 격려하시는 예수님의 음성을 들으며 앞으로 가고 있다. 찬동하는 사람이 자유롭게 들어올 수 있는 카페를 만들어 그 카페에 '회원의 행동강령'을 올려 실제 행동할 수 있도록 하고 있다(카페 주소: cafe.naver.com/chamdaun.cafe). 2단계로는 교사들의 '자기 정화 운동'을 계획하고 있으며 3단계에는 학생들이 '자기 힘으로 공부하기 운동'을 계획하고 있어서 성공의 가능성을 보면서 열심히 활동하고 있다.

나) 전문가에 의한 학교 평가가 필요하다

그러나 교사 문제의 해결은 정말 단순하지가 않다. 그래서 정부와 정치권에서는 학부모가 참여하는 교사에 대한 다면평가를 입법하고자 시도했으나 '전국교직원노동조합(줄여서 전교조)'의 강력한 반발로 보류되어 있는 것으로 알고 있다. 필자도 이 평가 제도가 가진 역기능을 해결하지 않은 채 실시된다면 염려스러운 점도 있다고 생각한다. 이 평가의 목적이 교사들에게 자극을 주어 수업의 질을 높이려는 것일진대 학생과 학부모가 교사의 평가에 참여하게 된다면 자칫 교사들의 신뢰와 권위에 손상을 입게 될 수도 있다. 그 결과 단기적이고 형식적인 성과는 높일 수 있을지 모르지만 사제 관계를 기본으로 하는 교육의 본질을 훼손하게 되어 거꾸로 수업의 질을 떨어뜨리게 될 위험이 있다. 또 대부분의 학부모 평가단들이 학생인 자녀들의 평가에 의존하게 되어 경험이 많고 유능한 교사들이 상대적으로 불이익을 당하게 될 것이 염려되기도 한다. 이렇게 되면 교사들의 사기에 큰 손상을 입게 될 것이고 학교 교육의 질은 여전히 문제될 것이 아닐까 하는 염려가 되는 것이다.

필자는 차제에 전문가에 의해 시행되는 학교 평가를 제안한다. 만에 하나 교사에 대한 다면평가를 계획한 대로 시행한다 해도 학교 평가는 여전히 요구되는 필수조건이라고 본다. 왜냐하면 학교의 교육 목표는 우수한 한두 명의 교사에 의해서 달성되는 것이 아니고 전 교직원의 공감과 적극적인 참여로만 가능하기 때문이다. 뿐만 아니라 학교 교육이 일정 수준에 도달하기 위해서는 교사보다 더 중요한 요인이 학교장의 경영 능력일 수도 있기 때문에 정확한 학교 평가야말로 이 시기에 가장 절실한 요구라고 생각된다. 모든 교원의 학생에 대한 관심과 사랑, 그리고 그 성과를 함께 평가할 수 있는 제도이기 때문이다.

지금도 시, 도별로 학교 평가가 이루어지고 있는 것으로 알고 있다.

그러나 현재 시행하고 있는 학교 평가에는 태생적인 한계가 있음을 지적할 수밖에 없다. 학교 평가의 결과는 사실대로 공개되어 학교 교육 개선이라는 본래의 목적을 달성하고 학부모의 학교 선택에 도움을 주어야 함에도 불구하고 현재는 평준화의 논리 때문에 학교 평가의 공개가 절대 금기로 되어 있는 것이다. 다음으로 학교 평가의 내용에서 가장 중요한 학생들의 학업성적과 교사의 수업 평가를 거의 반영하지 못하고 있는 실정이다. 그리고 학교 현장 방문 평가를 시행하고 있지만 짧은 시간 안에 형식적으로 이루어지는 경향이 있으며 더 중요한 것은 학교 평가의 결과를 어떻게 활용하고 있느냐는 것인데 대부분 영역별 우수학교를 판정하여 시상하는 것으로 그치고 있는 형편이다.

이에 필자는 전문가들에 의해서 실시되는 정부 차원의 학교 평가가 이루어지기를 제안한다. 그래서 학교 교육이 질과 내용 면에서 개선되고 모든 국민들과 학부모들이 학교 교육을 신뢰할 수 있게 되어 더 이상 사교육에 의존하거나 교육 이민을 생각하지 않게 되기를 바라는 바이다.

첫째, 학교 평가의 내용은 투입, 과정, 산출의 체계적 평가가 광범위하게 이루어져야 한다. 학생 1인당 투입된 경비부터 교사의 수업 개선을 위한 노력, 학교 공동체의 협동 관계, 학생의 중간 탈락률, 학업성적 부진 학생에 대한 지도의 효율성, 학생생활지도 프로그램, 전년도 학업 성취도와 비교된 금년도의 성취 수준(고등학교의 경우 수능시험성적까지), 학생들의 사교육 의존도, 교사와 학생 상호 간의 긴밀도, 지역 주민들의 선호도 등을 고려하면 좋을 것이다. 특히 학생의 성취 수준을 평가하면서 사교육 의존도를 평가하지 않는다면 학교나 교사가 학생들의 사교육을 부추길 것도 염려되기 때문에 정확한 방법으로 이를 평가해서 반영해야 할 것이다.

둘째, 위와 같은 내용을 정확하게 평가하기 위해서는 평가단의 방문 평가 기간을 최소 10일에서 15일로 잡아야 한다.

셋째, 중요한 선진국들은 학교 평가를 위한 기구를 두고 있는 것으로 안다. 그러나 특정기관을 설립하여 시행하기 위해서는 공무원 정원이 증가하게 될 것을 정부 당국자가 우려할 것이다. 그에 대한 방안으로 정년이 줄어서 일찍 퇴임한 전직 교육자들을 주축으로 하고 유능한 학부모와 교육 전문가 중 이 일에 적정한 인재를 선발하여 50시간 정도의 교육을 실시한 뒤 평가단을 구성하여 일급제로 운영할 것을 제안한다.

넷째, 평가의 목적이 학교 교육의 개선과 발전을 이루고 국민들의 알권리를 충족하며 선택권을 보장하는 것이라면 학교 평가의 결과를 어떻게 활용할 것인가 하는 중요한 문제가 제기된다. 결과는 당연히 시, 도 의회에 보고되어야 할 것이라고 생각한다. 대학입학전형이 대학자율에 맡겨진다면 고등학교의 평가 결과는 전국의 각 대학에도 통보해 주는 것이 옳을 것이다.

우수한 학교는 표창뿐 아니라 예산 지원과 그 학교에 근무한 교사들의 정기 이동이나 승진 등의 인사에서 가산점을 받아야 할 것이다. 반대로 일정 수준에 미달되는 학교는 시정할 수 있는 유예 기간을 주고 그 기간 안에도 목적을 충족하지 못했을 때는 (심한 경우) 학교를 폐쇄조치하여 그 학교에 근무한 전 직원이 인사에서 어려움을 겪거나 퇴출되도록 장치를 마련한다면 같은 학교에 근무하는 모든 교육 가족들이 학생 교육에 한결 같은 마음으로 정진하게 될 것으로 생각한다. 이와 같은 전문가에 의한 학교 평가가 학부모들의 학교와 교사에 대한 존경과 신뢰를 높이게 되어 학생들의 사교육 의존도를 줄이는 확실한 한 가지 방법이 될 수 있을 것이라고 굳게 믿는다.

이 밖에도 교사임용제도의 문제를 개선할 필요가 있다. 현재 교사 임용 경쟁률은 평균 14 : 1을 기록하고 있다 교사 임용권을 가진 시, 도의 교육청에서는 객관식과 주관식, 그리고 면접을 일정 비율로 해서 임용 예정자를 선발하고 있는 실정이다.

그러나 교사가 학생의 잠재력을 계발하여 그의 미래를 결정하는 중요한 일을 하는 직일진대 시험으로 대상자를 선발한 뒤 일주일 정도의 기간에 합숙생활을 하면서 개개인의 교육에 대한 열정과 학생에 대한 관심을 평가한 후 임용하는 방법을 구안할 필요가 있다고 생각한다.

"의사의 큰 실수는 한 사람의 환자를 죽인다. 그러나 교사의 실수는 많은 학생을 서서히 죽일 수 있다"는 말을 우리 모두 기억해야 할 것이다.

III. 논의를 마치기 위한 한 마디

그리스도인은 '길이요, 진리이며, 생명'이신 그리스도를 따라 사는 사람이다. 예수님은 당신을 따르려는 사람들에게 "누구든지 내 뒤를 따르려면 자신을 버리고 제 십자가를 지고 나를 따라야 한다. 정녕 자기 목숨을 구하려는 사람은 목숨을 잃을 것이고, 나와 복음 때문에 목숨을 잃는 사람은 목숨을 구할 것이다"(마르 8,34-35)라고 말씀하신 뒤 당신의 말씀을 자랑스럽게 여기고 따를 것을 명하셨다.

이제 그리스도인 부모와 교사는 아이에 대한 가득한 사랑으로 우리 교육 현실을 개선해야 할 의무를 느낀다. 그리고 이 일은 "우리를 반대하지 않는 이는 우리를 지지하는 사람이다"(마르 9,40)라고 하신 말씀대로 우리 교육 문제를 개혁하고자 하는 선의의 모든 분들과 손을 잡고 함께 전개해야 할 것이다. 부모들이 내 아이와 내 아이의 친구들을 함께 사랑하고 교사들이 마치 자신의 아이를 지도하듯 온 마음 다해 사랑으로 교육하며, 아버지들이 더 이상 자녀 교육 때문에 다른 십자가를 지지 않아도 될 수 있도록, 어머니들이 '혹시나' 하는 불안에 떨지 않으면서 커다란 교육의 성과를 얻을 수 있는 길을 찾아야 할 것이다. '서로간의 사랑'을 바탕으로 하는 '관계의 교육학'만이 그 해답을 줄 수 있을 것이다.

김수환 추기경님께서는 성년 교육자대회 미사 강론을 통해서 이렇게 말씀하셨다. "예수님께서 열두 살 난 어린 소녀를 살리시는 기적을 행하셨습니다. 예수님께서 행하신 이 기적의 힘은 무엇입니까? 그것은 예수님의 신적 능력이십니다. 이 신적 능력은 마술적 힘이 아니고 바로 사랑의 힘입니다. 예수님께서 원하시는 것은 모든 인간을 죄와 죽음에서 구하여 영원히 살리는 것입니다. 이를 위해서 예수님은 당신 자신을 희생 제물로 바치십니다. 예수님은 이만큼 우리 인간을 사랑하십니다. 그 사랑의 힘이 죽은 소녀를 살렸고 또한 우리를 살리십니다. 오늘 우리는 죽어가는 우리 인간을 살리시고 또한 죽어가는 이 땅의 교육도 사랑으로 살리신다는 것을 믿어야 하겠습니다. 예수님은 이 기적을 당신을 대신하여 교육 현장에 있는 교원, 학생, 학부모를 통하여 행하실 것입니다."

가톨릭 신자들이 더 이상 대세 추종의 심리에 흔들리지 않고 예수님처럼 서로 사랑하는 관계를 살려 갈 때 성취동기를 잃고 어머니만 바라보고 있는 우리 아이들도 죽음에서 다시 살아난 소녀와 같이 새롭게 소생할 것이다.

"그러므로 내가 너희에게 말한다. 목숨을 부지하려고 무엇을 먹을까, 무엇을 마실까, 또 몸을 보호하려고 무엇을 입을까 걱정하지 마라. (중략) 너희는 먼저 하느님의 나라와 그분의 의로움을 찾아라. 그러면 이 모든 것도 곁들여 받게 될 것이다"(마태 7,25-33).

(2008. 10. 22)

참고문헌

끼아라 루빅(마리아 사업회 역), 가정과 교육, 카스텔칸돌프의 가정대회 테마, 1987.

끼아라 루빅(마리아 사업회 역), 모든 이를 하나로, 서울: 서광사, 1998.

매일경제 지식부 · 한승희, 학습혁명보고서, 서울: 매일경제신문사, 2000.

양광모, 소통, 서울: 무한, 2008

윤주병, 종교교육과 청소년 지도.,서울: 가톨릭대학교 출판부, 1993.

이돈희 외, 교육이 변해야 미래가 보인다, 서울: 현대문학, 1998.

(주)가우디, 왕따 리포트, 서울: 우리교육, 1999.

주교회의 성서위원회, 신약성경, 서울: 한국 천주교 주교회의, 2006.

주간조선 편집실, 교육에 모든 것을 바치고도 아무것도 못 건지는 딱한 민족, 서울: 조선일보사, 2008. 8. 25

공연예술의 오늘과 내일
—영적 삶과 공연예술 이해의 문제

박명숙 | 경희대 교수, 무용학

I. 시작하며

동·서양을 막론하고 공연예술은 우리의 일상과 밀접한 관계를 가지며 발전하여 왔다. 예술과 학문, 기술이라는 인간 활동의 산물들은 우리 인간들의 안락한 삶을 위한 도구로 활용되었으며, 이 세계의 본질에 대한 탐구를 위한 다양한 인식 활동의 결과물들이라 할 수 있다.

인간의 예술 활동은 인류의 시작과 함께 시작되어 현재에 이르기까지 사회, 문화, 민족에 따라 다양하게 발전해 왔다. 많은 예술 장르 중에 공연예술은 인간의 말과 몸짓, 신체라는 매체를 가지고 하는 행위 등을 통해서 무대나 많은 사람이 모이는 공간에서 수행되는 가장 인간적인 예술 중의 하나라 할 수 있다. 공연예술은 신과의 소통을 위한 의식에서부터 출발하였으며, 고대 그리스의 비극의 탄생을 통해서 인간 삶을 극적 구성으로 구체화하는 행위로 정착되어 현대의 다양한 형태로 발전하게 되었다. 따라서 공연예술은 신과의 소통에서 출발하여 역사적 흐름에 의해 인간적인 행위로 정착되어 인간의 삶에 대한 반성과 함께 진리와 도덕성에 대한 지향점을 제시하는 방향으로 전개되었다고 할 수 있다.

그렇다면 과연 오늘날 공연예술의 양상은 어떻게 전개되고 있는가? 오늘날 공연예술은 현대인이 가지고 있는 감각적인 유희와 불확정성, 다양성 등과 같은 특성을 반영하여 보다 새롭고 자극적인 형태로 전개되고 있다. 이에 필자는 공연예술의 범주는 무엇이며, 공연예술이 가지고 있는 종교성과 도덕성의 문제는 어떠하며, 가톨리시즘에 입각하여 미래의 공연예술을 어떻게 바라볼 것인가 하는 문제에 대하여 살펴보고자 한다.

II. 공연예술은 무엇인가?

공연예술은 고대의 제례 의식과 서양의 경우 고대 비극에서 그 출발점을 찾고 있다. 그러나 고대의 제례 의식은 엄밀한 의미에서 예술을 위한 행위라고 보기는 어렵다. 왜냐하면 인간의 안위나, 인간이 소망하는 그 무언가를 찾는 행위로서 일상성이 주목적이기 때문이다. 따라서 예술을 위한 행위로서 공연예술의 출발은 서양의 경우 흔히 그리스 비극이라는 형태에서 그 원류를 찾을 수 있을 것이다.

이렇게 출발한 공연예술이란 과연 무엇인가? 공연예술은 인간의 역사에서 어떠한 변화를 거치면서 발전했는가? 또한 과연 우리 시대의 공연예술의 범주는 어떻게 구분해야만 하는가? 하는 문제가 공연예술의 오늘과 미래에 대한 담론의 시작점이라 할 수 있다.

공연예술이란 과연 어떤 장르인가? 현재 우리가 공연예술이라 칭하는 다양한 행태의 예술 활동은 춤과 노래, 연기가 한데 어우러져 있는 형태로 출발하였다. 서양의 경우는 비극이라는 고대 그리스의 예술 형태에서 그 원형을 찾을 수 있다. 고대 비극에는 연기 이외에 지금의 코러스의 역할을 수행하는 코레이아(Choreia)라는 삼위일체 막간극이 존재했다. 코레이아는 지금의 무용의 원형이라고 평가받을 만큼 시와 음악과 춤이 조화를 이루는 형식을 갖추고 있었다. 고대 비극 형식의 공연예술은 중세에 이르러 종교적인 색채를 가진 종교극으로 전환되어 교회 안에서 공연되었다. 이때의 공연예술은 성서의 사건을 다루는 '전례극'이라는 형태로 공연되었으며, 중세의 공연예술은 하느님을 찬양하기 위한 방법으로 사용되었다.

그러나 우리가 공연예술이라 칭하는 예술의 형태는 서양과 동양에서 약간의 차이를 가지며 발전하였다. 서양의 경우 고대 비극에서 출발한 공연예술은 초기에는 극적 구조, 연기, 음악, 무용이 한데 어우러져 수행되었으나 16세기 르네상스 시대에 오페라, 연극, 발레가 분리되면서 현재의 연극, 음악, 무용이라는 세 장르의 구분이 생겨나게 되었다.

동양의 경우는 서양과는 달리 대부분의 공연예술은 춤이 주를 이루는 특징이 있다. 무용적 요소는 서양에서보다 더욱 중요한 것으로 인정되었으며, 춤이 주를 이루면서 무용수들의 상징적인 동작을 통해 의미를 전달하는 극적 구조를 가지고 있었다. 이후 무용 행위를 위주로 한 동양의 공연예술은 서양의 근대화의 전파 이전까지 춤과 극적 구조, 연기, 음악이 분리되지 않은 채 이어지게 되었다. 공연예술은 그 특성상 대본인 텍스트, 연기, 음악, 무용의 행위를 포괄하는 영역이라 할 수 있으며, 서양식의 극장 무대에서 이루어지는 공연예술과 함께 한국의 경우처럼 마당놀이 같은 야외 공간에서 이루어지는 행위들까지를 포괄하는 영역이라 할 수 있다.

이와 같이 동·서양의 공연예술은 무대 위에서 관객에게 서사적 내용이나, 상징적인 의미를 전달하는 예술 행위라 규정할 수 있으며, 총체예술로서의 공연예술이 르네상스 이후 음악과 연극, 발레라는 세부 장르로 분리된 특징을 가지고 있다. 그러나 현대에 이르러 이와 같은 총체예술로서의 공연예술은 과거로 회귀하는 현상을 갖게 되는데, 그 대표적 형태가 20세기 후반에 활성화되기 시작한 뮤지컬이라는 장르라 할 수 있다. 20세기의 뮤지컬 장르의 등장까지 역사적인 전개에 나타난 공연예술의 속성은 다음과 같이 세 가지 특성으로 도출될 수 있다.

첫째, 공연예술의 무대는 서사적인 구조를 갖는 연극이든 이미지 위주의 상징성을 갖는 무용예술이든, 악기나 인간의 목소리를 연주하는 음악이든 간에 반드시 인간의 행위가 포함되어야 한다.

둘째, 공연예술은 특별한 공간에서 이루어지는 특성을 가진다. 즉, 서양의 원형무대, 근대식의 극장무대, 동양의 마당무대, 현대의 야외 무대에 이르기까지 연희가 수행되는 특별한 공간을 필요로 하는 예술이라 할 수 있다.

셋째, 공연예술은 반드시 특별한 공간에서 수행되는 것을 감상하는 관객을 반드시 필요로 한다. 즉, 공연예술은 수행하는 주체와 관객이 공연 현장에서 직접적으로 예술적 교감을 형성하는 대표적인 예술 장르라 할 수 있다.

이와 같은 특성을 바탕으로 공연예술학에서는 공연 수행자, 무대, 관객이라는 3대 구성 요소를 제시하기도 한다. 공연예술의 3대 구성 요소는 다양한 공연예술 장르에 공통으로 적용되는 요소로서 이 시대의 공연예술의 장르를 구별하여 제시하면 〈표 1〉과 같다.

〈표 1〉 공연예술의 장르 구분

대분류	소분류
순수예술	연극, 오페라, 무용(발레 한국무용, 현대무용), 음악회(성악, 기악), 민족극(한국의 판소리, 창극, 전통 마당놀이, 중국의 경극, 일본의 가부키, 인도의 카타칼리)
대중예술	뮤지컬, 영화, 스트리트 댄스(브레이크 댄스, 힙합, 락킹, 팝핀 등), 가요 콘서트, 개그 콘서트

현대의 공연예술은 일반적으로 예술성을 지향하는 순수예술과 대중성을 지향하는 대중예술로 구분할 수 있다. 순수예술로서의 공연예술은 연극, 음악, 무용의 장르에서 공연되는 다양한 예술 활동이며, 대중예술에는 기술 매체를 활용한 영화를 비롯해 미국 흑인의 춤에서

젊은 세대들의 거리 댄스, 대중 가수들의 콘서트, 개그맨들의 개그 콘서트처럼 TV 매체를 활용하거나, 극장 또는 길거리에서 행해지는 다양한 형태의 공연예술이 있다.

III. 공연예술사에 있어서 삶과 종교

현대의 공연예술이 갖는 특징은 무엇인가? 앞에서 살펴보았듯이 공연예술은 시대와 민족, 사회와 문화 등과 깊은 연관을 맺으며 전개되고 있다. 선사시대에는 하늘에 계신 신을 위한 제례 의식에서 사용되었으며, 고대에는 비극이라는 형태로 인간 삶에 대한 깊은 성찰을 유도했고, 중세에는 예배 등 종교 의식을 위한 전례극과 같은 형태로 수행되었다. 르네상스 이후에는 왕의 권력을 상징하는 춤(루이 14세)을 추기도 했으며, 17세기 영국의 대표적인 비극작가인 셰익스피어는 〈햄릿〉이나, 〈오셀로〉에서 인간이 가지고 있는 폭력성과 복수와 비극적인 결말을 표현하였다. 18세기는 '질풍노도'의 시기로 17세기 이후 고전주의적인 경향성에 반기를 든 극적 구조를 해체하고 감상주의적 경향성을 띠게 되었고 19세기 낭만주의적 공연예술로까지 이어지면서 일상생활의 공연예술화와 함께 현실을 반영하는 사실주의 공연예술이 등장하게 된다. 20세기에는 2차에 걸친 세계대전을 경험한 인간의 불안감 표출과 함께 표현주의 연극이나, 현대무용, 잔혹연극과 같은 유형의 공연예술이 등장하였으며, 그 이후 포스트모더니즘의 영향으로 부조리극이나, 포스트모던 댄스, 전위음악, 해프닝과 같은 형태의 불확정성을 담아 낸 공연예술 활동이 시작되면서 극장식 무대뿐만 아니라 인간이 살아가고 있는 이 세계 전체가 무대화될 수 있는 가능성을 열게 된다.

이처럼 공연예술은 언제나 인간의 일상생활과 밀접한 관계를 맺고 있으며, 공연예술의 시작에서부터 종교와 밀접한 관계를 맺으며 발전하고 있다.

공연예술이 일상생활과 맺는 관계의 유형은 인간 삶의 부정적인 측면의 부각을 통해서 또는 현실의 문제점 등을 반영하는 작품을 통해서 인간의 자기반성을 유도하는 유형, 인간이 지향해야 할 이상이나 표현할 수 있는 가장 아름다움을 무대화하는 유형, 현실에 대한 비판적 관점을 동원하여 현실을 비판적 시각으로 표현하는 유형, 세 가지로 나눠 볼 수 있다.

첫째 유형인 인간 삶의 부정적인 측면을 드러내 인간의 자기반성을 유도하는 대표적인 사례는 고대 그리스의 비극, 셰익스피어의 비극과 같은 작품들에서 종종 발견하게 된다. 이와 같은 유형의 공연예술은 주로 인간이 가지고 있는 가장 말초적 감각, 인간의 타락, 인간의 폭력성, 부도덕성 등을 표현하고 그 이면에 인간만이 가지고 있는 불안감과 공포감과 같은 심리적인 상태까지를 드러냄으로써 관객에게 자기반성의 기회를 갖게 해 주는 경향성을 갖고 있다. 따라서 대부분의 극적 구성은 권선징악의 성격이 강할 수밖에 없다.

둘째 유형은 인간의 이상을 무대화하는 경향성이라 할 수 있는데, 낭만주의 경향을 가진 연극이나 발레, 클래식 발레와 같이 인간이 표현할 수 있는 최고의 아름다움을 또는 인간이 지향하고자 하는 이상을 무대에 구체화하는 경향성을 가지고 있다.

마지막으로 현실에 대한 비판적인 관점을 동원하여 무대에서 구체화하는 유형은 잔혹연극, 표현주의 경향의 연극과 무용, 부조리극, 한국의 관노가면극과 하회 별신굿과 같은 마당놀이와 같은 것들이 대표적이라 할 수 있다. 즉, 인간 세계가 가지고 있는 부정적 측면을 비판적으로 바라봄으로써 이 세계의 유토피아 지향을 예술적인 차원으로 승화시키는 경우라 할 수 있다.

이와 같이 공연예술은 인간의 일상 삶과 매우 밀접한 관계를 맺고 있으며, 사회 변화에 따라 다양한 형태로 전개되고 있다.

그렇다면 공연예술과 종교의 연관 관계에 대한 부분은 어떻게 나타나고 있는가? 성경의 구약과 신약에는 춤에 대한 기록들이 남아 있는데, 판관기 21장 19-21절에는 절기의 춤이 설명되어 있으며, 시편 30장 12절에서 다윗은 "당신께서는 저의 비탄을 춤으로 바꾸시고"라는 표현으로 음부에서 건져 주신 하느님에 대한 감사함을 표현하고 있다. 이 외에도 신약의 마태오 복음 11장 16-17절에서는 복음을 전해 듣지 못한 우매한 자들을 피리 소리에 맞추어 춤추지 않고 울지도 않는 이들에 비유하면서 천국의 평화로운 연희를 알지 못하는 유대인들을 비판하고 있다. 또한 되찾은 아들의 비유에 나오는 루카 복음 15장 25절에서는 천국에 우리가 나아갈 때 풍악과 춤추는 소리가 들린다는 설명을 통해서 연희 형식의 공연예술이 종교적인 의미로 사용되었음을 확인시켜 주고 있다.

성경에 나타난 공연예술에 대한 설명을 통해서 이후 초대교회에서는 영적인 움직임을 통한 예배와 성가합창대와 무용이 한데 어우러져 합창무용이 나타나기도 했다. 이 시대의 공연예술의 표현은 단순한 움직임이나 연기, 음악이 아닌 하느님께 드리는 감사의 마음, 무한 사랑에 대한 성스러운 영적인 움직임과 영적인 차원에서의 음악들이 한데 어우러져 하나의 예배 형식의 공연예술로 발전하게 되었다.

이와 같이 공연예술은 인간의 일상적인 삶과 함께 종교적인 성향을 동시에 내포하고 있는 것이 특징이며, 현대의 공연예술은 인간적인 관점에서의 다양한 형태로 이루어지고 있으나, 그 한편에서는 하느님의 성스러운 메시지를 전달하기 위한 음악회, 연극무대, 무용작품, 예배무용 등이 수행되고 있다.

일상적 삶과 종교적인 의미 양자를 모두 표현할 수 있는 공연예술은 이 시대에 어떻게 전개되고 있는가? 이 시대의 공연예술은 감각적인 현대인의 특성과 다문화적인 현대사회의 특성, 기술 매체의 놀라운 발전, 힘 있는 대중문화의 등장으로 인해 다음과 같이 전개되고 있다.

① 이 시대의 공연예술은 감각적인 유희를 선호하는 현대인의 기호에 적합하도록 강한 충격을 줄 수 있는 주제나, 행위, 이미지, 무대세트, 음악 등을 사용하는 경향성을 가지고 있다. 즉, 현대의 엽기적인 사건들을 주제로 다룬다거나 (성폭력, 살인, 스토커…) 과거의 무대에서는 등장할 수 없는 인간의 혈액을 몸에 뿌리는 행위라든가, 살인무기들을 무대에 그대로 드러내는 행위, 전자음악이나, 소음을 사용하여 관객에게 불쾌하거나 공포를 줄 수 있는 있는 음향적 효과를 사용하

는 경우들이 이 시대의 공연예술의 특징이라 할 수 있다.

②이 시대는 다문화주의가 지배적인 시대라 할 수 있다. 과거 20세기까지는 지구촌이라는 개념이 생소하거나 자주 사용되지 않는 시대라고 한다면 이 시대는 인터넷이라는 디지털 매체에 의한 네트워크를 통해 인간의 현실과 같이 자연적 운동 원리를 가지는 디지털 생태계를 논의하기에 이르렀다. 따라서 동·서양의 문화라는 기존의 구분 자체가 모호해지면서, 다양한 문화가 한데 어우러지는 현상을 갖게 되었다. 따라서 공연예술의 경우에서는 국악과 B-boy댄스의 만남, 서양 음악과 한국 춤의 만남, 뮤지컬과 판소리의 만남 등과 같은 크로스 오버 현상과 같은 형태의 공연예술이 이루어지는가 하면 아예 새로운 장르로 동·서양의 문화가 만나기나, 동양의 문화 중에서 일본이나 중국, 인도의 전통예술의 이미지와 한국적 이미지가 만나 새로운 창작 작품으로 구성되는 경우도 종종 목격된다.

③현대의 기술매체의 발전은 공연예술 무대에서 표현 영역의 확대를 유도할 뿐만 아니라, 현대인의 감각적인 이미지 선호에 대한 작용으로 강한 임팩트를 줄 수 있는 화려한 무대 구성을 할 수 있는 기회를 갖게 하였다. 따라서 무대에서 영상기술의 자유로운 사용은 물론 디지로그 개념을 무대화하여 무대에서 벌어지는 극적 행위와 무대에서 상영되는 인터넷 사이버 환경의 조화를 이룬 연극 형태들이 창작되었다.

④이 시대의 대중은 하나의 트렌드를 형성하는 주체로서 또 공연예술을 감상하는 객체로서의 역할을 모두 수행하는 막강한 힘을 가진 집단들이다. 따라서 대중이 요구하는 대중을 위한 공연예술들을 만들어야만 한다는 것이 이 시대의 공연예술가들의 임무이자 역할일 것이

다. 이와 같은 대중의 취향과 선호도에 따라 이 시대의 공연예술 중 가장 선호도가 높은 형태의 예술이 바로 뮤지컬이라는 장르라 할 수 있다. 뮤지컬은 앞에서도 언급했듯이 문학, 연극, 음악, 무용이 하나로 통합된 총체예술이라 할 수 있다. 즉, 현대인에게 익숙한 음악과 연기 현대인의 감각을 자극할 수 있는 무용과 무대장치 등을 통해서 뮤지컬 무대의 발전은 매우 고무적이라 할 수 있다. 이 외에 대중의 선호도에 따라 급성장하게 된 공연예술은 일명 B-boy(브레이크를 추는 소년들) 댄스라 칭하는 젊은 세대들의 거리 댄스라 할 수 있다. 거리 댄스는 브레이크 댄스, 힙합, 락킹, 팝핀과 같이 미국 흑인들의 Soul을 강조하는 춤이 국내에 수용되면서 젊은 세대들의 강한 에너지의 표출 방법으로 급속도로 전파된 공연예술 중 하나라 할 수 있다.

이상과 같이 공연예술의 다양한 활동에 나타난 특징들을 네 가지로 정리하였다. 그렇다면 과연 우리는 이와 같은 공연예술에 대하여 어떻게 접근하고 있는가? 공연예술 향수 실태를 「2006 문화예술 향수 실태조사」에서 조사한 결과를 토대로 오늘날 공연예술의 현주소를 살펴보고자 한다.

IV. 오늘날 공연예술의 현주소

〈표 2〉에 나타난 공연예술 향수에 관한 답변은 2000년, 2003년, 2006년에 조사된 문화예술 향수 실태조사 결과이다. 예술 향수에 관련된 질문에서 전체 응답자 중 65.8%가 예술을 관람한 적이 있다고 답

변한 것으로 나타났다. 전체적으로 우리가 순수예술이라 분리한 클래식음악회/오페라, 전통예술 공연, 연극, 무용 등은 2000년과 2003년에 비해 2006년에 감소하는 경향성을 나타내고 있으며, 대중예술이라고 할 수 있는 영화나 대중가요 콘서트/연예는 증가하는 경향성을 나타내고 있다. 위의 조사 결과는 전체 예술 관람률 중 공연예술에 해당되는 영역만을 도출하여 재구성한 것이다.

순수예술 분야 가운데 무용 분야가 제일 낮은 관람률을 나타내고 있었으며, 영화가 단연 최고의 관람률을 나타내고 있었다. 이와 같은 관람률의 결과는 순수예술 분야가 대중에게 그만큼 외면당하고 있는 현실을 나타내 주고 있는 것이며, 영화나 대중예술 분야의 공연예술이 대중에게 많은 사랑을 받고 있음을 알 수 있었다.

〈표 2〉 공연예술 관람

공연예술행사	예술행사 관람률			연평균 예술행사 관람 횟수		
	2006년	2003년	2000년	2006년	2003년	2000년
클래식음악회/오페라	3.6%	6.3%	6.7%	0.1	0.1	0.2
전통예술 공연	4.4%	5.2%	7.7%	0.1	0.1	0.1
연극	8.1%	11.1%	10.9%	0.2	0.2	0.2
무용	0.7%	1.1%	2.0%	0.01	0.01	0.03
영화	58.9%	53.3%	40.0%	3.9	3.5	2.2
대중가요 콘서트/연예	10.0%	10.3%	8.6%	0.2	0.2	0.2

문화체육관광부(2006), 「2006 문화향수실태조사」 참고

그러나 공연예술의 균등한 발전과 공연예술의 밝은 미래를 위해서

는 순수예술 분야가 나아갈 방향 모색이 필요하다. 공연예술이 나아
갈 방향성에 대한 제시를 하면 다음과 같다.

첫째, 공연예술 중 순수예술 분야라고 할 수 있는 클래식음악회/오
페라, 전통예술 공연, 연극, 무용과 같은 영역에서는 현대인의 예술적
키워드와 현대인에게 수용될 수 있는 새로운 예술 창작 방법에 대한
방향 모색을 시도해야만 한다.

둘째, 공연예술 중 순수예술 분야에 대한 대중의 인식을 전환시킬
수 있어야 한다. 즉, 대중에게 순수예술은 "지루하다", "어렵다", "문
화적 사치다"라는 식의 선입견을 버릴 수 있는 이벤트나, 예술 마케팅,
비평 활동 등을 통해서 대중에게 다가가는 예술 활동으로 나아갈 필
요가 있다.

셋째, 일반 대중에게 순수예술을 관람하는 감상 방법에 대한 교양
교육이 필요하며, 더 나아가 공연예술에 대한 체험 활동 등의 유도가
필요하다. 즉, 공연예술이 갖는 특성과 공연예술의 선택 기준, 공연 작
품의 감상 방법에 대한 교양 교육과 체험을 통해서 공연예술에 대한
접근을 용이하게 할 수 있을 것이다.

현대를 살아가는 우리는 여가시간의 확대 및 자아발견과 자기발전
을 위한 시간을 할애하는 데 지속적인 관심을 갖고 있다. 그렇다면 이
제 미래의 공연예술을 우리는 어떻게 선택하고 어떻게 감상해야 하는
가에 대하여 살펴보고자 한다.

V. 미래의 공연예술 어떻게 볼 것인가?

다양한 공연예술을 어떻게 볼 것인가? 이에 대해 공연예술의 선택, 공연예술의 표현 매체들에 대한 이해, 공연예술의 의미 찾기, 공연예술작품의 구체화로 나누어 살펴보고자 한다.

1) 공연예술은 어떻게 선택할 것인가?

공연예술을 어떻게 선택하느냐의 문제는 공연예술의 존재근거에 대한 물음에서 시작할 수 있을 것이다. 공연예술은 의식으로서 존재했던 고대부터 인간의 삶에 대한 다양한 물음까지를 포괄하면서 발전해 왔다는 것은 앞에서 언급했다. 그렇다면 우리가 과연 공연예술을 왜 향유하고 있는가? 물론 향수 실태조사 결과는 전체 조사자 중 65.8%라는 절반을 조금 넘은 결과를 나타내고 있지만 과연 공연예술이 이 세계에서 사라진다면 무엇이 문제로 남을 것인가?

인간 삶에 있어서 공연예술은 의식주와 같이 반드시 존재해야만 하는 것은 아니다. 그러나 예술이라는 존재는 인간의 자유로운 영혼을 위해 언제나 양분을 제공하는 인간적인 활동을 유발하는 문화 양태 중 하나이다. 즉, 인간은 예술을 통해서 일상의 삶에 대한 객관적인 성찰을 할 수 있으며, 예술 경험을 통해서 일상의 어려운 일들에서 위안을 받을 수 있다.

이 같은 예술의 존재가치는 공연예술에서도 동일하게 적용될 수 있는 것으로 우리는 공연예술을 감상하고 체험함으로써 다양한 인간 삶에 대한 이해 폭을 넓힐 수 있으며, 수많은 인간적인 사건과 인간적인 행위들이 갖는 의미들을 반추하여 자기반성의 기회를 가질 수 있어 삶에 대한 가치관을 보다 풍요롭게 할 수 있다. 즉, 공연예술은 하나의 지적 양분으로 작용할 수 있는 가능성에 언제나 열려 있는 예술 활동 중 하나이다.

이에 양질의 공연예술을 선택함으로써 우리 삶을 보다 풍요롭게 해 줄 수 있는 예술을 활성화시킬 필요성이 있으며, 좋은 공연예술에 대한 후원과 함께 지적 활동으로서 공연예술을 향유해야만 삶에 대한 보다 깊이 있는 이해를 할 수 있을 것이다. 그렇다면 양질의 공연은 무엇인가? 앞에서 언급한 바에 의하면 현대의 공연예술이 갖는 폭력성, 공포성, 비도덕성 등을 주제로 한 특성으로 인하여 또는 창의력이 배제된 새롭지 못한 공연 행태로 인해 양질의 공연예술을 선택하기란 그리 쉬운 일은 아니다. 따라서 가톨릭의 관점에서 공연예술의 선택 기준을 제시하면 다음과 같다.

첫째, 신자가 만족할 수 있는 공연예술을 선택하기 위해서는 하느님의 말씀을 기록한 성경에서 금하는 내용을 주제로 한 공연예술은 신자들의 비판적 시각을 통한 엄밀한 검토를 통해서 선택해야만 한다. 즉, 비도덕적이고 폭력적인 공연예술이 과연 어떠한 표현 방법으로 무대에 구체화되었는가에 대한 세밀한 검토를 시도하여 현상을 있는 그대로 표현하고 그 이면에 긍정적이고 미래 지향적인 인간 삶에 대한 자기반성을 유도하고 있는 내용으로 구성되었는가를 검토하여 가톨릭 신자로서의 삶을 보다 풍요롭게 할 수 있는 작품을 선택하는 것이 중요하다.

둘째, 공연예술을 감상하는 관객은 공연예술의 내용과 표현법에 영향을 받으며 감상하게 된다. 따라서 선택하려는 공연이 과연 우리 사회의 빛과 소금이 되는 공연인가 또는 이 시대가 안고 있는 영적인 문제점을 부정적인 시각에서가 아닌 긍정적인 시각에서 해결점을 제시하고 있는가를 검토하여 이 사회에 반드시 필요하고 한 번쯤은 문제의식을 갖고 검토해야만 하는 주제를 선택하고, 더 나아가서는 이 시대의 영적인 문제를 긍정적인 관점으로 해결하고자 하는 예술적 표현법이 있는 공연예술을 선택하는 것이 바람직하다.

이상과 같은 공연예술의 선택 기준을 통해서 현대사회에 만연해 있는 '맘몬주의'(물욕주의, 배금주의, 금전주의와 같은 일종의 돈만 있으면 모든 것을 해결할 수 있다는 부정적인 의미의 부유함) 경향의 공연예술과 바람직한 표현을 한 양질의 공연예술을 구별할 수 있다. 즉, '내 자신이 보이지 않는 성전'(1코린 3,17 참조)이라는 성경 말씀과 같이 언제나 영성 생활을 하는 영적인 눈으로 바라본다면 부정적인 세상 것의 유혹과 호기심보다는 하느님의 말씀에 부응할 수 있는 공연예술을 선택할 수 있을 것이다.

2) 공연예술의 의미 찾기

공연예술을 감상하는 데 있어서 작품의 의미를 찾는 과정은 무용예술을 예를 들어 제시하면 다음의 단계로 구성될 수 있다. 무용예술은 연극이나 뮤지컬과 같이 다양한 표현 매체가 통합되어 있는 종합예술 장르 중 하나이다. 다만 연극과 뮤지컬과 같이 연기가 주가 되거나 노래가 주가 되는 장르가 아니라 움직임이 주가 되는 장르라는 차이점만이 있을 뿐이다.

① 작품 주제에 대한 이해

무용을 처음 감상할 때 안무자가 제시하는 프로그램을 참고해서 전체 주제의 의미를 파악해야 한다. 그 과정에서 안무자가 정해진 주제를 어떠한 방식으로 작품화하고 있는가에 대한 안무 의도를 이해함으로써 안무자의 예술관을 이해할 수 있다. 즉, 안무자가 작품의 주제를 내러티브가 있는 서사적 구조로 작품화하고 있는지, 서사적인 구조를 가지고 있지만 파편적인 내용 구성으로 관객에게 자율적인 해석을 가능하게 하는 형태로 작품화하고 있는지를 파악해야 한다. 또 안무자가 하나의 주제에 대해 서사적인 구조가 아닌 이미지만을 상징화함으로써, 관객이 각각의 이미지를 조합하여 작품을 구체화하는 이해 과정이 필요한지를 파악해 작품을 보다 객관적이고 보다 타당하게 이해할 수 있어야 한다.

② 표현 매체에 대한 이해

둘째 단계에서는 작품을 감상하는 동안에 안무자가 무용 움직임 이외에 다양한 요소인 움직임, 무대 세트, 음악, 의상, 소품, 분장, 조명 등이 작품 주제와 어떠한 연관성을 가지고 전개되는가를 파악해야 한다. 작품에서 표현하고자 하는 주제의 시간과 공간에 적합한 표현매체가 무대에서 나타나야만 하나의 작품으로 조화를 이룰 수 있기 때문이다.

예를 들면 필자의 작품인 〈유랑〉의 경우 일제강점기 때 중앙아시아로 강제 이주된 한민족의 애환을 그린 작품인데, 무대 세트는 이주민의 삶에 나타난 애환을 표현할 수 있는 상징적인 세트를 배치했으며, 의상은 그 당시에 한민족이 입었던 의상과 함께 우리 민족의 힘든 삶을 표현하는 현대적이면서 사실적인 디자인을 한 의상을 입도록 했다. 또한 음악은 중앙아시아 고려인이 흔히 들을 수 있는 러시아 풍의 음악과 고려인의 이주를 표현하는 기차소리라든가, 고려인의 힘든 삶을 대변해 줄 수 있는 슬픈 음악, 당시 유행했던 한국 가요 등을 조합해서 작품 이해에 도움을 주도록 했다.

이와 같이 하나의 공연예술작품을 감상하는 데 있어서 둘째 단계에서는 무대에서 이루어지는 다양한 표현 매체들의 연관 관계를 파악함으로써 작품의 외적 형식을 이해해야 한다.

③ 작품의 의미화

작품의 주제에 대한 이해와 외형적 형식에 대한 이해를 통해 마지막 단계로 하나의 작품에 대한 관객 자신의 의미를 구체화시켜야 한다. 이 단계는 관객의 주관적인 가치관이 반영되는 단계로서 관객은 자신의 경험과 영성 생활에서 경험되고 습득된 영적인 가치관, 지적 수준에 따라 다양한 의미화 과정을 수행할 수 있을 것이다. 하나의 주제에 대한 외적 표현 방식 이면에 작가가 전달하고자 하는 메시지를 해석하여 자신에게 적합한 의미로 구체화하는 이 단계에서 관객은 자유로운 의미화는 물론 작품에 대한 주관적인 평가를 시도할 수 있다.

예를 들어 필자의 또 다른 작품인 〈에미〉에 대한 의미화 과정을 모델로 제시하고자 한다. 〈에미〉는 치매노인을 모티브로 한 여인의 삶과 현대의 핵가족화가 갖는 개별적인 가족에 대한 다양한 모습, 여인의 출산, 가부장제에서의 아내, 그 아내의 죽음 등을 옴니버스 형식으로 구성한 작품이다. 따라서 관객은 다양한 장으로 구성된 작품에서 과연 어떠한 의미를 찾을 수 있을 것인가? 과거 한국 사회가 갖는 가부장제에 대한 자기반성을 할 것인가? 아니면 여성이라는 객체의 숭고한 삶에 대한 의미를 구체화시킬 것인가? 또는 치매노인의 문제에 초점을 맞춰 현대 가족이 갖는 문제의식에 대한 의미를 구체화시킬 것인가? 마지막으로 이 시대의 핵가족이 갖는 지나친 개별성, 불협화음에 대한 것을 의미화시킬 것인가? 하는 문제들을 선택할 수 있다.

따라서 관객은 하나의 작품에 대한 의미화 과정에서 주관적인 선택이 가능하며, 더 나아가 하나의 작품의 의미가 과연 나에게 어떠한 문제의식을 발생시켰는가를 파악할 수 있는 기회를 가질 수 있다. 또한 그와 같은 작품의 표현에 있어서 과연 전체 작품의 의미가 표현 방식에 적합하였는가에 대한 평가 또한 시도할 수 있을 것이다. 이 단계에서 중요한 한 가지는 작품 의미의 구체화 과정에서 우리는 가톨리시즘에 따라 작품을 파악할 수 있다는 점이다. 즉, 공연예술 관람은 영성 생활을 통해서 습득된 경험을 통해 하느님의 뜻에 부합할 수 있는 작품 이해의 단계를 수행하여 영성 생활을 보다 풍요롭게 할 수 있는 기회를 가질 수 있는 것이다.

VI. 나오며

이상과 같이 공연예술에 관련된 전반적인 이해와 현대 공연예술의 특성과 우리가 현재 공연예술을 얼마나 향유하고 있는가를 살펴보고 공연예술 중 무용예술에 대한 해석 과정을 가톨리시즘에 입각해 제시하였다.

우리 시대의 공연예술에 관한 여러 가지 문제들은 현대인이 가지고 있는 감각적인 유희를 토대로 과도한 상업성은 물론 표현에 있어서 파괴적이고 폭력적인 측면을 그대로 무대화한다는 문제를 야기하기도 하였다. 그러나 이와 같은 표현은 예술 생산의 입장에서 보면 보다 적극적인 관객의 수용을 유발하기 위한 하나의 방법으로 사용되면서, 더 나아가 예술 수용의 용이성을 위한 방법이라는 필연적인 현상의 하나라 할 수 있다. 따라서 이제는 공연예술을 바라보는 관객의 비판적인 시각의 예술 수용이 반드시 필요한 시대가 도래한 것이다.

이에 오늘날의 공연예술의 현상에서 과연 우리의 공연예술의 미래가 어떠한 방식으로 전개될 것인가에 대한 문제는 바로 공연예술을 생산하는 예술가와 예술작품, 수용자(관객)의 원활한 커뮤니케이션을 통한 반성적인 공연예술 감상이 선행되어야만 바람직한 공연예술로서의 정착이 이루어질 가능성이 높다고 할 수 있다.

여기에서 가장 중요한 한 가지는 공연예술의 예술적인 향수 활동은 하느님의 말씀으로 살아가는 우리 신자들의 영성 생활에 반드시 도움이 되는 예술 체험 활동이라는 점일 것이다. 따라서 영적인 눈으로 공연예술의 바른 선택과 많은 후원을 통해서 신자로서 올바른 예술 체험 활동을 수행하는 것이 무엇보다도 중요한 자세일 것이다.

(2008. 10. 29)

성속의 교차로에 선 종교
—21세기 그리스도교는 어디로 가고 있는가?

오강남 | 캐나다 리자이나대 명예교수, 비교종교학

I. 점점 좁아지는 종교의 입지

21세기 탈현대사회에서 전통적인 종교는 그 설 자리를 점점 잃어가고 있다. 한때 영적으로, 심리적으로, 사회적으로, 정치적으로 인류의 풍요로운 삶을 위해 공헌한다고 여겨지던 종교가 이제 그 역할을 제대로 못할 뿐 아니라 심지어는 오히려 역기능으로 작용하는 경우가 허다하다고 믿는 사람들이 점점 많아지고 있다. 특히 기복 일변도의 전통 종교나 정치화, 기업화, 귀족화, 폭력화된 종교는 사람들에게 감동은커녕 많은 경우 눈살을 찌푸리게 하는 것이 현실이다.[1]

---

1) 여기서 '종교'라고 했지만, 세상의 모든 종교를 한꺼번에 다 다룰 수는 없기에 여기서는 주로 그리스도교를 중심으로 이야기할 수밖에 없다는 점 미리 독자들의 양해를 구한다.

이런 사실을 가장 극적으로 보여 주는 비근한 사례 몇 가지를 소개한다. 첫째, 최근 서양 독서계에 큰 화제를 불러일으켰던 책으로 옥스퍼드 대학교 생물학자 리처드 도킨스(Richard Dawkins)의 『만들어진 신』,[2] 미국의 저널리스트 크리스토퍼 히친스(Christopher Hitchens)의 『신은 위대하지 않다』,[3] 스탠퍼드 대학에서 정신신경과학으로 박사학위를 받은 샘 해리스(Sam Harris)의 『종교의 종말』,[4] 보스턴의 터프스 대학교 인지과학자 대니얼 데닛(Daniel Dennett)의 『마술을 깨다』[5] 등이 있다. 이른바 반종교 이론의 '기수(騎手) 4인방(Four Horsemen)'으로 불리는 이들은 모두 나름대로의 입장에서 종래까지의 종교가 얼마나 반지성적이고 독선적이고 맹목적이고 파괴적인가 하는 것을 보여 주려 하고 있다. 이처럼 종교를 반대하는 책이 이전에 없었던 것이 아니지만 우리가 특별히 주목해야 할 점은 최근에 이런 책이 베스트셀러로 일반 독서층에 널리 퍼져가고 있다는 사실이다.

둘째, 금년 10월에는 종교 문제를 주로 다루는 미국의 코미디언 빌 마(Bill Maher)가 만든 『Religulous』라는 영화가 나와 현재 많은 관객을 동원하고 있다. 이 제목은 '종교'라는 말 'Religion'과 '웃기는, 어처구

---

2) 한국어 번역 이한음 옮김, 『만들어진 신―신은 과연 인간을 창조했는가?』(김영사, 2007). 원제 *The God Delusion*(Boston: Houghton Mifflin Company, 2006).

3) 한국어 번역으로 김승욱 옮김, 『신은 위대하지 않다』(알마, 2008). 원제 *God is not Great: How Religion Poisons Everything*(New York: Twelve, 2007).

4) 한국어 번역, 김원옥 옮김, 『종교의 종말 ― 이성과 종교의 충돌, 이제 그 대안을 말한다』(한언출판사, 2005). 원제 *The End of Faith: Religion, Terror, and the Future of Reason*(New York: W. W. Norton & Co., 2004).

5) Daniel C. Dennett, *Breaking the Spell: Religion as a Natural Phenomenon*(New York: Penguin Books, 2007) 등이 있다. 한국어로는 대니얼 데닛에 대한 연구서가 번역되어 있다. 돈 로스, 앤드루 브룩 지음, 석봉래 옮김, 『대니얼 데닛』(몸과마음, 2002).

니없는'이라는 뜻의 'ridiculous'라는 말을 합쳐 만든 합성어이다. 제목이 말해 주듯, 종교라는 것이 얼마나 웃기고 어처구니없는 것인가, 얼마나 비합리적이고 이기적인가 하는 것을 스스로 종교적으로 성실하다고 주장하는 종교인들과의 인터뷰를 통해서 폭로하는 영화다.

셋째, 최근에 들어 매주 종교 의식에 참여하는 사람들의 비율이 계속 감소하고 있다는 것이다. 미국에도 비슷하겠지만, 손쉽게 캐나다의 통계를 보면, 1985년 조사에서 매주 종교 의식에 참여한다는 사람의 비율이 3명 중 1명(30%) 꼴이었으나 2005년에는 5명 중 1명(21%)으로 줄어들었다. 종교에 전혀 관심이 없다고 하는 사람의 비율도 과거 11%에서 22%로 2배가 늘어났다.

더욱이 종교 의식 불참률이 젊은 층에서 높다. 미국에서 나온 어느 연구 결과에 의하면, 미국 청소년들이 고등학교를 졸업하면 지역에 따라 69%에서 94%가 교회를 떠나고, 그중에서 다시 돌아오는 경우는 거의 없다는 것이다. 성공회 주교 존 셸비 스퐁(John Shelby Spong)은 미국에서 제일 큰 동창회는 '교회 졸업 동창회(church alumni association)'라는 재치 있는 말까지 할 정도다.

넷째, 비록 종교에 속한 젊은이라도 종교적 가치가 실생활에 거의 반영되지 않고 있다고 하는 사실이다. 다시 미국 어느 통계에 의하면 그리스도인 가정의 자녀들을 상대로 설문조사를 했는데, 성서의 세계관을 가지고 살아가는 청소년이 15%였다고 한다. 그리스도인이라 하는 청소년들과 비그리스도인 청소년들을 비교한 결과, 부모님께 거짓말했다(똑같이 93%), 화가 날 때 폭력을 썼다(63/67%), 선생님께 거짓말했다(83/85%), 시험에 부정행위를 저질렀다(74/76%)라는 등에서 종교를 가지고 있거나 없거나 일상적인 윤리 생활에서 실질적으로 별 차이가 없다는 점이 밝혀졌다. 특히 미국의 경우 이른바 제1세계에서 그리스도인들의 수가 제일 많은 나라지만, 『소유의 종말』 등의 책을 쓴 제러미 리프킨(Jeremy Rifkin)에 의하면, 아직도 사형 제도를 고집하는 등, 유럽 국가에 비해 그리스도의 정신이 실사회에서 적용되는 정도가 가장 낮은 나라라는 것이다.[6]

독자들에게 이런 통계숫자를 소개한 미국 어느 보수주의 목회자 자신도 젊은이들이 '놀라운 숫자로' 교회를 떠나는 이런 현실을 개탄하면서, 무슨 특별한 일이 일어나지 않는 한, 지금의 젊은 세대가 결국은 '그리스도인으로서는 마지막 세대(the last Christian generation)'가 될 것이라는 우려를 나타냈다.[7]

오늘 독립적으로, 그리고 깊이 사고하는 사람들 중에는 종교가, 특히 그리스도교가, 이런 식으로 '배타적, 반지성적, 문자주의적, 광신적, 독선적, 독단적, 무비판적, 심지어 폭력적인 특성'을 드러내는 것을 보면서, 종교가 이럴 정도로 부정적일 수 있는가 의아해 한다. 이런 이들 중 지금 현재 그리스도인으로 살아가는 사람이라면 이런 그리스도교에 계속 머물러 있을 수 없다고 느끼는 이들이 많고, 비그리스도인이라면 이런 식 그리스도교에는 도저히 들어갈 수 없다고 생각하게

---

6) 미국이 그리스도교 교세가 미미한 유럽 국가들에 비해 '수명, 읽기 능력, 개인소득, 교육 수준, 남녀평등, 살인율, 영아사망률' 그리고 '낙태, 십대 임신, 성병' 등에서 더 열악한 수치를 보인다. 미국 내에서만 보아도 문자주의 그리스도교인이 많은 남부나 중서부 주들이 다른 서부나 동북부 주들에 비해 더욱 열악한 사회 문제를 안고 있다. Sam Harris, *Letter to a Christian Nation*(New York: Alfred A. Knopf, 2006), pp.43-44.
7) 위의 통계숫자는 Josh McDowell, *The Last Christian Generation*(Holiday, Florida: Greek Key Books, 2006), pp.11-30에 나오는 것들임.

된다. 어떤 이들은 그리스도교를 포함하여 아예 종교 자체를 없이해야 인류가 더욱 평화롭고 풍요로운 삶을 살 수 있다는 주장까지 서슴지 않는다. 이래저래 이른바 주류(mainline) 그리스도교는 점점 쇠퇴하는 실정이다.

II. 제3의 길

그러면 이런 식 종교, 특히 이런 식 그리스도교를 받아들일 수 없다면, 그대로 비종교인, 비그리스도인이 된다는 뜻인가? 현재 서양의 많은 젊은이들은 "I am not religious, but I am spiritual." 혹은 "I am spiritual, but not religious."라는 말을 많이 한다. 자기는 비록 전통적인 기성 종교의 설명 체계나 종교 예식에서 의미를 찾지 못해 이를 거부하지만, 그렇다고 삶의 영적 차원이나 더 높은 가치를 거부하거나 거기에 무관심하다는 뜻이 아니라는 것이다. 오히려 이런 영적 가치에 대해 더욱 큰 관심과 열의를 나타내고 있지만, 전통적인 종교는 자기의 영적 추구에 도움을 주지 못하거나 오히려 방해가 된다는 뜻이다.

그러면 그리스도교 전통은 아무 가치도 없는 것으로 취급되다가 결국 그 명을 다하고 말 것인가? 반드시 그렇지만은 아닐 것이라 본다. 미국 성공회 주교 존 셸비 스퐁은 『기독교 변하지 않으면 죽는다(*Why Christianity Must Change or Die*)』[8]라고 하는 베스트셀러 책을 썼다. 그

---

8) 영어로는 Harper San Francisco, 1998년 판. 한국어 번역은 김준우 옮김, 『기독교 변하지 않으면 죽는다』(한국기독교연구소, 2001)가 있음.

리스도교가 변화되지 않으면 죽지만, 변화되면 죽지 않을 수 있다는 것을 의미하는 셈이다. 세계적인 종교학자 라이몬 파니카(Raimon Panikkar)도 그리스도교가 기진맥진한 상태라고 하면서 다음과 같이 말했다.

거의 자명한 사실은 서방 그리스도교 전통은 그리스도교의 메시지를 우리 시대에 의미 있는 방법으로 표현하려고 하지만, 이제 진이 다 빠진 듯, 심지어 말기 현상을 보이는 듯하다는 것이다. 오로지 타가(他家) 수정(受精)이나 수태(受胎) 작업을 통해서만이, 그리고 오로지 현재 [서양의] 문화적, 철학적 울타리를 넘어섬으로써만이, 그리스도인의 삶은 창조적이고 역동적이 될 수 있을 것이다. 이렇게 될 때만 이런 사태를 극복할 수 있을 것이다.

그리스도교가 이처럼 빈사 상태이기는 하지만 그 운명을 비극적으로만 진단할 것이 아니라, 이웃 종교, 특히 동양 종교와의 접촉과 대화라는 특단의 조치가 있을 때 새로 활기를 찾을 수 있음을 시사하는 말이다.

20세기 미국의 위대한 가톨릭 사상가 토머스 머튼(Thomas Merton)은 이를 좀 더 구체적으로 밝히고 있다. 예수님이 탄생했을 때, 동방에서 온 황금과 몰약과 유향이라는 귀한 선물이 그리스도교 발생에 크게 도움을 주었던 것처럼 2천년이 지난 오늘날 그리스도교가 새로운 활력으로 되살아나려면 동양으로부터 다시 선물이 와야 하는데, 그것이 동양의 깊은 정신적 유산이라고 하였다.

현재 일단의 그리스도교 지도자들은 그리스도교를 꼭 버리거나 박멸의 대상으로 여길 것이 아니라 그것을 새롭게 할 필요가 있음을 절감하기에 이르렀다. 이들은 이렇게 새롭게 태어나는 대안적 그리스도교를, 자기들 나름대로 '새 그리스도교(a New Christianity)', '새로 등장하는 그리스도교(the newly emerging Christianity)', '새 세계 그리스도교(a New World Christianity)', '뜨는 그리스도교(Emergent Christianity)', '개명된 그리스도교(Enlightened Christianity)' 등의 이름으로 부른다.

III. 새로운 패러다임

여기서 소개하고자 하는 것은 이렇게 새로 등장하는 그리스도교의 흐름이다. 이것은 동시에 논자가 그리스도교가 이런 특성을 지닌 종교로 바뀌기 바라는 바의 일부분이기도 하다. 많은 흐름 중에 여기서는 특히 네 가지 조목만 다루어 보고자 한다. 네 가지 조목이란 1) 문자주의에서 해방된 종교, 2) 깨달음 중심의 종교, 3) 내 속에 있는 신성을 깨닫는 종교, 4) 다원주의/수용주의적 태도를 환영하는 종교 등이다. 이 네 가지 조목은 사실 서로 연관된 것으로 새로운 패러다임에서 표출되는 네 가지 국면이라 할 수 있을 것이다.[9]

---

9) 필자는 졸저 『예수는 없다』(현암사, 2001, 31-34)에서 열 가지를 소개했는데 그것들은 다음과 같다. 1. 배타주의에서 다원주의로, 2. 상하구조에서 평등구조로, 3. 저 위에 계신 하느님에서 내 안에 계시는 하느님으로, 4. 교리 중심주의에서 깨달음 중심주의로,

1) 문자주의에서 해방된 종교

종교에서 가장 큰 문제를 야기하는 고질병은 종교 경전을 '문자적으로' 읽는 문자주의라고 할 수 있다. 경전을 문자주의적으로 읽어야 한다고 주장하는 사람들을 일반적으로 '근본주의자들'이라 하는데, 이들은 문자 뒤에 있는 정신을 보려 하지 않고 오로지 문자에만 매달려 문자의 표피적인 뜻만을 고집한다. "문자는 사람을 죽이고, 영은 사람을 살립니다"(2코린 3, 6)라고 한 바오로(바울)의 말처럼 이런 고집 때문에 자기들도 영적으로 죽고 다른 사람들도 죽인다.

문자주의가 어떻게 사람을 죽이는가? 좀 더 쉽게 이해하기 위해 우리가 잘 아는 예 한 가지를 들어본다. 『심청전』이다. 『심청전』 첫 문장에 "대송 원풍(元豊) 연간에 황주(黃州) 도화동(桃花洞) 사는 사람이 있으니, 성은 심(沈)이요, 이름은 학규(鶴奎)라" 하여 심청이가 중국 여자로 나와 있다. 이야기의 줄거리는 우리가 대략 알고 있다. 심청이는 아버지가 몽운사(夢雲寺) 화주승(化主僧)에 즉흥적으로 약조한 공양미 3백 석을 구할 길이 없어, 바다에 제수(祭需)로 바칠 15세 처녀를 찾고 있는 남경 선인에게 자기를 팔기로 했다. 인당수에 몸을 던진 심청이는 용왕이 보낸 선녀들의 호위를 받으며 수정궁으로 들어가 호강하며 지내다가 하늘에서 온 어머니까지 만나게 됐다.

---

5. 죄 강조에서 사랑 강조로, 6. 육체 부정에서 육체 긍정으로, 7. 현실 야합에서 예언자적 자세로, 8. 종말론에서 환경론으로, 9. 분열에서 연합으로, 10. 예수님에 관한 종교에서 예수님의 종교로. 여러 신학자들이 나름대로 제시한 것들도 많다. 다른 예로 Marcus J. Borg, *The Heart of Christianity*(San Francisco: HarperSanFrancisco, 2003), 정강길, 『미래에서 온 기독교』(에클레시안, 2006) 등을 볼 수 있다.

심청이의 지극한 효심에 감동을 받은 옥황상제는 용왕에게 부탁, 심청이를 연꽃에 태워 다시 인당수 물 위로 보내라고 했다. 아름다운 연꽃이 물위에 뜬 것을 발견한 선인들이 그 꽃을 가져다가 송나라 황제(천자)에게 진상했다. 황제가 그 꽃을 심히 좋아하여 곁에 두었는데, 심청이가 그 꽃에서 나와 마침 황후와 사별하고 있던 황제의 황후가 되었다. 황궁에서 살면서도, "안맹하신 부친 생각 무시로 비감하사 홀로 앉아 탄식" 했다. 드디어 아버지를 보기 위해 전국에 사는 장님들을 위한 잔치를 베풀었다. 잔치에 온 아버지를 보고 '아버지!' 하고 부르자 아버지를 비롯하여 모든 장님들의 눈이 떠졌다는 이야기이다. "심황후 같은 효행은 억만고에 으뜸이라"라는 말로 끝을 맺는다.

물론 『심청전』은 성경과 다르다. 『심청전』은 기본적으로 효행을 강조하기 위한 것이고, 성경은 무엇보다 우리의 내적 변화(transformation)를 위한 것이다. 그러나 『심청전』과 성경은 그 일차적 목적이 우리에게 과학적, 역사적, 생물학적으로 정확한 정보(information)를 제공하려는 것이 아니었다는 점에서는 같다. 이런 책들을, 특히 종교 문헌을, 과학이나 역사나 지리 교과서로 착각하면 안 되는 이유가 바로 여기에 있다.

우리는 『심청전』에서 심청이가 중국 여자인지, 그것이 언제 때 이야기인지, 인당수가 어디인지, 심청이가 물에 뛰어들 때 치마를 뒤집어쓰고 뛰어내렸는지, 바다 밑 용궁으로 가기까지 몇 분간 숨을 쉬지 않고 있을 수 있었는지, 바다 밑에 정말로 용궁이 있는지, 심청이를 감쌀 만큼 큰 연꽃이 있고, 심청이를 감춘 그 꽃이 바다에 뜰 수 있는지, '아버지!' 하는 소리에 눈을 뜬다는 것이 의학적으로 가능한지 등등을 문제로 삼지 않는다. 그런 것이 역사적으로나 과학적으로 사실이든 사실이 아니든 『심청전』은 효성이라는 유교적 가치를 말해 주는 책으로 그 임무를 충실히 하고 있는 것이다. 『심청전』을 믿느냐 안 믿느냐 하는 질문 자체가 적절한 질문일 수 없지만, 설령 그것을 믿는다고 하더라도 그것이 『심청전』에 기록된 이런 역사적, 과학적, 지리적 사실이 정확함을 받아들인다고 하는 것과는 아무런 관련이 없다. 『심청전』을 받아들이려면 거기에 나오는 이런 요인들을 사실인 것으로 받아들여야 한다고 주장하고 그런 것에 온 신경을 다 쓴다면 결국 『심청전』이 우리에게 전해 주려고 하는 근본 메시지를 완전히 놓치고 마는 것이다.

종래까지의 그리스도교에서는 성경에 나오는 모든 이야기를 문자적으로(literally), 사실적으로(factually), 그리고 절대적으로(absolutely) 이해하려 했다. 성경에서 온 우주가 엿새 만에 만들어졌다거나 엘리야가 승천했다고 하면 그것이 문자 그대로 과거에 실제로 일어났던 사실을 이야기하는 것이고, 여자는 남자에게 순복해야 한다고 하거나 동성애가 가증한 짓이라 했다면 그것을 무조건 절대적인 명령으로 받아들여야 한다고 주장했다. 종교적 진술을 이런 식으로 이해하려는 '근본주의적 태도'는 종교의 더욱 깊은 뜻을 이해하는 데 가장 큰 걸림돌이 된다. 이런 근본주의적 태도는 어느 종교에나 다 있는 일이지만 특히 유대교, 그리스도교, 이슬람교에 두드러지게 나타나는 현상이다. 신학자 폴 틸리히가 적절히 지적한 것처럼, "성경을 문자적으로 읽으면 심각하게 받아들일 수 없고, 심각하게 받아들이려면 문자적으로 읽을 수 없다."

새로 등장하는 그리스도교에서는 계몽주의 이후 발달한 과학이나 문헌학적, 역사 비평적 방법을 환영하고 이를 성경 이해를 위해 유용한 도구로 활용하고 있다. 더욱이 인간의 한계를 겸허히 인정하고 인간의 이성이나 말로 표현할 수 없는 더 깊은 차원이 있음을 그대로 받아들인다. 궁극 실재나 진리는 말로 표현할 수 없으므로 말의 표피적이고 문자적인 뜻에 사로잡히지 말고 그야말로 '불립문자(不立文字)'의 입장을 취해야 한다는 선불교적 태도에 동의하는 셈이기도 하다. 세계의 여러 신비 전통에서 주장하는 것과 마찬가지로 그리스도인이 성경을 읽을 때도 언제나 표피적인 의미와 심층적인 의미를 분간하고 표피적인 의미를 지나 심층적인 뜻을 간파해야 한다는 것을 깨닫게 되었다. 성경이 거룩한 것은 그 자체가 거룩하기 때문이 아니라 거룩한 것을 가리키고 있기 때문이라는 사실을 분명히 한다. 성경은 말하자면 '달을 가리키는 손가락'이라는 뜻이기도 하다.

초기 그리스도교 전통에서도 이런 것을 강조하는 사람들이 있었다. 종교적 삶에서 '깨달음'을 강조하던 그리스도인들, 이른바 영지주의(靈知主義, Gnosticism)[10]에 영향을 받은 그리스도인들은 일반적으로 종교적 진술에는 적어도 몇 가지 의미의 차원이 있다고 주장했다.

---

10) 초대교회 당시 유행하던 이른바 '영지주의'라고 하는 사상적 흐름은 매우 복잡하다. 영지주의의 가르침 중 중요한 것은 깨달음(gnosis)을 강조하는 것과 영육 이원론에 입각해서 물질세계를 악으로 규정하는 것이다. 초기 그리스도인들 중에 '영지' 곧 깨달음을 강조하지만, 그렇다고 몸이나 물질 자체를 악으로 보지는 않은 사람들이 있었다. 따라서 '깨달음'을 강조하는 그리스도인들을 그대로 '영지주의자들'이라 일컫는다거나 그들이 가지고 있던 복음서들을 그대로 '영지주의 복음서'라 할 수는 없을 것이다. 이 문제에 대해서는 Karen L. King, *What Is Gnosticism?*(Cambridge, MA: Harvard University Press, 2003)을 참조할 수 있다.

① 물리적(physical, hylic, 땅) 차원,

② 심리적(psychological, psychic, 물) 차원,

③ 영적(spiritual, pneumatic, 공기＝영) 차원,

④ 신비적(mystical, gnostic, 불) 차원

    첫째 차원은 종교와 별로 관계가 없는 일상적 차원이다. 이른바 육이나 땅에 속한 사람들이 종교와 상관없이 살아가면서 눈에 보이는 데 따라 극히 표피적으로 이해하는 세상이다. 이들이 종교에 관심을 갖고 물로 세례를 받으면 둘째 차원으로 들어가는데, 이 단계에서는 예수의 죽음, 부활, 재림 등의 종교적 진술이나 이야기를 '문자적'인 뜻으로 받아들이고 이런 문자적인 의미에서 일종의 심리적 기쁨이나 안위를 얻는다. 이제 '그리스도교의 외적 비밀(the Outer Mysteries of Christianity)'에 접한 것이다. 여기서 나아가 영으로 세례를 받으면 예수의 죽음과 부활과 재림 등의 이야기가 전해 주는 셋째 차원의 뜻, 곧 '우의적(allegorical)' 혹은 '은유적(metaphorical)' 의미를 파악한 영적 사람이 된다. 이들이 바로 그리스도교의 내적 비밀(the Inner Mysteries of Christianity)에 접한 사람들이다. 이들이 더 나아가 최종적으로 불로 세례를 받으면 그리스도와 하나 됨이라는 신비 체험에 이르고, 더 이상 문자적이나 은유적이나 영적 차원의 뜻이 필요 없는 경지에 이르는 것이다.[11]

---

11) 문자주의의 문제성과 해독에 대해서는 졸저 『예수는 없다』 pp.63-115 참조. 기독교와 이슬람의 문자주의의 해독을 구체적으로 예시하고 있는 책으로 Timothy Freke & Peter Gandy, *The Laughing Jesus* (New York: Harmony Books, 2005)를 볼 수 있다.

새로 등장하는 그리스도교에서는 성경에 나타난 진술의 표층적이고 문자적인 뜻에 매이지 않는다. 점점 더 깊은 차원의 뜻을 발견하기 위해 스스로를 비우고 열어 놓는다.

2) 깨달음 중심의 종교

문자주의에서 해방되면 자연히 종교란 본질적으로 '믿음'보다는 '깨달음'이라는 사실을 알게 된다. 왜 그런가? 이제 그리스도교 전통에서 '믿음'이라는 것이 무엇을 뜻하는지 살펴보고 오늘 우리에게 필요한 것은 사실 '깨달음으로서의 믿음'이라는 것을 밝혀 보고자 한다.

지금까지는 그리스도인 되는 데 가장 중요한 것이 '믿음'이라고 생각했다. 믿음이란 과연 무엇인가? 지난 몇 세기 동안 그리스도교에서는 '믿음'이라고 하면 우선 '덮어놓고 믿는 것' 혹은 '무조건 믿는 것'이라고 생각하기가 일쑤였다. 그러나 그리스도교 역사를 살펴보면 사실 이런 식으로 무조건 혹은 덮어놓고 믿는 믿음이란 그리스도교의 본질적이거나 불가결한 요인이 아니었음을 알게 된다. 그리스도교에서 '믿음'이라고 할 때 거기에 주로 네 가지 각이한 뜻이 있다고 이야기한다. 무조건 혹은 덮어놓고 믿는 믿음이란 결국 이 네 가지 의미의 믿음 중에서 가장 표피적이고 비본질적 요소일 뿐 아니라 불필요한 것이기도 하다.

이제 이 네 가지 종류의 믿음을, 특히 '무조건, 덮어놓고 믿는 믿음'을 짚어 보고 우리가 무의식중에라도 가지고 있는 생각 중에 이런 바람직하지 못한 형태의 믿음을 진정한 믿음이라 믿는다면 이를 바로잡

는 것이 새로운 시대에 요구되는 건전한 신앙생활에 크게 도움이 되는 일이라 생각된다.[12)

가) 승인으로서의 믿음

첫째 종류의 믿음이란 '남의 말을 참말이라 혹은 정말이라고 받아들이는 것'이다. 우리가 누구를 믿는다고 할 때 그가 서울 남대문에 문턱이 있다고 하면 정말로 문턱이 있는 것으로 받아들인다는 뜻이다. 내가 직접 서울에 가서 남대문에 문턱이 있는가를 확인하고 그 유무를 알았으면 믿을 필요가 없는데, 내가 가 보지 않았기 때문에, 그래서 내 스스로 알지 못하기 때문에 남이 하는 말을 듣고 그것을 사실로 받아들이는 것이다. 이런 식의 믿음은 남이 가지고 있는 지식에 의존한다는 의미에서 '한 다리 건넌 앎(second-hand knowledge)'이라 할 수 있다. 우리가 직접 경험하거나 확인할 길이 없는 것에 대한 진술이나 명제를 사실이라고 인정하는 것이다. 좀 더 거창한 용어로 하면 "faith as assensus"라 한다. 여기 assensus라는 라틴어 단어는 영어 assent의 어근이다. 우리말로 '승인(承認)'이라 옮길 수 있을 것이다.

현재 대부분의 그리스도인들은 믿음이라고 하면 우선 이런 '승인으로서의 믿음'을 제일 먼저 머리에 떠올린다. 이런 식 믿음이 지금 그리스도인들 중에서 제일 강조되는 가장 보편적인 믿음의 형태이기 때

---

12) 이 문제에 대해서는 Marcus J. Borg, *The Heart of Christianity* (San Francisco: HarperSanFrancisco, 2003) 25-42쪽, 동 저자 "An Emerging Christian Way," in *The Emerging Christian Way* (Kelowna, BC, Canada: CopperHouse, 2006) 9-32쪽을 참조함.

문이다. 거의 모든 경우 교회에서 믿음이 좋은 사람이라고 하면, 우리가 알지 못하지만 교회에서 가르치는 것이면 무조건 모두 사실인 것으로 덮어놓고 믿고 받아들이는 사람을 의미한다.

사실 이런 종류의 믿음이란, 앞에서 언급한 것처럼, 그리스도교 역사에서 처음부터 보편적 형태의 믿음으로 내려온 것이 아니라, 16, 7세기 이후 등장해서, 근래에 와서는 급기야 믿음이라면 바로 이것이 전부인 것처럼 생각되는 지경에 이른 것이다. 그 이유가 뭔가? 역사적으로 두 가지 큰 원인이 있다.

첫째, 16세기 종교개혁이 생기면서 여러 개혁자들은 자기들을 가톨릭교회나 다른 개혁자들과 차별화하기 위해 자기들만의 '믿는 바'를 천명하기 시작했다. 루터는 무엇을 믿고, 칼뱅은 무엇을 믿고, 츠빙글리는 무엇을 믿고…. 이렇게 하여 이들을 중심으로 하여 생긴 교파들은 자기들만의 '신조(信條, creeds, beliefs)'를 가지게 된 것이다. 그리고 믿음이라고 하면 우선 이런 신조나 교리를 받아들이고 고백하는 것이라 이해하게 된 것이다.

둘째, 17세기 계몽주의와 더불어 과학 사상이 발전하면서 진리를 '사실(factuality)'과 동일시하는 경향이 생기게 되었다. 그러면서 성경에서 실제적인 사실이라 인정할 수 없는 것을 비진리라고 여기고 배격하기 시작했다. 이렇게 되자 그리스도교 지도자들은 신도들에게 성경에 있는 것들을 '사실'이라 받아들일 것을 강조하고, 결국 믿음이란 이처럼 성경에서 사실이라 받아들이기 힘든 것을 사실이라 받아들이는 것과 같은 것이라 여기기 시작한 것이다.

이런 두 가지 역사적 사건 때문에 '믿음'이란 어떤 교리나 성경에 나오는 이야기들을 참말로, 정말로, 사실로 받아들이는 것과 동일시되게 된 것이다. "무조건, 덮어놓고 믿으라" 하는 것은 사실 이런 종류의 믿음이다. 이런 종류의 믿음이란 모르기 때문에 믿는 것, 믿을 수 없기에 믿는 것, 순리로 받아들일 수 없기에 믿는 것, 이른바 지성의 희생이 없이는 인정할 수 없는 것을 '억지로'라도 인정하는 것이다. 이런 종류의 믿음을 참된 믿음이라고 하고, 이런 종류의 믿음이 없는 상태를 '의심'이나 '불신'으로 취급하고, 급기야는 그대로 죄라 여긴다.

이런 식 믿음도 물론 믿음이다. 그리고 이런 식 믿음도 신앙의 성숙도에 따라 어느 정도 필요하다. 우리 스스로 모든 것을 다 경험할 수 있는 것도 아니고 다 알 수도 없기에, 남의 말을 듣고 그중에 받아들일 것이 있으면 받아들여야 한다. 그러나 이런 식의 믿음만이 믿음이 아니다. 이런 식 믿음만 가지고는 그리스도교에서 가르치는 믿음의 실체를 이해할 수가 없다. 믿음은 이런 믿음 이상이다.

나) 맡김으로서의 믿음

둘째 형태의 믿음이란 '맡기는 믿음'이다. 내가 곤경에 처했을 때 내가 내 친구를 보고 "나는 자네만 믿네" 할 때의 그런 믿음이다. 전문용어로 "faith as fiduncia"라고 하는 것이다. 우리말로 하면 '신뢰로서의 믿음' '턱 맡기는 믿음'이라 할 수 있을 것이다. 영어로 'trust'라는 말이 가장 가까운 말이다.

따라서 "하느님을 믿는다"라고 하는 것은 하느님에 대한 성경의 문자적 자구나 이론을 받아들인다는 것이 아니라 하느님께 나의 모두를 턱 맡기고 의탁한다는 뜻이다. 이런 믿음은, 실존 철학자 키에르케고

르가 표현한 대로, 천만 길도 더 되는 깊은 바닷물에 나를 턱 맡기고 떠 있는 것과 같은 것이다. 잔뜩 긴장을 하고 허우적거리면 허우적거릴수록 더욱더 빨리 가라앉고 말지만, 긴장을 풀고 느긋한 마음으로 몸을 물에 턱 맡기면 결국 뜨게 된다는 것이다. 하느님을 믿는 것은 하느님의 뜨게 하심을 믿고 거기 의탁하는 것이다.

이런 식 믿음의 반대 개념은 무엇인가? 그것은 의심이나 불신이 아니라 바로 불안, 걱정, 안달함이다. "주 안에 있는 나에게 딴 근심 있으랴" 하는 찬송처럼 우리에게 이런 믿음이 있을 때 우리는 근심 걱정에서 해방되는 것이다. 예수님이 우리에게 강조해서 가르치려 하신 믿음도 바로 이런 믿음이었다. 그러기에 예수님은 우리에게 하느님의 무한하고 조건 없는 사랑을 믿고 무엇을 먹을까 무엇을 입을까 걱정하지 말라고 하셨다.

"하늘의 새들을 눈여겨보아라. 그것들은 씨를 뿌리지도 않고 거두지도 않을 뿐만 아니라 곳간에 모아들이지도 않는다. 그러나 하늘의 너희 아버지께서는 그것들을 먹여 주신다. 너희는 그것들보다 더 귀하지 않으냐? … 들에 핀 나리꽃들이 어떻게 자라는지 지켜보아라. 그것들은 애쓰지도 않고…"(마태 6,25-32 참조).

오늘처럼 불안과 초조, 근심과 걱정, 스트레스와 긴장이 많은 사회에서 우리에게 이런 신뢰로서의 믿음, 마음 놓고 턱 맡김으로서의 믿음은 어떤 진술에 대한 승인이나 동의로서의 믿음보다 더욱 중요하고 필요한 것이 아닌가.

다) 믿음직스러움으로서의 믿음

'믿음'의 세 번째 뜻은 '믿음직스러움', '믿을 만함'이라고 할 때의 믿음이다. 내가 믿음을 갖는다고 하는 것은 내가 믿을 만한 사람, 믿음직스러운 사람이 된다는 것이다. 라틴어로 "faith as fidelitas"라 한다. '성실성'으로서의 믿음이다. 영어로 faithfulness라 옮길 수 있다.

믿음을 이렇게 생각할 경우 내가 그리스도인으로서 믿음을 갖는다고 하는 것은 내가 하느님과 맺은 관계에서 계속 믿음직스러움, 믿을 만함, 성실함, 충성스러움을 견지한다는 뜻이다. 물론 이때 조심해야 할 것은 하느님께 대해 성실함을 지킨다고 해서 하느님에 대한 어떤 '교리'나 '진술'이나 '신조'에 대해 그렇게 한다는 뜻이 아니라는 사실이다. 우리의 충성과 성실함의 대상은 하느님 자신일 뿐이다. 하느님에 '대한' 생각이나 개념은 시대에 따라, 개인의 신앙 성숙도에 따라 어쩔 수 없이 바뀔 수밖에 없다.

내가 어머니에 대해 자식으로서의 도리에 성실하고 믿음직스러움을 유지한다는 것은 내가 어머니에 대해 가지는 나의 생각이 변하지 않는다는 것이 아니다. 어릴 때 내가 가지고 있던 어머니에 대한 생각은 내가 잘못했을 때는 꾸짖으시고, 잘했을 때는 칭찬하시는 분이셨다. 크면서 이런 생각이 바뀌어 어머니는 이제 무엇보다 우리 형제들을 서로 묶어 주는 열쇠고리 같으신 분이다. 어머니에 대한 나의 생각은 이처럼 바뀌지만, 나와 어머니 사이에 있는 *끈끈한* 부모 자식으로서의 유대에는 변함이 없다는 뜻이다.

믿음직스러움으로서의 믿음이 없다는 것을 성경적 용어로 말하면 하느님을 떠나 우상 숭배하는 것이다. 우상 숭배는 참 하느님을 떠나 하느님 아닌 것에 우리의 절대적 충성을 다하는 것을 의미한다. 상대적인 것을 절대적인 것으로 떠받드는 것이다. 이런 의미에서의 믿음은 진정으로 절대적이 아닌 일체의 것, 예를 들어 돈이나 명예나 출세나 성공이나 권력이나 교회나 교리나 교단이나 국가나 자본주의니 사회주의니 공산주의니 하는 무슨 주의나 사상 같은 가짜 하느님을 절대적인 것으로 떠받드는 일을 금한다는 뜻이다.

라) 봄으로서의 믿음

이제 마지막으로 앞에 예거한 것들과 약간 성격을 달리하는 것이지만, 그래도 널리 보면 믿음이라 할 수 있는 '봄으로서의 믿음'이다. 이른바 "faith as visio"이다. 어느 면에서 우리에게 가장 중요한 믿음의 종류이다.

이런 믿음에서 가장 중요한 요소는 사물을 있는 그대로 봄(seeing things as they really are)이다. 좀 어려운 말로 하면 사물의 본성(nature)이나 실재(reality), 사물의 본모습, 실상, 총체적인 모습(the whole, totality)을 꿰뚫어 봄이다. 이런 믿음은, 말하자면, 이런 직관, 통찰, 예지, 깨달음, 깨침, 의식의 변화 등을 통해 자연스럽게 얻어지는 일종의 확신(conviction) 같은 것이다. 일종의 세계관이나 인생관이나 역사관같이 세계와 삶에 대한 총체적 신념 같은 것이다.

대략 이렇게 믿음에 대한 우리의 생각들을 정리해 보았다. 여기서 강조하고 싶은 것은 믿음이라고 할 때 특히 두 번째 '신뢰로서의 믿음'과 네 번째 '봄으로서의 믿음'이다. 특히 봄으로서의 믿음은 결국 '깨달음'과 떨어질 수 없는 관계를 가지고 있다. 오늘 우리에게 새삼스

럽게 절실히 필요한 것은 더욱 깊은 차원의 실재를 보는 '깨달음'으로
서의 믿음이다. 이 문제로 넘어가 본다.

3) 내 속에 있는 신성(神性)을 깨닫는 종교

깨달음이라고 하면 무엇을 깨닫는다는 말인가? 복음서에 보면 예
수님은 공생애에 들어가면서 제일 먼저 "회개하여라. 하늘나라가 가
까이 왔다"라고 하는 선포로 시작했다. 그리고 그 후 "예수님께서는
온 갈릴래아를 두루 다니시며 회당에서 가르치시고 하늘나라의 복음
을 선포하시며…"(마태 4,17-23)라고 했다.

이처럼 "회개하여라. 하늘나라가 가까이 왔다"란 기별은 예수님이
공생애를 시작하면서 제일 처음으로 선포하신 기별임과 동시에 그분
의 전 생애를 통해 계속해서 외치신 기별이기도 하다. 이 기별은 어느
의미에서 그리스도교의 핵심일 뿐 아니라 세계 거의 모든 종교에서
한결같이 강조하는 기본 가르침이라 생각할 수 있다.

앞에서 문자주의를 넘어서야 한다고 했을 때 논의한 것처럼, 우리
는 먼저 이 핵심적인 기별에 문자적이고 표피적인 뜻만이 아니라 몇
가지 뜻이 다중적(多重的)으로 혹은 중층적(重層的)으로 들어가 있다
고 보아야 한다. 그러면 이 말씀의 표피적, 문자적 차원의 뜻을 넘어서
는 심층적, 영적 차원의 뜻이 무엇일까? 한 마디씩 짚어 본다.

가) '회개하라'

"회개하여라. 하늘나라가 가까이 왔다"라고 하는 문장에서 이 '회

개'라는 말이 무슨 뜻일까. 우리는 보통 회개라고 하면 우리의 과거 잘못을 뉘우치고 새로운 삶을 살겠다고 결심하는 것쯤으로 생각한다. 그러나 회개의 그리스어 '메타노이아'는 의식을 바꾸라, 보는 법을 바꾸라, 눈을 뜨라는 뜻이다. 영어 성경에는 'repentance'로 되어 있는 것이 보통이지만 사실은 'conversion'으로 하는 것이 원의에 더 가깝다고 볼 수 있다. "회개하라. 천국이 가까웠느니라"라는 말은 "눈을 떠서 천국이 가까이 있음을 알라"라는 말이라 할 수 있을 것이다. 이를 좀 더 깊이 이해하여, "우리 내면 가장 깊은 곳, 우리의 의식 자체를 바꾸라. 그러면 천국이 바로 옆에 있다"라는 말로 이해하고 싶다. '의식의 변혁(transformation)'을 통해 새로운 차원의 실재를 보라는 이야기라는 것이다.

나) '하늘나라' 혹은 '천국'

이 말은 '하느님의 나라' 혹은 '신국'과 똑같은 뜻이다. 마태오 복음은 유대인들을 위해 쓰인 책이기 때문에 '하느님'이라는 말을 함부로 쓰지 않는 유대인의 종교적 관습에 따라 '하느님'이라는 말 대신에 '하늘'이라는 말을 썼을 뿐이다. 따라서 '하늘나라' 혹은 '천국'이라 했다고 해서 그것이 저 하늘 어디에 붕 떠 있을 지리적, 물질적 나라로 생각하면 안 된다. 아무튼 하느님의 나라라고 했을 때 '나라' 혹은 '왕국'의 본래 말인 마르쿠스(히브리어)나 바실레이아(그리스어)에는 영토 혹은 장소라는 뜻보다는 주권, 통치, 원리라는 의미가 더 강하다. 그래서 영어로도 the Kingdom of God보다는 sovereignty of God, reign of God, rule of God, dominion of God이라는 말을 선호하고 있다.

그러면 하느님 나라가 어디 있는가? 표피적, 문자적 의미에 집중하는 경우 하느님 나라는 우리가 죽어서 가는 곳, 혹은 예수님 재림 때 이 땅으로 임할 곳 등, '장소'로 생각하게 된다. 물론 앞에서 이야기한 것처럼 이런 식으로 믿어서 안 된다는 뜻은 아니다. 서너 살 정도의 아이들이라면 산타 이야기를 문자적으로 받아들이는 것이 그들의 정신 발달에 도움이 된다. 그러나 어른이 되었을 경우 이야기가 다르다. 신앙적으로 성숙하기 위해서는 문자적 뜻 너머에 있는 더욱 깊은 뜻을 알아보아야 한다.

우선 예수님 스스로도 "하느님의 나라는 눈에 보이는 모습으로 오지 않는다. 또 '보라, 여기에 있다' 또는 '저기에 있다' 하고 사람들이 말하지도 않을 것이다. 보라, 하느님의 나라는 너희 가운데에 있다"(루카 17,20-21)라고 하셨다는 사실을 명심해야 한다. 예수님의 이 말씀은 '하느님의 나라'라는 것이 하늘 어디 떠 있다가 이리로 임하는 것이 아니라, 우리 중에, 혹은 우리 속에 이미 있는 것임을 주목하라는 말씀이 아닌가. 우리 안에 있는 하느님의 주권, 하느님의 힘, 하느님의 원리, 하느님의 임재, 하느님의 일부를 가리키는 것이라 본다. 영어로 'God within'이다. 바오로(바울)의 용어로는 'Christ within'이다.

다) '가까이 왔다'

하늘나라가 가까이 왔다고 했을 때, 많은 신학자들은 그것을 '시간'의 개념으로 생각했다. 그래서 예수님의 이 말을 두고, 예수님은 천국이 이미 임했다고 가르치신 것인가? 그의 생전에 곧 임할 임박한 것으로 가르치신 것인가? 혹은 이미 임했지만 아직 완성된 것은 아니라는 이중적인 뜻으로 가르치신 것인가? 하는 등 '언제'의 문제로 논전을 계속했다. 그러나 여기서 하느님 나라의 가까움을 시간의 개념이 아니라 '거리', '공간', '어디'의 개념으로 받아들이면 왜 안 되는가. 하느님의 나라는 시간적으로 어느 때쯤에 올 것인가 하는 문제라기보다 공간적으로 바로 내 손 닿는 지근거리, 곧 내 마음속에 있다는 뜻으로 이해할 필요가 있다는 뜻이다.

예수님은 우리를 보고 "너희는 먼저 하느님의 나라와 그분의 의로움을 찾아라"(마태 6,33)라고 하셨다. '먼저'라는 것을 보면 예수를 따르는 사람이라면 해야 할 최우선 과제가 바로 하느님의 나라를 구하는 것, 그것을 찾는 것이라 볼 수밖에 없다. 그런데 앞에서 본 것처럼, 하느님의 나라가 우리 안에 있다고 했으니, 우리는 당연히 우리 안을 들여다보고 거기 있는 하느님의 나라를 찾아야 할 것이다.[13]

내 안에 있는 하느님 나라, 그것이 좀 더 구체적으로 무엇이겠는가? 성경의 내면적 진리, 또 무수한 신앙의 용사들이 전해 주는 증언, 세계 여러 종교에서 거의 공통적으로 가르치는 가르침에 의하면, 그것이 바로 내 속에 있는 하느님의 현존, 내 속에 있는 하느님의 일부분, 내 속에 들어 있는 신적 요소, 내 속에 임해 계시는 하느님 자신, 신성(神性) 자체라 할 수 있다. 그런데 더욱 중요한 사실은 내 속에 계시는 하느님이란 나의 바탕, 나의 근원이란 뜻에서 결국 나의 '참나'이기도 하다. 따라서 하느님의 나라를 찾는 것은 궁극적으로 나의 가장 깊은 차

---

13) 천국이 내 속에 있다는 것을 강조하는 책으로 Jim Marion, *Putting on the Mind of Christ* (Charlottesville: Hampton Road Pub. Co., 2000)를 볼 수 있다. "There is *no other way* except by going *within* to get the Kingdom Jesus preached." p.3.

원의 '참나'를 찾는 것과 같다. 하느님 나라를 찾는 것은 다석 유영모 선생님의 말을 빌리면, 나의 일상적이고 이기적인 '제나'가 죽고 나의 참된 나, '얼나'를 찾아 그것으로 부활하는 것이다. 20세기 가장 위대한 신학자라 할 수 있는 폴 틸리히(Paul Tillich)의 말, 하느님을 '높이'에서 찾을 것이 아니라 '깊이'에서 찾아야 할 것이라는 말이 이런 의미에서 뜻 깊은 것이라 여겨진다.

이렇게 참나 혹은 내 속의 하느님을 찾으면 여러 가지 변화가 나타나지만, 그중 가장 중요한 열매 두 가지만 언급하면 그것이 바로 '자유'와 '사랑'이라 할 수 있다. 예수님은 "너희가 진리를 깨닫게 될 것이다. 그리고 진리가 너희를 자유롭게 할 것이다"(요한 8,32)라고 하셨다. 우리 속에 있는 하느님, 나의 진정한 나는 바로 하느님이라는 이 엄청난 진리를 깨우치면 우리는 진정한 자유와 떳떳함과 늠름함을 누릴 수 있다는 것이다. 함석헌 선생님도 "내 맘속에 있는 하느님 믿으란 말이다. 새삼스레 믿으란 말 아니 하여도 계신 하느님이지만, 그 절대자가 바로 이 나의 속에 있는 줄을 알 때, 그것을 확신할 때 우리 생명은 힘 있게 피어나기 때문에 하는 말이다"라고 했다. 궁극적으로 '나'를 '참나' 혹은 내 속에 임재한 '하느님'과 동일시하고 거기에서 나의 참된 정체성을 찾는다면, "육중한 바위가 바람에 흔들리지 않듯" 세상 어느 것에도 흔들리지 않고 떳떳한 자유인의 삶을 살아갈 수 있게 될 것이다.

한 걸음 나아가 "도마 복음" 3절에 하느님의 나라가 "너희 안에도 있고 너희 밖에도 있느니라"라고 한 것처럼, 하느님은 우리 속뿐만 아니라 남들 속에도 똑같이 계시다는 것을 알 수 있게 될 때 자연히 그들과 동질성을 느끼고 그들을 '사랑'하게 된다. 동학에서와 마찬가지로 사람이 모두 하늘이라는 '인내천(人乃天)'을 깨달으면 자연히 사람을 하늘 섬기듯 하는 '사인여천(事人如天)'의 태도로 서로 사랑할 수 있다.

그리스도교 전통에도 5~6세기 시리아의 위(僞)디오니시우스(Pseudo-Dionysius)나 13~4세기 독일의 마이스터 에크하르트(Meister Eckhart) 같은 신비주의 사상가들은 계속 하느님의 초월뿐 아니라 내재를 강조했다. 그러나 근래에 와서 이렇게 '존재의 바탕(the Ground being)'으로서 범재신론(凡在神論, panentheism)적 신보다는 저 위에 계시는 아버지로서의 신, 유신론(有神論, theism)의 신, 심지어 신이 인간과 같은 형상이나 심리를 가진 것으로 생각하는 신인동형론(神人同形論, anthropomorphism)적 신관에 치중하고 있었다. 더 이상 파란 하늘이 세상의 천정이면서 동시에 하늘의 바닥이라 생각하던 우주관을 받아들일 수 없게 된 많은 지성인들은 이처럼 낡고 천박한 신관을 그대로 유지할 수 없게 되었다. 어쩔 수 없이 새롭고 의미 있는 신관을 찾아 나설 수밖에 없게 되었다.[14]

4) 다원(多元)주의/수용(受容)주의를 환영하는 종교

현재 그리스도교에서는 이웃 종교와의 대화를 강조하는 사람들이

---

14) '유신관의 종언'에 대해서는 John Shelby Spong, *A New Christianity for a New World* (San Francisco: HarperSanFrancisco, 2001) 57쪽 이하, 범재신론적 신관에 대해서는 John Macquarrie, *In Search of Deity: An Essay in Dialectical Theism* (New York: Crossroad, 1984) 참조.

점점 많아지고 있다. 지금까지의 경쟁 관계나 대립 관계를 청산하고 이웃 종교와의 대화를 통해 이웃 종교를 이해하고 서로 사이좋게 지내는 일도 아름다운 일이다. 그러나 더욱 중요한 것은 이웃 종교와의 대화를 통해 나의 영적 성숙이 가능해진다는 사실이다. 종교학의 창시자 막스 뮐러(Max Müller)가 말한 것과 같이 "하나의 종교만을 아는 사람은 아무 종교도 모른다"라는 것이 어쩔 수 없는 진실이다. 종교 간의 대화는 어쩌면 서로를 위해서 거울을 들어 주는 것과 같다. 이웃 종교와 대화하고 그들의 종교를 알아본다고 하는 것은 화해와 협력의 차원을 넘어서서 그리스도교가 다시 활력을 찾을 수 있는 길이 된다는 인식이 확대되고 있는 셈이다. 앞에서 레이몬 파니카 교수의 말을 인용했지만, 기진맥진한 그리스도교가 활기를 찾으려면 어쩔 수 없이 '타가 수정(cross-fertilization)'이 불가피하다는 것이다.

현재 종교 간의 대화와 협력을 가장 강력하게 주장하는 신학자들 중 하나로 폴 니터(Paul F. Knitter)를 들 수 있다. 그는 그의 최근 저서 『종교신학입문』[15]에서 종교 간의 관계를 이야기할 때 보이는 네 가지 기본태도를 논하는데 그것들은 다음과 같다.

① 이웃 종교는 어차피 그릇된 종교이기에 이를 내가 가지고 있는 참된 종교로 대체해야 한다는 대체론(Replacement model),
② 이웃 종교에도 부분적으로 진리가 있지만 아직도 충분하지 못하

---

15) *Introducing Theologies of Religions*(Maryknoll: Orbis Books, 2002), 한국어 번역으로 유정원 옮김, 『종교신학입문』(분도출판사, 2007).

기에 그 모자람을 내가 가진 참된 종교로 채워 주어야 한다는 충족론(Fulfillment model),

③ 종교 간 서로의 공통점이 있기에 이런 공통점을 찾고 그 공통점을 인해 같이 기뻐하고 협력하자는 상호론(Mutuality model),

④ 종교들은 당연히 서로 다를 수밖에 없지만, 이 다름을 그대로 인정하고 그 다름에서 서로 배우도록 하는 수용론(Acceptance model).

여기서 우리는 물론 처음 두 가지 태도가 새로운 시대에 걸맞지 않다고 본다. 그리스도교에서 말하는 그 하느님이 사랑의 하느님이라면 어찌 진리의 빛을 무슨 레이저 빔으로 비추듯 극히 한정된 어느 한 민족이나 한 지역에만 비추어 주었다고 생각할 수 있겠는가. 장님들이 코끼리 만진다는 군맹무상(群盲撫象)의 이야기처럼 누구나 인간으로서는 궁극 실재를 완전히 다 알 수 없다. 다만 우리의 불완전한 지식이지만 모두 같이 앉아 우리의 경험을 서로 이야기해서 모두가 코끼리의 실재 상에 가장 가까운 코끼리 상을 가질 수 있도록 하자는 것이다.

특히 한국에서 그리스도교의 경우 이런 다원주의/수용주의적 태도를 함양하고 더욱 관심을 기울여야 할 대화와 협력의 대상으로 불교를 꼽을 수밖에 없다. 영국의 저명한 역사학자 아널드 토인비(Arnold Toynbee, 1889~1975)는 미래의 역사가들이 20세기에 일어난 일들을 기억할 때, 컴퓨터나 인공위성 같은 과학 기술의 발전이나 공산주의의 흥기와 몰락 같은 사회적 사건이 아니라 그리스도교와 불교가 의미 있게 만나게 된 사건일 것이라 예견했다. 특히 종교 편향이라는 지적을 받고 있는 최근의 한국 사태를 감안할 때 한국에서 그리스도교와 불교가 더욱 밀접한 동반 관계를 맺는 일보다 더욱 중요한 일은 없다. 이 문제에 대해서는 필자가 여기저기 쓴 글들이 있기에 여기서는 더 이상 길게 언급하지는 않겠다.[16] 다만 다시 한 번 불교와 그리스도교가 '깨침'과 '메타노이아'라는 '의식의 궁극적 변혁'이라는 근본적인 차원에서 서로 만나 진지하게 대화함으로써 서로의 성숙은 물론 한국 사회와 인류 전체에 함께 기여하는 관계로 발전할 것을 기원하는 바이다.[17]

IV. 나가면서

이상의 논의에서 우리는 21세기의 대안 종교는 문자주의를 극복한 종교, 깨달음을 강조하는 종교, 내 속에 있는 신성을 강조하고 이웃 종교와의 동반 관계를 소중히 여기는 종교라고 하는 점을 부각하려 했

---

16) 불교와 그리스도교의 대화와 협력 관계에 대해서는 졸저 『예수가 외면한 그 한 가지 질문』(현암사, 2002), 293-311쪽, "깨침과 메타노이아: 불교와 기독교의 대화"라는 글을 참조할 수 있다. 영문으로 보기 원하면, "Christian-Buddhist Encounter" in Robert E. Buswell & Timothy S. Lee, eds. *Christianity in Korea* (Honolulu: University of Hawaii Press, 2006) pp.371-385.

17) 나무아미타불을 계속 외우는 불교의 염불과 예수의 이름을 계속 부르는 그리스도교의 '예수의 기도(Jesus Prayer)'도 다 함께 의식의 변화를 가져올 수 있는 구체적인 수단으로서 불교와 그리스도교가 함께 관심을 가지면 좋을 분야이지만, 여기서는 지면상 이 논의는 생략한다. 필자가 편역한 『예수의 기도』(대한기독교서회, 2003)와 필자의 졸저 『불교, 이웃종교로 읽다』(현암사, 2006) pp.340-355에 나오는 "불교와 그리스도교, 무엇으로 다시 만날까?"를 참조.

다. 사실 이 모든 것이 21세기에 새로 등장하는 것은 아니다. 이런 심층적인 종교성은 옛날부터 계속 모든 종교의 신비주의적 심층 차원에 거의 공통적으로 깔려 있던 요소들이다.

이 말은 21세기에 우리가 기대하고 바라는 종교란 어쩔 수 없이 '신비주의적' 색채를 짙게 띤 종교라는 뜻이기도 하다. '신비주의'라고 하면 이상스런 종교적 광란이나 음산한 주술적 행위 같은 것을 떠올리기 쉽지만, 그것은 전적으로 오해다. 독일어에서는 이런 오해를 줄이기 위해 'Mysticismus'와 'Mystik'를 구별한다. 전자는 음험한 초자연적 종교 의식(儀式)을 지칭하는 것이라면 후자는 우리가 지금껏 논의한 것과 같이 신의 내재나 깨달음 등을 강조하는 가장 깊은 차원의 숭고한 종교 형태를 일컫는 것이다.

그러면 이런 종교적 차원이 왜 21세기에 와서 새로이 각광을 받게 되는가? 필경 여러 가지 학문이나 과학의 발달과 함께 사람들의 인지가 그만큼 발달하고, 또 교육의 보편화로 인해 정보의 확산이 그만큼 용이해졌다는 것과 관계가 있을 것이다. 고대에는 문맹률이 97% 이상이었다. 최근 몇 십 년 전만 해도 한국에서 글을 못 읽는 사람들이 글을 읽는 사람보다 많았다. 따라서 과거에는 "도마 복음" 23절에 예수님이 언급한 것처럼 '천 명 중에서 한 명, 만 명 중에서 두 명'이라 할 정도로 깨달음에 이르는 이들이 가물에 콩 나듯했다. 그러나 최근 들어 웬만한 나라에는 문맹이 거의 없다고 해도 과언이 아니다. 이제 "가물에 콩 나듯이"가 아니라 "가마솥에 콩 볶듯이"라는 것이 더 현실적이 되지 않을까 기대해 본다.

20세기 가톨릭 최대의 신학자 칼 라너(Karl Rahner)도 21세기 그리스도교는 '신비주의적으로 변하지 않으면 아무것도 아닌 것이 되고 말 것'이라고 예견했다. 여기서 '신비주의적'이라는 말은 물론 깨달음을 강조하는 태도를 의미한다. 독일의 신학자로서 미국 유니언 신학교에서 오래 가르친 도로테 죌레(Dorthee Soelle)도 최근에 펴낸 그의 *Silent Cry*[18]에서 신비주의 체험이 역사적으로 특수한 몇몇 사람들에게만 가능한 무엇이 아니라 이제 더욱 많은 사람들에게서 있을 수 있는 일이 되어야 한다고 역설하면서 이른바 '신비주의의 민주화(democratization of mysticism)'를 주장했다. 신비주의의 '대중화'라 해도 좋을 것이다. 논자도 그렇게 믿고 바라는 바이다.

이제 21세기. 더욱 많은 사람들에게 "무조건 믿으라"가 아니라 자유스럽게 '어어?(oh-uh?)'와 '아하!(aha!)'를 연발하며 계속 신나는 깨달음을 경험할 수 있는 깨침의 길도 열려 있음을 널리 알려야 하리라. 그리하여 깨침을 강조하는 이런 깨침의 종교가 흑인영가에 나오는 "그 옛날의 종교, 그것이면 족하다(Give me that old time religion, that's enough for me!)"를 대신하게 될 때, 그로 인해 인류는 다시 더욱 풍요롭고 평화스러운 삶을 살게 되리라 확신한다.

(2008. 11. 5)

---

18) 한국어 번역, 정미현 옮김, 『신비와 저항』(이화여자대학교출판부, 2007, 독일어판 *Mystik und Widerstand*, 영문판, *The Silent Cry: Mysticism and Resistence*).

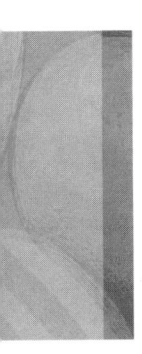

산티아고 순례와 인간의 길

신정환 | 한국외국어대 교수, 스페인어통번역학과

"산티아고 순례는 오브라도이로 광장에 도착하면서 끝나는 것이 아니라 바로 그 순간부터 시작된다. 그 길은 매일 매일 반복된다."

I. 별이 빛나는 들판

서기 813년 5월 25~28일경 오늘날의 스페인 갈리시아 지방에 살던 펠라요(Pelayo)라는 수도자가 범상치 않은 동굴 하나를 발견하고 관할인 이리아 플라비아(Iria Flavia, 현재의 파드론)의 주교 테오도미로에게 알린다. 전해 내려오는 이야기에 따르면 펠라요는 산책을 하다가 리브레돈이라는 숲에서 흘러나오는 음악소리와 반짝거리는 별빛의 인도를 받아 동굴로 인도되었다고 한다. 별이 빛나는 들판(Campus Stellae, Campo de estrella)이라는 의미를 가지고 있는 콤포스텔라(Compostela)라는 이름도 이러한 사연에서 기원했다.[1]

주교의 명령으로 동굴을 발굴한 결과 사방 약 4미터 길이의 정사각형 구조를 가지고 있고 지하에는 무덤이, 지상에는 제단이 있는 경당 형태의 유적이 발견되었다. 무덤을 발굴하니 뼈 조각들과 양피지 사본이 나왔다. 그러나 무덤이 누구의 것인지 알아내는 것은 쉽지 않았다. 어떤 연구자는 이것이 이단으로 박해받았던 프리실리아노(Priciliano)[2]의 것이라 주장하기도 했고 다른 연구자는 부유한 유대인 상인의 무덤이라 추정했다.[3] 누구의 무덤이든 간에 그것이 로마제국 말기의 것이라는 점에는 이견이 없었다. 이에 테오도미로 주교가 역사

---

1) 그러나 콤포스텔라는 무덤을 의미하는 스페인어의 콤포스티움(compostium)에서 비롯되었다는 설도 있고, "땅에서 하늘로"라는 뜻을 가지고 있다는 설도 있다.

2) 프리실리아노(340년경~385): 갈리시아 출신의 스페인 성직자. 아빌라의 주교를 지냈으나 이단으로 단죄되어 처형당함. 제도화된 가톨릭교회에 의해 단죄된 최초의 이단자로 간주된다. 그의 교리는 깨달음을 강조하는 영지주의적 속성을 가지고 있었고 교계제도에 대해 반대하였다.

3) 1884년 교황 레오 13세가 칙서(Omnipotens Deus)를 통해 산티아고 데 콤포스텔라의 무덤이 야고보 사도의 것임을 확인했음에도 불구하고 무덤의 주인을 둘러싼 논란은 20세기까지 이어진다. 예를 들어 1900년 프랑스의 교회 역사가인 루이 뒤쉔(Louis Duchesne)은 콤포스텔라에 묻혀 있는 인물은 프리실리아노라고 주장하는 논문을 발표한다. 그의 제자들이 스승의 유해를 고향으로 모셨다는 것이다. 이후 저명한 스페인 역사가인 산체스 알보르노스(Sánchez-Albornoz)와 철학자인 우나무노(Unamuno)도 비슷한 주장을 한다. 이에 대해 게라 캄포스 몬세뇰은 여러 증거를 동원하여 실제 프리실리아노의 무덤이 콤포스텔라가 아니라 폰테베드라 지역의 로스 마르토레스라고 반박한다. 최근의 연구에 따르면 프리실리아노의 매장지로 가장 설득력을 얻고 있는 곳은 루고 근방에 있는 산타 에우렐리아 데 보베다이다. 결론적으로 프리실리아노의 무덤이 그의 출생지인 갈리시아 지방에 있다는 설에는 이견이 없는 셈이다.

적인 선포를 한다. "이것은 바로 예수님의 제자인 야고보의 무덤이다."
서양 역사를 바꾸고 수많은 전설을 낳은 길이 탄생하는 순간이었다.

II. 천둥의 아들 야고보

야고보 사도가 누구인가? 그는 갈릴래아 호수의 어부였던 제베대
오의 아들인데 친동생 요한 역시 예수님의 제자이자 복음서 저자이다.
예수님이 십자가상에서 운명하신 자리에 성모 마리아와 함께 자리를
지켰던 여인이 세 사람이 있었는데, 만일 그 가운데 "제베대오 아들들
의 어머니"(마태 27,56)와 "그분의 이모"(요한 19,25)가 같은 인물이라
면 제베대오의 아내와 성모 마리아는 자매 사이이고 야고보는 예수님
의 이종사촌이 되는 셈이다. 야고보는 알패오의 아들인 소 야고보와
구별해 대 야고보라 불렸고, 불 같은 성격과 위력적인 설교 덕분에
'천둥의 아들'이란 별명을 가지고 있었다.
야고보는 기원 44년에 헤로데 아그리파 1세에 의해 죽음을 당함으
로써(사도 12,2) 스테파노에 이어 그리스도교의 두 번째 순교자이자 12사
도 가운데 최초의 순교자가 된다.[4] 전승에 따르면 야고보는 스페인 갈
리시아 지방을 복음화하면서 최초의 선교 여행을 했고 이후 예루살렘
으로 돌아가 참수형을 당했다. 헤로데 왕은 시신의 매장을 금지하였

---

4) 반면 야고보의 동생인 요한은 사도들 가운데 90세가 넘도록 가장 오래 살아 대조를 이
   룬다.

으나 그 제자들이 몰래 유해를 수습하여 갈리시아 지방까지 배편으로 운구한 후 비밀 장소에 매장했다고 전해진다.

야고보는 동생인 요한과 함께 지식에 목마르고 배우고자 하는 열망을 지녀서 예수님께 항상 많은 질문을 했다고 전해진다. 동시에 그들은 정열적이고 급한 성격을 가지고 있어서 과격한 면모를 보여 주기도 한다. 예를 들어, 루카 복음에서 사마리아 사람들이 예루살렘으로 향하는 예수님을 맞아들이지 않자 이들 형제는 "주님, 저희가 하늘에서 불을 불러내려 저들을 불살라 버리기를 원하십니까?"(루카 9,51-55)라고 물었다가 꾸지람을 듣는다. 또한 이들 형제의 어머니 역시 야심이 대단한 여인이어서 치맛바람을 일으키기도 한다. 예수님께 와서 "스승님의 나라에서 저의 이 두 아들이 하나는 스승님의 오른쪽에, 하나는 왼쪽에 앉을 것이라고 말씀해 주십시오"(마태 20,20-21)라고 청하다가 다른 제자들의 눈총을 사고 마는 것이다.

이러한 인간적 약점에도 불구하고 야고보와 요한 형제는 베드로와 함께 예수님의 각별한 사랑을 받았던 제자였다. 예수께서 회당장의 딸을 살리실 때(마르 5,37; 루카 8,51), 영광스러운 변모의 순간(마태 17,1; 마르 9,2; 루카 9,28)에, 겟세마니에서 기도하실 때(마태 26,37; 마르 14,33) 동행을 허락했던 것은 베드로와 이들 형제뿐이었다. 예수님의 각별한 사랑 덕분이었는지 천둥의 아들 야고보는 진정한 하느님의 아들로 변화되었다. 야고보는 자신이 불살라 버리겠다고 저주했던 사마리아인들의 마을에 들어가 복음을 전하는 등 진정한 믿음과 훌륭한 언변, 그리고 뛰어난 지도력으로 널리 알려지게 되었다. 이에 헤로데 아그리파 1세는 자신의 정치적 기반을 확실하게 하기 위해 당시 바리

사이파와 제관들에게 가장 미움을 사던 야고보를 제거하고 그리스도교의 뿌리를 뽑아 버리려 했던 것이다.[5]

제자들 가운데 첫 순교의 영광을 차지한 야고보는 죽은 후에도 신비스러운 유해의 행방과 갖가지 기적을 통해 많은 이야기를 만들어 낸다.[6] 가장 널리 알려진 것은 사도의 유해가 갈리시아 지방 어느 곳인가에 묻혀 있다는 이야기였다. 야고보 사도가 전도했다고 전해지는 스페인은 당시 지중해 문화권에서 세상의 끝(Finis Terrae)으로 알려져 있었고 특히 이베리아 반도 내에서도 가장 서북쪽에 위치한 갈리시아 지방으로 간다는 것은 그 자체로 목숨을 담보하는 모험이었다. 더 나아가 사도의 무덤이 그곳에 존재한다는 것은 세상의 끝까지 복음을 전했던 사도들의 열정을 대변할 뿐만 아니라 온 세상을 구원의 대상

---

5) 신치구, 『성서와 전설에서 본 열두 사도의 생애』, 가톨릭출판사, 1992, p.126.

6) 12세기의 전례학자로서 『교회 성무대전』을 펴낸 요한 베르토는 야고보의 유해 이장에 대해 다음과 같이 자세히 기록해 놓았다: 사도 야고보가 처형을 당하자 그의 제자들은 유해를 몰래 수습한 후 조그만 배를 타고 정처 없이 떠나면서 매장할 곳을 하느님의 뜻에 맡기기로 한다. 유해를 모신 배는 갈리시아 지방으로 인도되었는데 그곳은 당시 루파 여왕이 다스리는 곳이었다. 제자들이 성 유해를 배에서 내려 큰 돌 위에 내려놓자 유해의 무게로 인해 그 돌이 마치 양초와 같이 패여 들어가면서 관 모양이 되었다. 제자들이 여왕에게 예수 그리스도께서 이 땅에 사도의 유해를 보내셨으니 매장을 도와달라고 청하자 여왕은 계략을 꾸며 이들을 스페인 왕에게 보낸다. 스페인 왕이 이들을 감옥에 가두었으나 주의 사자가 나타나 탈출하게 하자 병사들을 풀어 추격하게 하는데 병사들이 건너던 다리가 무너져 모두 물에 빠지고 만다. 이 보고를 받은 왕이 두려워하며 제자들을 영접하자 제자들은 많은 사람을 개종시키고 루파 여왕의 왕국으로 돌아온다. 그간의 사정을 듣고 매우 분개한 여왕은 다시 계략을 꾸민다. 산에서 방목하고 있는 소들 가운데 원하는 것을 잡아서 유해를 운반할 수레를 끌게 하라는 것이었다. 야생의 사나운 소들에게 깔려 죽게 하려는 흉계였다. 그러나 제자들이 소들에게 십자를 긋자 사나운 소들이 순한 양처럼 되어 스스로 수레를 끌고 루파 여왕의 궁전으로 들어갔다. 이에 놀란 여왕은 마침내 그리스도교로 개종하여 야고보 교회를 축성하였으며 일생 선행을 베풀며 살았다. 앞의 책, pp.135-137.

으로 삼는 교회의 보편성을 상징한다. 그러던 차에 전승으로만 내려오던 옛 이야기를 입증하는 사도의 무덤이 발견되었다는 소식은 그렇지 않아도 정신적 구심점을 절실히 필요로 하던 이베리아 반도의 그리스도교도들에게 더 이상 좋을 수 없는 안성맞춤의 호재가 되었다.

Ⅲ. 마호메트와 야고보의 대결

이베리아 반도는 지정학적으로 남북으로는 유럽과 아프리카, 동서로는 지중해권과 대서양권의 십자 교차로에 위치하고 있다. 이로 인해 스페인은 역사적으로 수많은 외침을 당했으며 여러 문명의 교차로가 되었다.

특히 711년에는 이베리아 반도 내에서 발생한 왕위계승 내분을 기화로 아프리카 북부 베르베르족의 추장인 타릭이 군대를 이끌고 침략해 서고트 왕국을 멸망시킨 후 불과 7년 만에 반도 전역을 점령하기에 이르렀다. 무어 족은 더 나아가 피레네 산맥을 넘어 유럽의 그리스도교 공동체를 위협하였으나 732년 프랑스의 푸아티에(Poitiers) 전투에서 칼 마르텔에게 패하여 유럽 석권에 실패한다. 이후 무어 족은 약 800년 동안 이베리아 반도에 머물며 알 안달루스 문명을 꽃피웠다. 알 안달루스의 무어인들은 바그다드에 있는 이슬람 지도자인 칼리프와의 주종 관계를 단절하고 독립 왕조로 발전하여 번영을 누렸으며 그 수도인 코르도바는 30만 명의 인구와 함께 중세 시대에 바그다드, 비잔티움과 더불어 세계 3대 도시 중의 하나로 꼽혔다. 또한 무어인인 아비켄나와 아베로에스, 유대인인 마이모니데스 등의 철학자들에 의해 희랍철학이 깊이 있게 연구되고 이탈리아로 전파되면서 르네상스의 원동력이 된다.

아랍인들이 이베리아 반도에 머물렀던 시기는 그리스도 교도들의 입장에서 국토 수복 전쟁(Reconquista)의 기간이 된다. 북부 아스투리아스 지방에서 세력을 규합한 서고트 왕가의 귀족들은 펠라요(Pelayo, 718~737)를 왕으로 추대하여 코바동가 전투를 승리로 이끌었으며 이후 1492년 이사벨 여왕에 의해 무어 족을 완전히 몰아내기까지 국토 수복 전쟁을 수행한다. 스페인의 중세를 구성하는 이 시기는 민족의식이 희박했던 스페인인들의 정체성이 수립되는 시기였고 더 나아가 서유럽 국가들이 이슬람교도에 대항하여 그리스도교 신앙을 중심으로 결속력을 다지는 기회였다. 이베리아 반도의 국토 수복 전쟁은 예루살렘 탈환 운동과 더불어 각각 지중해의 서쪽과 동쪽에서 일어난 십자군 전쟁이자 무어인들에게는 성전(jihad)이었던 것이다. 이는 예루살렘 탈환을 위한 십자군 편성에서 이베리아 왕국들의 군대가 제외되었던 이유가 되기도 한다.

야고보 사도의 무덤이 발견된 것은 이베리아 반도가 무어 족에게 유린된 지 약 1세기 후의 일로서 한창 국토 수복 전쟁의 열기가 불붙던 시기였다. 따라서 당시 이 사건이 그리스도 교도들에게 미친 영향력을 가늠해 보기란 어렵지 않다. 먼저 교황 레오 3세는 야고보 사도의 무덤이 발견되었다는 소식을 모든 그리스도교 국가에 일대 사건으로 알린다. 또한 야고보 성인은 무어 족을 상대로 성전을 치르고 있던 스페인 군대, 더 나아가 스페인 전체의 수호성인이 되어 민족정신을 상징하기에 이르렀다.[7] 전설에 따르면 야고보 성인은 844년 라미로 1세가 압달라만 2세를 상대로 싸웠던 클라비호 전투에서 백마를 타고 나타나 무어 족 군대를 무찔렀으며 이에 도움을 받아 열세에 있던 그리스도교 군대가 승리를 거두었다고 한다. 이후 스페인 병사들은 전투가 벌어지면 용기백배하여 "돌격, 산티아고(성 야고보의 스페인어 발음)!"라고 외치며 싸웠다. 이런 전설 때문에 야고보 성인은 '마타모로스(Matamorros, 무어인을 죽인다는 의미)'라는 별명을 가지게 되었다. 오늘날에도 국토 수복전의 주된 무대가 되었던 지방과 산티아고 순례길의 성당에 가 보면 산티아고 성인의 기마상이 십자가 위에 위치해 있는 모습을 종종 볼 수 있다.

일설에 따르면 무어인들은 이베리아 반도를 침략하면서 이슬람교의 창시자인 마호메트의 유골 일부와 손을 가지고 왔다고 한다. 이것은 무어인들을 종교적으로 단결하게 만들고 병사들의 사기를 드높여주는 기적의 손이었다. 결국 이베리아 반도의 국토 수복전은 죽은 마호메트의 손과 죽은 야고보의 무덤이 이끄는 종교전쟁이었다고 할 수 있다.

---

7) 국토 수복전의 정신은 빨간색, 노란색, 빨간색이 아래위로 배치되어 있는 스페인 국기에도 잘 나타나 있다. 여기서 노란색은 스페인이 무어 족으로부터 탈환한 땅을, 빨간색은 그 과정에서 흘린 피를 상징한다.

IV. 그리스도교 세계의 빛

　'그리스도교 세계의 빛'이라 불리게 된 산티아고 데 콤포스텔라의 성역화 작업은 빠르게 진행되었다. 산티아고로 향한 최초의 순례자로 간주되는 아스투리아스 왕국의 동정왕(童貞王) 알폰소 2세는 진흙과 돌로 된 성전을 봉헌했으며 824년에는 그곳에 도시를 건설하고 교구청을 만들었다.[8] 이후 성당은 872년 알폰소 3세에 의해 로마네스크 양식으로 개축되었다. 한편 844년 클라비호 전투에서 야고보 성인의 도움을 받아 승리를 거둔 라미로 1세는 이에 대한 감사의 표시로 '산티아고 서약(Voto de Santiago)'을 공표한다.[9] 이는 그리스도교 왕국들이 산티아고 교회에 매년 첫 추수의 수확물과 전투에서 노획한 적의 전리품 일부를 봉헌한다는 내용이다. 이 서약은 국토 수복 전쟁이 종료된 이후에도 스페인 왕실에 의해 면면히 지켜지다가 1812년 카디스 의회에 의해 폐지되었으나 1936년 프랑코 총통이 정권을 잡으면서 부활하였고 오늘날까지도 상징적으로 남아 있다. 이는 산티아고 데 콤포스텔라가 스페인 및 교회 역사에서 차지하고 있는 중요한 비중을

---

8) 산티아고 데 콤포스텔라는 이미 그리스도교 전래 이전부터 순례지로 각광을 받았다는 설이 있다. 즉, 산티아고 대성당 건축에 쓰인 돌을 보면 암석조각들을 볼 수 있는데 이는 약 5천년을 거슬러 올라가는 역사를 가지고 있다고 한다. 일부 학자들은 산티아고가 이미 거석문명 시대와 그 후의 켈트족 시대에 모종의 순례지였을 것으로 추정한다. 이 가설이 옳다면 산티아고 데 콤포스텔라는 그리스도교 시대와 선사시대에 동시에 중요한 역할을 했던 성지가 되는 셈이다.

9) 일부 학자들은 클라비호 전투 시점을 856년(오르도뇨 1세)으로 보고 있고, 또 다른 학자들은 전투와 '산티아고 서약' 시기를 939년(오르도뇨 2세의 시망카스 전투)으로 잡는다. 그러나 다수의 학자들은 전투가 실제로 있었는지에 대해 회의적이다.

단적으로 말해 주는 실례이다.

현재 볼 수 있는 산티아고 대성당은 알폰소 6세에 의해 1078년에 짓기 시작해 1124년에 완공된 것이다. (그러나 성당의 지붕은 15세기, 회랑은 16세기, 그리고 종탑은 17세기에 완성되었다.) 성당 건축이 끝난 후 산티아고 교구는 대교구로 승격되었다. 그러나 산티아고 데 콤포스텔라의 성역화가 평온하게 진행된 것만은 아니었다. 산티아고는 노르만 해적(혹은 해적으로 위장한 영국인들)에게 여러 차례 습격을 당하였고, 특히 997년에는 무어 족의 전설적인 장군 알만소르(Almanzor)에 의해 점령되어 대성당의 종을 약탈당하는 수모를 당하기도 했다. (이 종은 알 안달루스의 수도인 코르도바로 운반된 후 이슬람 회당인 모스크의 촛대를 만드는 데 쓰였다. 1236년 코르도바를 탈환한 카스티야 왕국의 페르난도 3세는 무어인들에게 산티아고까지 이 촛대들을 등에 지고 나르게 하였다.)

산티아고가 지속적으로 알만소르의 침략에 시달렸음에도 불구하고 스페인의 인문학자인 메넨데스 피달은 이슬람 군대의 거듭되는 위협이 오히려 산티아고 순례길의 형성을 앞당기는 계기가 되었다고 말한다. 이는 910년에 설립되어 가톨릭교회의 개혁과 쇄신에 앞장섰던 프랑스의 클뤼니 수도원과 깊은 관계를 가진다. 즉, 알만소르의 공격으로 성지가 위험하다는 소식을 들은 클뤼니 수도사들은 서둘러서 야고보 사도와 산티아고 순례길에 대한 종합 안내서라 할 수 있는 〈칼릭스토 법전(Codice calixtino)〉[10]과 콤포스텔라 역사를 편찬해 냄으로써 산티아

---

10) 〈칼릭스토 법전〉은 교황 칼릭스토 2세의 명령으로 시작하여 1139년경 프랑스의 수도사 에메릭 피코(Aymeric Picaud)가 완성한 최초의 산티아고 순례 안내서로서 모두 5권으로 구성되어 있다. 제1권은 야고보 사도의 축일에 거행되는 미사 전례, 제2권은 성

산티아고 대성당
산티아고 순례 예정의 종착지

고 순례가 유럽 전역에 확산되는 데 크게 기여했다. 스페인 왕국의 국왕들 역시 스페인 북부, 특히 산티아고 순례길 주변으로 많은 클뤼니 수도원을 설립하면서 수도원의 그물망을 구축하게 된다.

인에 관련된 22개의 기적 이야기, 제3권은 성인의 유해가 예루살렘에서 산티아고로 운구된 내력, 제4권은 스페인에서 불신자들을 쫓아내고 산티아고 순례길을 만들기 위해 노력한 샤를마뉴 대제의 공적 이야기, 그리고 제5권은 순례길 안내서(Pilgrim's Guide)이다. 이 안내서는 순례길의 지명, 도로, 숙박소와 병원, 음식과 물, 주민들의 풍습과 언어 등을 기록하는 한편, 1130년 현재 프랑스 내에 구축되어 있던 4개의 순례길과 스페인 내에 나 있는 1개 루트를 안내하고 있다. 순례객들이 서로 주고받았던 '울트레야(Ultreia)'와 '수세이야(Suseia)'와 같은 용어도 소개되어 있다. 이 책은 곧 순례를 위한 필독서가 되었으며 중세의 생활상을 보여 주는 귀중한 사료가 되기도 한다. 현재 산티아고 데 콤포스텔라 대성당에 보관되어 있다.

클뤼니 개혁의 도입은 스페인 역사에서 중요한 의미를 가진다. 프리실리아노를 비롯한 이단의 영향이 사라지지 않았고 교황의 통제가 잘 미치지 않아 단순한 지방교회에 머물러 있던 스페인 교회가 교황청과 깊은 유대감을 가지고 있던 클뤼니 수도원 운동 덕분에 고립에서 탈피하였으며 스페인이 유럽 사회에 통합되는 전환점을 맞은 것이다. 또한 클뤼니 수도원은 산티아고 순례길을 통해 스페인에 로마네스크 교회 건축 양식을 본격적으로 도입하였는데 이것 역시 스페인이 유럽과 통합되는 상징적인 사건이 된다. 로마네스크 양식은 후일 고딕 양식으로 발전하는데, 오늘날 스페인 북부에서 볼 수 있는 대부분의 고딕 양식이 원래는 로마네스크 양식이었다고 할 수 있다.[11] 결국 산티아고 순례길은 클뤼니 수도원 운동과 로마네스크 건축과 더불어 스페인이 고립을 탈피하고 정치, 경제, 문화적으로 유럽에 문호를 개방하는 결정적인 전기가 되었던 것이다.

유럽 전역에서 몰려드는 산티아고 순례자는 10세기에 들어서면서 본격적으로 증가하기 시작한다. 그러나 산티아고 데 콤포스텔라가 절정기를 맞는 것은 대성당이 완공되고 무어 족의 군사적 위협이 사실상 사라지는 12~13세기에 이르러서이다. 특히 교회의 제1성지인 예루살렘 순례가 막히면서 산티아고 데 콤포스텔라는 더 각광을 받았다. 638년 아랍인들이 예루살렘을 점령했을 때만 해도 그리스도교도들의 성지순례에는 별 지장이 없었으나, 1071년 셀주크 터키가 예루살렘을

---

11) 산티아고 순례길에 있는 대표적인 로마네스크 양식의 성당으로는 산티아고 데 콤포스텔라 대성당을 비롯하여 하카(Jaca)의 산페드로 성당, 프로미스타(Fromista)의 산마르틴 성당, 레온(León)의 산이시도로 성당 등을 들 수 있다.

정복한 이후 11세기 말부터 순례가 큰 방해를 받았으며 십자군 전쟁으로 전화에 휩싸이면서 상황이 더욱 어려워졌던 것이다.

교황 칼리스토 2세(1060~1124)는 산티아고에 로마 가톨릭교회가 줄 수 있는 성지로서의 최고 영예를 부여하였고, 알렉산델 3세(1100~1181) 교황은 산티아고를 로마, 예루살렘과 마찬가지로 '거룩한 도시(Holy Town)'로 명명하였다.[12] 이에 따라 야고보 축일인 7월 25일이 일요일과 겹치는 성년(Holy Year)에 이곳을 순례할 경우 지은 죄에 대한 잠벌이 사해지는 전대사(全大赦)를 얻을 수 있었다. 이러한 희년이 로마에서는 보통 25년에 한 번씩 있다는 점을 감안할 때 파격적인 조치였다. 또한 산티아고 대성당 주변에는 로마네스크, 고딕, 그리고 바로크 양식이 혼합된 여러 건물과 성당 및 수도원이 지어지면서 본격적인 도시화가 이루어진다. 이제 갈리시아 지방은 더 이상 세상의 끝(피니스테레)이 아니라 그리스도교의 주요 중심지로 탈바꿈하였고 덩달아 경제적 번영도 누릴 수 있었다. 또한 산티아고는 스페인이 유럽을 향해 문을 여는 계기가 되는 동시에 유럽의 그리스도 교도들을 하나로 묶어 주는 구심점 역할을 수행하게 된다.

---

12) 1179년 알렉산델 3세에 의해 공포된 이 교서(Regis aetemi)는 현존하는 최고(最古)의 것이다.

V. 모든 길은 산티아고로 통한다

유럽에서 가장 오래되고 긴 순례길인 산티아고 순례길(Camino de Santiago)은 하나의 특정한 길이 아니라 산티아고로 통하는 유럽 내의 모든 길을 지칭한다. 이 중 외국에서 오는 길로는 프랑스의 길, 포르투갈의 길, 영국의 길, 독일과 오스트리아의 길이 있는데, 그 가운데 프랑스의 길은, 〈칼릭스토 법전〉이 안내하고 있듯이, 국토를 가로지르는 4갈래 길로 나뉘었다.[13] 이들 길은 유럽 전역, 즉 독일, 이탈리아, 심지어는 스칸디나비아에서 출발하는 순례길과 거미줄처럼 연결되어 있었다.

한편 스페인 영토 내에도 산티아고의 길은 사방으로 뻗어 있는데 크게 8개의 길로 구분된다.[14] 순례길 가운데 가장 많이 알려진 대표적인 코스는 프랑스와 스페인의 국경지대에 있는 생 장 피에 드 포르(Saint Jean Pied de Port)에서 출발하여 팜플로나, 푸엔테 라 레이나, 부르고스, 레온, 폰페라다 등지를 거쳐 산티아고에 이르는 약 800km의 '프랑스 루트'이다. 프랑스 루트는 일찍이 중세 시절부터 유럽과 스페인을 이어 주는 대표적인 통로가 되어 도로와 다리 등 인프라가 정비

---

13) 파리에서 출발하는 투로넨스(Turonense) 길, 베즐레에서 출발하는 레모비센스(Lemovicense) 길, 르푸이에서 시작하는 포디앙스(Podiense) 길, 아를르에서 시작하는 톨로사나(Tolosana) 길.

14) 갈리시아 해안에서 출발하는 갈리시아(Galicia) 길, 프랑스 국경에서 출발하는 프랑스(Franceses) 길, 이베리아 반도 북부 해안을 따라오는 북부(Norte) 길, 세비야에서 출발하는 은색(Plata) 길, 마드리드에서 출발하는 카스티야(Castilla) 길, 카탈루냐에서 출발하는 카탈루냐(Cataluña) 길, 알리칸테에서 출발하는 남동부(Sureste) 길, 말라가에서 출발하는 모사라베(Mozárabe) 길.

문화로 세상읽기

모든 길은 산티아고로 통한다

되고 숙박시설과 병원 등 순례를 위한 편의시설들이 들어서게 되었다. 이 길은 또한 밤하늘에 펼쳐진 은하수의 안내를 받아 서쪽을 향해 걷는 코스로 알려지기도 했다.

오늘날과 달리 중세 시대에는 순례에 나서는 것 자체가 목숨을 건 모험이었다. 때문에 순례자들은 출발하기 전 주위 사람들에게 성대한 잔치를 베풀면서 기약 없는 작별을 하였으며 비장한 심정으로 유언장을 작성했다. 길은 험하고 악천후와 풍토병, 독충과 맹수, 그리고 산적과 강도가 순례자들을 위협했기 때문이다. 때문에 카스티야 왕국에서는 순례자를 보호한다는 목적으로 1156~1171년 사이에 칼라트라바, 알칸타라, 산티아고 등의 기사단이, 포르투갈에서는 아비스 기사단이 창설되었고, 이 밖에 템플 기사단과 성 요한 기사단도 활동하였다. 그러나 모든 순례자가 신앙에 바탕을 둔 순수한 의도를 가진 것만은 아니었다. 일부는 지은 죄의 처벌로 순례길에 나섰고 또 다른 사람은 주인의 참회를 위해 돈을 받고 순례에 나서기도 했다. 한편 정해진 순례 복장은 없었으나 걷는 데 방해가 되지 않는 짧은 망토의 거친 옷, 햇빛을 가려 주는 차양 모자, 그리고 야고보 사도의 상징이자 순례자 신분을 표시하는 가리비[15)]를 몸에 걸친 모습이었고 지팡이와 수통용 조롱박 그리고 성실의 증거였던 사슴가죽 주머니도 지참했다. 이들은 순례를 완수하여 속죄하고 부과된 일련의 계율을 지키면 순례를 수행한 증거로 '콤포스텔라'라는 증서를 받았다.

비록 순례길은 위험하고 고생스러웠지만 역사적으로 산티아고의 길을 따라 수많은 이야기가 만들어졌고 때로는 낭만적인 사랑과 감동적인 기적의 무대가 되기도 했다. 〈칼릭스토 법전〉은 산티아고 순례길에서 일어난 22개의 기적을 수집해 놓았는데 그 가운데 가장 잘 알려진 이야기는 다음과 같다.

1090년경 부유한 독일인 일행이 산티아고 순례길에 나섰다. 이들이 프랑스 남부의 툴루즈에 이르러 한 여관에 숙박을 하게 되었는데 여관 주인은 독일인들이 부자인 것을 보고 욕심이 생겨 계략을 꾸몄다. 그는 저녁에 순례객들에게 술을 많이 권하여 취하게 한 다음 자기 집의 은잔 하나를 일행 가운데 한 부자(父子)의 자루에 몰래 넣었다. 다

---

15) 가리비는 갈리시아 해안의 특산물인데, 산티아고 순례를 다녀온 사람들이 순례의 증거로 부착하고 다니면서 산티아고 성인 및 순례의 상징이 되었다. 이에 따라 스페인어로 vieira라 불리는 이 조개는 프랑스어로는 아예 '산티아고의 조개(Coquille Saint-Jacques)'라 불리고 있다.

음날 주인의 계략에 빠진 이들 부자는 은잔을 숨기고 있는 것이 발각
되어 결국 재판관에게 넘겨져 아버지와 아들 가운데 한 사람이 교수
형을 당하게 되었고 그들의 짐은 여관 주인의 차지가 되어 버렸다. 아
버지와 아들이 서로 죽겠다고 나섰으나 결국 아들이 교수형을 당하였
고 풀려난 아버지는 비탄 속에 산티아고 순례길을 계속했다. 산티아
고를 순례한 후 귀향길에 올라 36일 만에 그 마을로 돌아온 아버지는
아직도 교수대에 매달려 있는 아들의 시신을 보고 슬픔에 겨워 한없
이 울었다. 그런데 갑자기 아들이 살아나 이렇게 말했다. "사랑하는
아버지, 울지 마세요. 그리고 감사 기도를 드리세요. 저는 과거 어느
때보다 더 건강합니다. 그동안 자비하신 야고보 성인께서 당신의 손
으로 손수 저를 먹이셨거든요." 이로 인해 마을 사람들은 탐욕스러운
여관 주인의 죄를 알게 되었고 아들이 매달렸던 교수대에 그 주인을
목매달았다.[16]

　야고보 성인을 기리고 순례자들의 용기를 북돋기 위해 만들어진 산

---

16) 이와 비슷한 다음 기적도 널리 퍼진 이야기이다. 12세기경 한 독일인 부부가 18세 아
들을 데리고 산티아고 순례길에 나섰다. 이들은 오늘날 산토 도밍고 데 라 칼사다의
한 여관에 묵게 되었는데 준수한 용모의 아들이 여관에 사는 창녀의 유혹을 받았다.
그러나 유혹을 거절하자 그녀는 앙심을 품고 젊은이의 짐에 은잔을 감춘 뒤 도둑의 누
명을 씌웠다. 결국 젊은이는 교수형을 당하게 되었고 그의 부모는 산티아고 순례를 계
속했는데 순례를 마친 후 귀향하는 길에 교수대에 들르자 아들이 건강하게 살아 있는
것을 발견했다. 이에 기쁨에 찬 부모는 마을의 통치자에게 달려가 그 소식을 알렸으나
마침 닭요리를 먹으려 하고 있던 통치자는 이를 믿지 않으면서 "만일 젊은이가 살아
있다면 이 접시 위의 닭이 울 것이다"라고 소리쳤다. 그때 과연 튀김요리 상태인 닭이
살아나서 울어 통치자를 놀라게 하였다. 산토 도밍고 데 라 칼사다의 성당에서는 그
기적을 기념하여 1460년대에 교회 안에 닭장을 만들어 지금까지 하얀 닭 한 쌍을 기
르고 있다.

티아고 순례길의 전설은 〈칼릭스토 법전〉 외에도 많은 이야기가 전승되고 있으며 오늘날에도 매일 매일 새로운 이야기가 쓰이고 있다.

VI. 파울로 코엘료의 순례자

산티아고 순례는 14세기 이후 쇠퇴의 기미를 보인다. 이는 14세기 중엽부터 16세기 중엽까지 2세기 동안에 걸쳐 교회 내부의 분열과 프로테스탄트의 출현으로 가톨릭교회가 결정적인 위기를 맞는 상황에 기인할 것이다. 특히 로마와 아비뇽에 두 명의 교황이 존재하여 서방 교회의 대분열기라고 불리는 1378~1417년 사이의 기간은 1054년 동서교회 분열에 못지않은 상처를 가톨릭교회에 입히며 순례 열기에 찬물을 끼얹었다. 이와 아울러 국토 수복전이 막바지에 치달으면서 국가적 관심이 남쪽 지방으로 쏠리는 한편, 15세기 들어 유행한 흉작, 기근, 흑사병으로 인해 국토가 황폐해지는 것도 순례객 감소의 주된 요인이 되었을 것이다. 산티아고 순례는 16세기의 종교개혁과 그 뒤를 이은 신·구교 전쟁 기간에 더욱 침체되었고, 18세기 계몽주의 시대에는 거의 잊힌 존재가 되었다.

산티아고 순례는 제2차 세계대전이 끝나면서 몇몇 프랑스인들에 의해 다시 관심의 대상이 되기 시작한다. 특히 산티아고 데 콤포스텔라는 1982년 교황 요한 바오로 2세의 방문을 계기로 본격적인 주목을 받게 되었고 로마네스크, 고딕, 르네상스 그리고 바로크 양식이 혼합된 아름다운 구시가지는 1985년 유네스코에 의해 세계문화유산으로 지정되었다. 한편 산티아고 순례길은 1987년 유럽연합 의회에 의해 '유럽문화길'로 선정되었으며 1993년에는 길의 자격으로는 처음으로 유네스코에 의해 세계문화유산으로 지정되기도 했다. 1993년은 산티아고 성년이기도 했는데 갈리시아 주정부는 관광산업 진흥책의 일환으로 산티아고의 길을 대대적으로 홍보하고 나서는 한편 대대적인 인프라 구축 및 보수 작업을 시행했다. 덕분에 1992년의 순례자가 9,764명에 그쳤던 것에 반해 1993년의 순례자는 무려 10배가 넘는 99,436명으로 비약적인 증가를 기록했다.[17]

통계에 의하면 산티아고 순례는 꾸준히 증가했지만 특히 산티아고 성년을 맞이하는 해에 특별히 더 많은 순례객이 몰리는 현상을 볼 수 있다. 그런데 흥미로운 사실은 1980년대 후반에는 성년이 없었음에도 불구하고 비약적인 순례객 증가를 볼 수 있는데 이는 브라질 작가인 파울로 코엘료(Paulo Coelho, 1947~)가 1986년 이 길을 직접 순례한 후 쓴 소설들이 세계적인 베스트셀러가 되면서 산티아고의 홍보에 많은 도움이 되었기 때문이라고 간주된다. 『콤포스텔라의 순례자: 마법사의 일기』(1987)는 지금까지 20권에 가까운 소설을 썼으며 약 80개국에서 6천만 부 가까운 작품이 팔린 코엘료의 첫 작품이자 산티아고 순례 경험을 소설화한 것이다. 주인공은 산티아고로 향하는 길에 신비스러운 정신적 지도자인 페트루스와 동행하며 여러 가지 시험과 수련

---

17) 산티아고 데 콤포스텔라 대성당 자료에 따르면 순례자 숫자는 연도별로 다음과 같은 변화를 보인다(여기서 굵은 색으로 처리한 해는 산티아고 성년). 1970(68), **1971(451)**, 1973(37), **1976(243)**, 1978(13), 1980(209), **1982(1,868)**, 1984(423), 1986(1,801), 1989(5760), 1991(7,274), **1993(99,436)**, 1996(23,218), **1999(154,613)**, 2001(61,418), **2004(179,944)**, 2007(114,026).

에 직면하게 된다. 이를 통해 작가는 순례길을 걷는 것과 목표를 가지고 우리 삶을 개척해 나가는 길이 궁극적으로는 다르지 않다는 진리를 보여 준다. 이후 출판되는 코엘료의 작품들 역시 대개 삶의 의미를 추구하고 절대자와의 합일을 모색하는 과정을 보여 준다.

때문에 파울로 코엘료는 비록 가톨릭 신자로 자처하고 있으나 다양한 종교를 인정하면서 모든 종교는 궁극적으로 하나의 절대자로 향한다는 신비주의적 성향을 가진다. 이는 제도종교의 지나친 교계 제도를 비판하고 윤회사상을 믿으며 절대자와의 직접 대면을 주장하는 점에서도 알 수 있다. 그는 인간의 구원 문제를 지속적으로 제기하고 있는데 그가 결국 제시하는 해답은 바로 사랑이다. 그 사랑은 『연금술사』에서 주인공이 폭풍을 일으키는 장면에서 볼 수 있듯이 단순히 인간의 정신적, 육체적 사랑을 초월하여 세상 창조의 본질이며 우주를 돌아가게 하는 원리이다. 아울러 작가는 우리에게 절대자나 진리가 우리와 멀리 떨어져 있는 별개의 것이 아니라 우리 주변에 있음을 강조한다.[18] 이는 코엘료가 1986년 산티아고 순례를 직접 다녀와서 우리에게 늘 하는 충고의 말이기도 하다. 여기서 우리는 진정한 순례의 의미에 대해 물음을 던지지 않을 수 없다.

---

18) 이런 점에서 파울로 코엘료는 때로 뉴 에이지(New Age)의 스승이라 간주되기도 하고 실제로 미국의 인터넷 서점 아마존에는 그의 책이 뉴 에이지 섹션에 배치되어 있다. 그러나 작가 자신은 뉴 에이지를 잡탕(melting pot)이라 비판한다. 실제로 절대자를 추구한다는 점만 고려하더라도 코엘료는 뉴 에이지 사상과 구분되어야 할 것이다.

VII. 자기를 찾는 느림의 여정

십자군 시대의 산티아고 순례길이 21세기에 들어와서 순례객으로 더욱 넘쳐나는 현상은 일견 설명하기 어렵다. 물론 중세 시대의 순례 목적이 다양했듯이 오늘날의 순례 여행 역시 다양한 동기를 가지고 있다. 어떤 이에게 이 길은 종교적 고행의 길이 되기도 하지만 다른 사람에게는 관광용 이벤트이고 또 어떤 사람에게는 다이어트 겸 운동을 겸한 극기 체험의 기회로 이용되기도 한다. 실제로 순례자들 가운데 상당수는 가톨릭 신앙과는 거리가 먼 사람들이다. 그럼에도 불구하고 산티아고에 이르는 약 40일간의 고된 일정을 거치며 순례자들은 좋든 싫든 타인과 관계의 장을 맺으면서 설명하기 힘든 유대감을 형성한다. 또한 이들에게 순례는 어느 순간 영적 의미를 띠고 다가온다.

순례자는 개척자와는 다르다. 개척자가 자신이 가는 곳이 어딘지도 정확히 모르는 상태에서 전인미답의 길을 개척하여 후세에 남겨 주는 역할을 한다면 순례자는 이미 앞선 세대가 닦아 놓은 길을 가면서 그들의 지혜를 전수받고 내적인 변화를 일으키게 된다. 즉, 순례의 핵심은 외적 여정이 아니라 내적 모험이다. 따라서 그것은 고향 이타카를 찾는 오디세우스의 수평 이동, 즉 방랑이 아니라 구원을 찾는 단테의 수직이동, 즉 승화이다. 오디세우스의 여정이 페넬로페와의 만남과 왕국의 회복으로 끝난다면 단테의 여정은 하느님과의 합일과 영원한 구원으로 종결된다.

종국적으로 순례가 하느님과의 만남으로 귀착된다 해도 그 과정이 무시되는 것은 아니다. 수많은 만남을 통해 삶을 영위하는 것처럼 순례자 역시 길에서 많은 존재와 만나고 관계를 맺는다. 타인과 만나고, 자연과 만나고, 절대자와 만난다. 따라서 순례의 목적은 산티아고에 도착해서 받는 증서가 아니라 길을 걷는 과정 자체이다. 순례는 우리의 죽음으로 비로소 막을 내린다. 그런데 인간은 삶의 과정에서 이미 구원의 상태에 다다랐다는 착각을 하기도 한다. 그러나 우리가 하느님께 더 가까이 갈수록 하느님은 저만치 달아나신다. 따라서 순례는 끊임없는 인내의 시험이며 그 과정에서 우리는 평생 매혹과 환멸을 반복한다.

산티아고 순례에서 배우는 가장 큰 교훈은 무엇일까? 순례를 다녀온 사람들이 이구동성으로 말하는 것처럼 그것은 바로 버리는 일이다. 순례길은 몸에 있는 것을 최대한 버려야 하는 무소유의 도량이다. 파울로 코엘료를 비롯해 순례를 경험한 모든 이들도 "가볍게 다니라"라고 충고한다. 여기서 표지는 구원을 향한 이정표가 될 것이고 가볍게 다니라는 말은 그곳에 이르기 위한 지혜가 될 것이다. 이 점에 관해서 예수님은 이미 우리에게 충고하신다. "누구든지 내 뒤를 따라오려면, 자신을 버리고 날마다 제 십자가를 지고 나를 따라야 한다"(루카 9,23). 따지고 보면 예수님은 위의 정신을 구현한 최초의 순례자가 될 것이다. 즉, 그분은 아버지와 만나기 위해 모든 것을 버렸다. 유일하게 가지고 갈 것이 있다면 예수님이 그랬듯이 바로 자신의 십자가이다. 이를 가장 잘 실천한 분이 바로 사도 야고보가 될 것이다. 부유한 집안 출신이었던 야고보 형제는 예수님의 부르심을 받자 고향, 부모, 친척, 배, 물고기, 돈 등 모든 것을 버리고 따라 나섰던 것이다. 버리는 것은 반드시 물질적인 것만을 지칭하는 것은 아니다. 우리는 버림을 통해,

문화로 세상읽기

명예, 지위, 지식, 재산, 직업 등 계량화된 기준에 따라 타인의 평가에 자신의 가치를 맡기는 허위의식으로부터도 해방되어야 한다. 이렇게 철저히 비워서 진공상태에 이를 때만이 비로소 주님의 말씀이 우리 안에 육화되어 나타날 것이다.

산티아고 순례에서 또 하나 배워야 할 것은 느림의 미학이다. 하루 빨리 목적지에 도착하고 싶은 욕심, 같은 길을 걷는 순례자들에게 추월당할 때 느끼는 초조감과 경쟁심 등은 오히려 순례를 망치는 방해 요소가 된다. 결국 순례자는 쉴 때는 푹 쉬고 걸을 때는 천천히 자연과 대화하면서 걷는 것이 가장 좋은 방법임을 깨닫게 된다. 아무리 늦게 도착해도 잠잘 곳이 나타나며, 빠른 속도로 자신을 앞질러 가던 순례자가 더 늦게 목적지에 도달하는 모습도 흔히 볼 수 있다. 느림의 미학을 통해 순례자는 순례길 최대의 경쟁자는 바로 자기 자신임을 서서히 깨닫게 된다. 순례의 진정한 의미를 깨닫는 사람에게는 더 이상 순례지의 명성 따위가 중요하게 간주되지 않는다. 우리의 일상적 삶 자체가 순례이기 때문이다. 매일 출퇴근하는 길, 미사 참례를 위해 걸어가는 길, 집 주변의 산책길 등 모두가 일상의 순례가 되면서 우리를 아스팔트 위의 깨달음으로 인도하는 것이다.

(2008. 11. 12)

실용주의와 한국 사회

조효제 | 성공회대 교수, 사회과학부

I. 밀워키 이야기

미국의 밀워키 시에서는 2007년 여름 내내 시민들의 축제가 열렸다. 밀워키 시가 자랑하는 대중 공원의 탄생 100주년을 기념하는 행사였다. 밀워키 시는 미국 중서부 위스콘신 주에서 제일 큰 도시이다. 어떤 도시의 대중 공원이 백 살을 맞은 것도, 또 그것을 경축하는 행사를 여는 것도 흔치 않은 일이다. 하지만 밀워키의 시민들은 자기 고장의 대중 공원에 대해 특별한 애착과 자부심을 가지고 있다. 그럴 만하기도 한 것이, 미국을 통틀어 가장 아름답고 규모가 크기로 소문난 대중 공원이 자기 동네에 있기 때문이다. 이 도시의 대중 공원은 미국 역사상 가장 성공적인 공원 조성 사업이자 도시계획 사례의 하나로 꼽힌다. 어떻게 해서 밀워키 시가 도시 대중 공원의 대명사처럼 불리게 되었을까? 어떻게 해서 밀워키 시의 대중 공원 시스템이 이렇게 유명세를 타게 되었고, 정치학 교과서에서까지 '공공성' 항목을 설명할 때 빠지지 않고 소개되는 것일까?

우선 밀워키 시의 대중 공원이 규모 면에서 우리의 상상을 초월한다는 점부터 말해야 할 것이다. 인구 60만 명 정도의 도시에 140여 개의 크고 작은 공원과 산책로가 들어서 있기 때문이다. 도시에 공원이 있는 것이 아니라 공원 속에 도시가 들어 있는 셈이다. 이들 공원을 모두 합치면 약 1만 5,000에이커의 크기가 된다고 한다. 우리식 계산으로 하면 1,800만 평 정도에 해당되는데, 이는 서울의 여의도가 7개 들어가고도 남을 만한 면적이다. 이곳에서 시민들은 일 년 내내 산책, 운동, 레크리에이션, 모임, 자선 음악회 등등의 활동을 벌인다. 대중 공원이 없는 밀워키를 상상할 수 없다고 보면 될 것이다. 이렇게 규모가 큰 대단위 공원을 유지하는 비용은 어디서 나오는 것일까? 일차적인 재원은 물론 밀워키 시의 시 재정에서 나온다. 그에 덧붙여 연방정부와 주정부의 녹지보존 보조금도 있고 각종 비영리단체의 지원도 있다. 그러나 눈에 보이는 유형의 재정뿐만 아니라 눈에 보이지 않는 무형의 시민적 사랑이 대중 공원을 아름답게 유지하는 데 절대적인 조건이 되고 있음을 지적할 필요가 있다.

밀워키 시의 대중 공원이 공식적으로는 작년에 100주년을 기념했지만 실제로 공원이 시작된 것은 19세기 전반부였다고 한다. 당시 이곳에 정착했던 프랑스-캐나다계 주민들이 현지 인디언들에게서 땅을 사들여 개인 소유의 녹지를 꾸민 것이 시초가 되었던 것이다. 그곳에서는 여가 활동뿐만 아니라 교회, 학교, 지역사회 모임 등이 벌어졌다. 하지만 밀워키 시의 대중 공원이 본격적으로 시작된 것은 1907년 8월 20일이었다. 이 날 밀워키 카운티의 공원관리공단이 정식으로 발족했던 것이다.

당시 상황을 살펴보자. 20세기 초 밀워키 시 당국은 외국으로부터의 이주자가 늘고 도시의 급격한 팽창에 따른 여러 사회 문제들 때문에 골머리를 앓고 있었다. 어떻게 하면 밀워키 시를 제대로 발전시키고 시정을 합리적으로 잘 운영할 수 있을까? 시민들이 정말 행복하게, 화목하게 어울려 살 수 있는 방법이 무엇일까? 이런 현실적인 고민 끝에 공원 녹지를 체계적으로 정비하자는 아이디어가 나왔다. 즉, 시의 운영을 잘 하기 위한 하나의 구체적인 수단으로서 대중 공원 조성을 선택한 것이다. 우리의 눈에는 문제 해결 방식치고는 약간 한가한 해결책처럼 보이기도 한다. 공원을 만들어서 도시를 발전시킨다?

여기서 빼놓을 수 없는 인물이 한 명 등장한다. 밀워키 시 대중 공원의 아버지로 불리는 찰스 휘트널(Charles B. Whitnall, 1859~1949)이다. 휘트널은 꽃가게를 경영하던 아버지 덕분에 어릴 때부터 아름다운 생활환경이 인간의 행복에 얼마나 소중한지를 직접 접하면서 자랐다. 장성하여 아버지의 화훼 사업을 물려받은 그는 타고난 근면과 성실로 집안에서 경영하던 꽃집을 아주 크게 키워 놓았다. 이에 그치지 않고 휘트널은 전미화훼협회의 창립회원이 되었고 미국에서 최초로 꽃을 퀵 서비스로 배달하는 제도를 만들기도 했다. 휘트널의 명성이 퍼져 나가자 밀워키 카운티 공원관리공단이 설립되었을 때 시당국은 휘트널에게 공단의 이사가 되어 달라고 요청했다. 화훼·조경 전문가가 공원관리공단을 맡는 게 좋겠다는 판단에서였다. 이 요청을 받아들인 휘트널은 1907년부터 무려 40년간 밀워키 시의 대중 공원을 위해 불철주야로 혼신의 힘을 다해 노력했다. 미국에서 공원관리공단의 이사는 무보수 명예직이다. 이런 자리에서 40년이나 봉사했다는 것은 그가 얼마나 열과 성을 다해 대중 공원 운동에 헌신했는가를 잘 보여 준다.

휘트널은 처음부터 대중 공원의 중요성을 잘 꿰뚫어 보고 있었다. 대중 공원은 단순히 사람들이 쉬어가는 녹지만이 아니다. 그곳은 바쁘고 비인간적인 현대 산업사회의 묵은 때를 벗겨 낼 수 있는 속세의 피정 장소이다. 대중 공원은 또한 지역사회의 모든 구성원들에게 공익을 제공한다는 공공성의 논리가 돈벌이와 상업의 논리를 제압하는 공동선의 실현 장소이다. 이것이 바로 휘트널의 대중 공원 철학이었다. 즉, 밀워키 시의 도시계획을 제대로 추진한다는 정도에서 한 걸음 더 나아가, 밀워키 시민들의 인성과 인간적 품위를 높일 수 있는 방안으로 대중 공원을 꿈꾼 것이다. 밀워키 시당국이 주로 도시의 발전을 염두에 두고 공원을 구상했다면, 휘트널은 시민들 심성의 내적 변화까지 생각하고 공원을 키운 것이다.

그는 공원관리공단의 이사가 된 후 밀워키 대중 공원의 청사진을 머릿속에 넣고 그 계획을 차근차근 실행에 옮겼다. 휘트널은 우선 도심에 있던 개인들의 사유 녹지를 시 예산으로 조금씩 매입하여 공용 녹지로 용도를 변경시켰다. 이것은 시당국에서도 원래 계획했던 일이었다. 하지만 휘트널은 그것에 그치지 않고 좀 더 크고 야심적인 계획을 꿈꾸고 있었다. 밀워키 시 도심에서 멀리 떨어진 시골 근교의 농지를 사들여 밀워키 시의 외곽 전체를 원형으로 잇는 대대적인 도시계획 청사진을 제시했던 것이다. 요즘 말로 그린벨트를 제안한 셈인데 당시에는 그것을 '녹색 목걸이(green necklace)' 사업이라고 불렀다. 그때가 1923년이었다. 휘트널은 도시 교외로 공원을 확장하자는 아이디어에 대해 난색을 표하던 시당국을 열심히 설득하였다. 앞으로 밀워키 시가 아주 크게 발전할 터인데 도시가 일단 팽창하고 나면 그때 가서는 절대로 녹지를 마련할 수 없다, 그러니 지금 저렴한 농지를 미리 구입해 두어야 한다고 틈만 나면 설득하였다. 시당국은 설득하기가 어려운 상대였다. 하지만 일반시민들의 반응은 시당국보다도 더 싸늘하였다. 시민들은 이렇게 불평을 늘어놓았다. "왜 그렇게 먼 곳에 있는 땅을 시 예산으로 구입하는가? 도대체 그렇게 먼 교외까지 누가 나가겠는가? 시 예산을 왜 그런 식으로 쓰는가? 도대체 시당국이 제정신인가?"

하지만 휘트널은 굴하지 않고 자신의 청사진을 차근차근 실행에 옮겼다. 밀워키 시의 인구가 늘어나면 대중 공원이 중요한 역할을 할 날이 반드시 올 것이라는 신념이 있었기 때문이다. 휘트널은 공원관리공단의 다른 이사들에게도 대중 공원이 아름다운 경관뿐만 아니라 시민의 건강과 정신과 공중도덕에도 큰 도움이 될 것이라고 열심히 설득하였다. 그 결과 대공황으로 경제가 극심하게 어려워져 한 푼의 예산이 아쉬울 때에도 밀워키 시에서는 좋은 땅이 나오기만 하면 시 부지로 매입하였다. 개발을 목적으로 한 것이 아니라 공원용 부지를 목적으로 한 것이었으니 주변의 손가락질이 얼마나 심했을지 능히 짐작할 수 있다. 하지만 휘트널은 생활이 어려울수록 시민들에게는 시름

을 달래 줄 녹지공간이 필요하다는 논리로 대중 공원 계획을 밀고 나
갔다.

그의 이러한 노력 덕분에 밀워키 시뿐만 아니라 미국 전체에서 도
시 대중 공원의 개념이 바뀌었을 정도였다. 미국에서는 19세기까지만
해도 도시의 공원이라 하면 도시 중심가, 도심 주변의 녹지를 의미했
을 뿐이었다. 그러나 휘트널의 사업 이후 이제 도시 대중 공원이라고
하면 도시 근교를 잇는 대규모 목걸이 모양의 녹지공간까지를 모두
의미하게 된 것이다. 또한 대중 공원은 공동체의 심성과 품격을 나타
내는 하나의 상징이 된 것이다. 휘트널 덕분에 '자연과 함께하는 도시
인'이라는 비전이 처음으로 구체화되었다고 한다. 밀워키 시는 휘트널
의 업적을 기념하여 산하 공원 중 한 곳을 '휘트널 공원'으로 명명하
였다. 휘트널은 아흔을 넘긴 나이인 1949년에 타계하였는데 지금도
밀워키 시의 주민들은 그를 밀워키 시 대중 공원의 아버지로 기억하
고 있다.

휘트널은 말을 앞세우지 않고 묵묵하게 열심히 일하는 것으로 소문
이 나 있었다. 그는 끊임없이 일하는 모습을 보이면서 공원관리공단
의 동료 이사들, 시당국, 지역사회 시민들과 항상 대화하고 의견을 나
누었다. 자신에게 손가락질을 하는 사람들과도 그는 늘 대화하고 경
청하는 자세를 지켰다고 한다. 아주 유연하고 겸손한 자세로 자신의
비판자들까지 감복하게 만들었던 것이다. 그러나 휘트널은 몇 가지
원칙을 고수했다. 우선, 사익보다는 공익이 우선이라는 원칙을 철저하
게 지켰다. 그는 개인 소유의 땅보다 시당국이 보유한 공공녹지가 지
역사회 모든 구성원에게 더 큰 혜택을 준다는 믿음을 신봉했다. 그리

고 유료 놀이공원이 아닌 무료 대중 공원이 많아져야 진정한 공공성이 지켜진다는 원칙을 고수했다. 유료 놀이공원도 없는 것보다는 있는 게 낫겠지만, 그렇게 했을 때 호주머니 사정상 공원을 이용하지 못하는 사람이 나오기 마련이다. 그렇게 되면 공공성 또는 공동선의 원칙에 어긋난다는 것이다. 또한 휘트널은 모든 시민이 자기 세대의 이익뿐만 아니라 자자손손 미래 세대의 이익도 고려할 줄 알아야 한다는 원칙에 충실했다. 살아 있는 세대는 발언권이 있지만 앞으로 태어날 세대는 아직 발언권이 없다, 그러니 우리 세대의 깨어 있는 사람들이 우리 자손들을 위해 발언해 주어야 한다, '우리는 영원히 이 땅에서 살 수 있는 불멸의 존재가 아니다. 미래 세대와 더불어 살아가야 할 한시적인 존재일 뿐이다'라는 것이 그의 깊은 믿음이었다.

그러므로 휘트널이 이러한 원칙들을 끝까지 지켜 낸 것이 오늘의 밀워키 대중 공원을 가능하게 만든 결정적 요인이었다고 할 수 있다. 여기서 우리가 기억해야 할 바가 있다. 휘트널은 원칙을 위한 원칙, 고집을 위한 고집을 부린 것이 아니었다. 대중 공원을 많이 만드는 것이 모든 시민들에게 궁극적으로, 집단적으로, 장기적으로 더 큰 이익이 되기 때문에 원칙을 지켰을 뿐이다. 그는 눈앞의 이익과 단기적인 상업 논리에 휘둘리지 않고, 상식과 양식과 긴 안목에 의존해서 더 '개명된 이익'을 추구한 지혜로운 현실주의자였던 것이다. 한 마디로 말해 참된 실용주의를 실천한 주역이었다고 할 수 있겠다.

바로 이 점이 오늘 이 자리에서 필자가 말하고자 하는 핵심이다. 그렇다면 오늘의 중심 주제인 실용주의는 도대체 무엇인가? 그것이 왜 오늘날 한국 사회에서 널리 회자되고 있는가? 실용주의라는 말이 유행한다는 것이 우리에게 무엇을 의미하는가? 그것은 과연 얼마나 좋은 것인가? 잘못된 실용주의와 참된 실용주의를 구분할 수 있을까?

II. 실용주의란 무엇인가?

실용주의는 원래 철학 용어이다. 실용주의는 영어의 프래그머티즘 (pragmatism)을 번역한 말이다. 미국의 철학자 찰스 샌더스 퍼스(Charles Sanders Peirce, 1839~1914)가 1870년대 초에 처음으로 쓴 용어라 한다. 실용주의는 "진리를 생태학적으로 설명"했다는 평을 듣는다. 이것이 무슨 뜻인가? 어떤 살아 있는 생물이 자신이 처한 주위 환경을 이해하려 할 때 여러 수단을 써서 조사와 탐색을 하게 된다. 이러한 탐구과정을 흔히 진리를 찾는 과정이라고 하지만, 실용주의자가 보기에 진리는 객관적으로 존재하는 어떤 실체가 아니다. 진리는 그러한 탐구과정에서 실질적인 결과나 효과를 낳게끔 해 주는 하나의 '수단'일 뿐이다. 즉, 어떤 탐구 과정에서 실질적인 결과를 도출하게끔 해 주는 효과적인 수단, 그것이 바로 진리라는 것이다.

이렇게 보면 진리는 어떤 궁극적인 실재가 아니라 일련의 탐구 과정 내에 위치하는 하나의 도구적 기능이 된다. 따라서 어떤 개념이나 사고는 현실 속에서 구체적인 결실을 내게끔 해 줄 때, 그리고 어떤 구체적인 행동을 잘 가이드해 줄 수 있을 때 비로소 의미가 생길 수 있다. 이런 주장은 다음과 같은 식으로 확대된다. 즉, 서로 차이가 나는 개념들이 있다 하더라도, 그것이 현실적이고 구체적으로 어떤 다른 결과를 야기하지 않는 한 그러한 차이는 아무런 의미가 없다는 것이다. 실용주의의 이런 접근 방식은 진리를 객관적으로 존재하는 실체라고 믿었던 많은 사람들에게 충격으로 다가왔다. 그 때문인지 풍자하기 좋아하는 사람들은 "피상적인 사람만이 사물을 외양으로 판단하지 않는다"라고 한 오스카 와일드의 농담이 실용주의를 잘 요약했다고 비꼬기도 한다.

실용주의 내에도 여러 분파들이 있지만 실용주의는 대체로 다음 몇 가지 핵심적 특징을 가지고 있다. 첫째, 실용주의는 실천과 분리된 개념이나 이론에 큰 의미를 부여하지 않는다. 둘째, 실용주의는 이론과 실천을 엄격하게 구분하지 않는다. 이론과 실천이 별개로 존재하는 것이 아니라, '지성적 실천'과 '우매한 실천'이 있을 뿐이다. 존 듀이는 이를 "실천을 지성화한다"라고 표현한다. 셋째, 과학적 탐구와 실증적 태도를 중시한다. 또한 데카르트 식의 심신 이원론을 거부한다. 넷째, 오류 가능성과 반회의주의 사이에서 중도노선을 추구한다. 이 말은 인간의 오류 가능성을 인정하고, 언제나 지금보다 더 나은 진리가 발견될 수 있다는 잠정적인 태도를 견지하지만, 그렇다고 해서 지금 현재 상태는 아무 쓸모도 없다는 식의 완전한 회의주의에 빠지지도 않는다는 것이다.

실용주의를 이처럼 철학적으로 정의했을 때 사람마다 그것을 받아들이는 태도가 달라질 것이다. 하지만 지금까지 실용주의는 어디까지나 철학이나 개인적인 사상에 한정되어 사용되어 왔다. 실용주의라는 말은 국민 대다수가 일상생활 속에서 흔히 듣는 표현이 아니었다. 실용주의가 우리 사회에서 널리 회자된 것은 현 정부가 출범하면서 그것을 정치의 핵심적 가치로 표방하고 나서부터이다. 철학 용어가 정치 구호로 전환되어 사용된 것이다.

그런데 너무도 당연한 말이지만, 정치 구호는 어떤 정치적 목적을 위해 쓴다. '실용주의'를 정치 구호로 썼을 때에 어떤 정치적 목적을 염두에 두었을까? 실용주의를 국가 시책으로 삼겠다고 나섰을 때에는 "그전까지는 실용주의적이지 못한 어떤 것들이 우리 사회를 나쁜 방향으로 이끌었으므로 그것을 바로잡기 위해 실용주의를 실천하겠다"라는 선언을 한 것이다. 여기서 우리는 다음과 같은 질문을 던질 수 있겠다. 현 정부가 보기에 그전까지 어떤 점들이 실용주의적이지 못해서 우리 사회가 잘못됐다는 말인가? 우리는 이 질문에 대한 해답을 유추해서 짐작할 수 있을 것이다.

현 정부가 비판하는 점들은 아마 다음과 같은 것이라고 짐작된다. 첫째, 우리 사회는 과도한 이념논쟁을 겪었다. 하지만 21세기에까지 그러한 이념논쟁이 웬 말이냐, 이제 그런 것들은 접어두고 국가 발전에 매진하자. 둘째, 오늘날 대한민국 국민들은 어떻게든 먹고 살아야 하고, 거친 국제 경제 환경 속에서 몸부림치며 적자생존 방식으로 살아가야 한다. 이런 판국에 어떤 고매한 원칙이나 이상만을 앞세우는 이상주의자는 실익도 없고 자기만 손해를 볼 뿐이다. 이것저것 따지지 말고 잘 먹고 잘사는 문제나 고민해 보자. 셋째, 실익도 없고 필요도 없는 공리공론이 왜 그렇게 많은가. 말 많이 한다고 잘살 수 있는가? 허황된 소리 하는 사람을 믿지 말고 일 잘하는 사람에게 국정을 맡기는 것이 절대로 필요하다. 이런 주장을 요약하자면 정치 구호로서의 실용주의는 세 가지를 멀리 하고, 세 가지를 선호하는 것 같다.

즉, ① 이념 ② 원리원칙 ③ 공리공론을 멀리하고 싶어 하고, 그 대안으로서 ① 목표 달성 ② 효율성 중시 ③ 실질적 결과 추구를 선호하는 특징을 가지고 있다고 하겠다.

여기서 우선 정치 구호로서의 실용주의가 적극적으로 주장하는 내용을 살펴보자. 실제 정치 구호로서의 실용주의는 철학적 실용주의와 엇비슷하게 들리지만 정확히 말해 '실사구시'와 비슷한 내용을 품고 있다고 하겠다. 무슨 '주의'라는 말을 써서 개념에 혼란을 초래하기보다 차라리 처음부터 '실사구시'라는 말을 썼더라면 더 낫지 않았을까 하는 생각도 든다. 그런데 잘 생각해 보면 이런 주장 하나하나가 겉으로는 그럴싸하게 들리지만 그 내용은 알맹이가 잘 잡히지 않거나 심각한 문제가 있는 내용들이다.

예컨대 목표 달성이라고 하면 어떤 목표를 달성하겠다는 것인가 하는 점이 먼저 제시되어야 한다. 현 정부는 그것을 '경제성장'에 두는 듯하다. 하지만 국내외 경제 환경의 악화로 선거공약으로 내세웠던 경제성장 목표를 달성하기가 어렵게 되었다. 하지만 이런 점을 차치하고라도, 과연 '경제성장'이 우리 국민 전체가 국가 목표로 내걸 만한 위대한 가치인가? 경제만 성장하면 만사형통인가? 경제성장은 어떤 상위 목표를 위한 도구적 개념에 불과하다. 무엇을 위한 경제성장인가 하는 점을 묻지 않고, 경제성장이 우리의 목표 그 자체라고 말해 버리면 그것은 물신 숭배의 또 다른 표현에 지나지 않는다.

효율성을 추구하겠다는 점도 마찬가지이다. 허례허식을 벗어던지고 내실 있게 일을 하자는 점에는 찬성하지만, 효율성이라는 구호 뒤에 반드시 도사리고 있는 사회적 비용이 만만치 않음을 기억해야 할 것이다. 효율성의 이름으로 사람을 함부로 해고하고, 효율성의 이름으로 환경을 파괴하고, 효율성의 이름으로 인간적 가치를 제쳐 놓을 때 그 후유증이 언젠가는 반드시 나타나게 되어 있다. 실질적 결과 추구라는 점도 애매하기는 마찬가지다. 현실을 살아가는 사람 중에서 공상적 결과를 추구하는 사람은 아무도 없을 것이다. 따라서 마치 지금까지 한국 사회가 공상적 결과만을 중시했다는 뉘앙스를 주는 말을 쓴다면 그것의 내용이 부실하고 부정확하다는 지적을 하지 않을 수 없다.

그렇다면 정치 구호로서의 실용주의가 배격하는 것들도 한 번 살펴보자. 첫째, '이념 배격'에 대해서는 현 정부의 입장 자체를 성찰해 봐야 할 것이다. 다 알다시피 현 정부는 시장 친화, 친 기업 정책, 비즈니스 프렌들리 등 '시장 만능주의'를 내세우고 있는 정부이다. 시장 만능주의는 경제학 용어로 신자유주의라 하며 이는 아주 급진적인 우파 경제이념에 속한다. 시장의 긍정적 역할을 인정하는 시장 긍정론과, 모든 것을 시장에만 맡기자는 시장 만능론은 엄연히 다르다. 시장 긍정론자가 모두 시장 만능주의자는 아니다. 가톨릭의 사회교리에서 말하는 사회적 시장경제는 바로 시장 긍정론을 말하는 것이지, 시장 만능론을 옹호하는 게 아니다. 이념 배격을 내세우는 정부가 급진적인 경제이념을 주창하는 것은 크나큰 역설이 아닐 수 없다.

둘째, 공리공론 배격은 모든 국민이 동의할 만한 내용이지만 이것이 혹여 시시비비를 가리지 말자는 식으로 오도되어서는 안 될 것이다. 역대 모든 정권은 언제나 집권 전에는 국민의 말을 귀담아듣겠다고 약속했지만 일단 권력을 잡고난 후에는 비판에 귀를 닫고 국민의 쓴 소리를 공리공론으로 폄하하곤 했다. 이런 사람일수록 다른 사람의 말은 안 듣고 자기 말만 하기 마련이다. 자기 말하기 좋아하던 어떤 대통령은 시민들의 이야기를 듣겠다고 청와대로 사람들을 불러 놓고 혼자서 마이크를 잡고 한 시간씩 장광설을 늘어놓는 무례를 범하기도 했다. 공리공론을 배격한다는 말을 하면 할수록 오히려 공리공론에 빠지기 쉽다는 점을 기억해야 할 것이다.

셋째, 실용주의가 배격하는 것 중에서 제일 문제가 큰 부분은 원리원칙을 경시하는 점이라 할 것이다. 정치 구호로서의 실용주의는 '원리원칙'을 마치 어떤 일을 가로막는 장애물처럼 여기는 경향이 있다. 하지만 애초 어떤 원리원칙이 생긴 것은 세상만사가 아무리 바쁘고 급하고 어렵더라도 반드시 지켜야 할 최소가 있다는 것을 항상 깨우치기 위해서였다. 모세가 시나이 산에서 하느님께로부터 받은 십계명도 종교적 의미에서의 원리원칙이었다. 국가의 원리원칙은 헌법과 법률이다. 정치의 원리원칙은 민주주의와 인권의 가치라 할 것이다. 이런 식의 원리원칙은 하늘이 무너져도 우리가 지켜야 할 기본가치들이다. 예를 들어 경제가 어렵다고 해서 주변의 약자들을 방치해서는 안 되고, 우리 아이가 좋은 대학에 들어가는 게 중요하다고 해서 모든 아이들을 입시경쟁의 생지옥으로 몰아넣고 그것의 문제점에 눈을 감아서는 안 된다는 말이다.

지금까지 나온 이야기를 정리하자면, 정치 구호로서의 실용주의는 그것이 나오게 된 정치적 배경을 이해한다 하더라도, 여러 모로 결함이 많은 주장이라고 할 수 있다. 이런 상황은 철학적 개념을 편의적 동기에서 정치 구호로 가져다 쓸 때부터 이미 예견된 일이었는지도 모른다. 이것은 현 정부를 위해서도 좋은 일이 아니다. 백보를 양보해서 실용주의를 좋은 의미로 쓴다 하더라도 그것을 국가 시책으로 내걸었을 때 구체적인 성과가 빨리 나오지 않으면 정부는 무능하다는 책임 추궁을 피하기 어렵게 된다. 그렇지 않아도 국민들은 조급하기 마련인데, 스스로 유능한 실용주의를 표방하는 정부에 대해서는 한시도 참지 못하고 실제적인 성과를 재촉하게 될 것이다. 이를 어떻게 감당할 수 있을 것인가? 하물며 실용주의가 무원칙한 정치 구호를 대변한다면 그것은 궁극적으로 우리 사회에 무익한 도덕적 해이와 냉소주의를 부채질할 가능성이 크다.

그런데 여기서 실용주의의 다른 측면에 대해 한 마디 덧붙여야만 하겠다. 정상적인 현대 국가에서는 어떤 정부도 사실상 내용적으로는 실용주의 노선을 걷지 않을 수가 없다. 20세기 이후에 실용적이지 않은 극단적인 정치이념으로 통치를 하여 성공한 나라는 지구상에 한 나라도 없었다. 파시즘이나 전체주의를 실험했던 나치 독일이나 소련이나 북한이 어떻게 되었는지 기억해 보라. 그러므로 이런 극단적인 경우가 아닌 한, 세상의 어떤 정부도 사실은 실용주의 노선을 취하기 마련이다. 선거 운동 기간에 뭐라고 약속했든 간에 일단 집권하고 나면 모든 정부가 현실의 제약조건 내에서 통치할 수밖에 없다. 이게 정치의 기본이고 불가피한 현실이기도 하다. 따라서 현대 국가의 모든 정부는 정도의 차이가 있을 뿐 사실상 실용주의 노선을 걷는 정부들이라 할 수 있다.

여기서 우리는 다음과 같은 중간 결론을 내릴 수 있겠다. 정치 구호로 사용하는 실용주의, 즉 '호명된 실용주의'는 이론적 · 실천적 측면에서 여러 가지 약점을 노출하기 쉽다. 하지만 대다수 국가에서 실제 정치를 할 때에는 실용주의적으로 정치를 하게 된다. 다시 말해 실용주의를 명백하게 내걸지 않더라도 실제로 모든 국가에서는 실용주의를 실천하며 이를 우리는 '익명의 실용주의'라 할 수 있을 것이다. 경우에 따라서는 익명의 실용주의가 필요할 때도 많다. 그렇다면 정치에 있어 '익명의 실용주의'란 도대체 무엇을 뜻하는가?

Ⅲ. 정치에 있어서 '익명의 실용주의'

정치에 있어 '익명의 실용주의'를 실천한다는 말은 선거 운동 기간에 한껏 높여 놓은 유권자들의 감정과 열정을 차분한 구체적 정책으로 전환시킨다는 말이다. 여기서 우리는 일종의 정치의 역설을 발견한다. 실용주의를 정치 구호로 명백하게 내세워 버리면 그것은 실용이 아닌 도그마로 전락할 가능성이 높은 반면, 선거 때에 선명한 정치 구호를 내세웠다 하더라도 일단 집권을 할 때엔 실용적인 정치를 하는 게 훨씬 유리하다는 점이다. 그 이유는, 일단 국정을 운영하는 주체가 되면 자기를 찍어 준 지지자들뿐만 아니라 모든 국민들을 상대로 정치를 해야 하기 때문이다. 예를 들어 51%의 지지자 덕분에 집권했다 하더라도 자신을 찍지 않은 49%를 배제하고 국정을 제대로 운영할 수는 없다.

어차피 소수파를 배려하고 양보도 하면서, 전 국민을 대표하고 전 국민을 위하는 정부로서 행동해야 하는 것이다. 그렇지 않고 자신을 찍어 준 지지자들을 위한 정책만을 시행할 때 그 정부는 성공할 가능성이 현저하게 낮아진다. 당장에는 지지파를 결속시킬 수 있을지 몰라도 장기적으로 보면 국론이 분열되고 지지율이 떨어지기 쉬우며 다음 선거에서 더 많은 반대파를 만들어 낼 것이기 때문이다. 이런 평범한 사실을 인정하고 실천하는 행위가 바로 '익명의 실용주의'라 할 수 있다. 실용주의를 전면에 내세우지 않더라도 실제로는 실용주의적 정치가 작동하게 하는 원칙이 바로 '익명의 실용주의'인 것이다. 이 사실을 이해할 때 우리는 그 어떤 정부도 선거 기간 중에 어떤 공약을 했든 상관없이 일단 정권을 잡고 나면 신중하게 현실적으로 행동하는 것이 현명하다는 점에 동의할 수 있을 것이다.

그렇다면 정치에 있어 '익명의 실용주의'를 규정하는 특징이 무엇일까? 익명의 실용주의의 가장 큰 특징은 첫째, 국민 통합형 정치를 들 수 있다. 한국처럼 여러 갈래로 분열의 골이 깊은 사회에서 이 점은 특히 중요하다고 하겠다. 우선 오늘날 한국 사회에서 이른바 진보와 보수의 이념적 골은 대단히 깊게 파져 있다. 이는 우리 현대사의 질곡을 반영하는 것이다. 양측은 서로가 불신하고 무시하며 경멸해 마지않는다. 같은 정치 공동체의 한 배를 타고 있는 동료 승객들이라는 의식이 아예 없는 것처럼 생각되기도 한다. 이들은 공동체와 관련된 모든 이슈에서 사사건건 부딪치며 생산적인 토론보다 소모적인 공격으로 상대와 자기 자신을 소진시키곤 한다.

우리나라에서 가진 자와 못 가진 자 사이의 분열도 노골적으로 표면화되지 않았다 뿐이지 이미 사회적 현실로 자리 잡았다. 서울과 지방 사이에서도 서로의 이해관계 철창 속에 갇혀 상호 분열하고 반목하고 있다. 수도권 집중 대 지역 균형 발전의 논리는 사실상 정치지리학적인 국론 분열상을 잘 보여 주는 대표적인 사례다. 학벌과 관련된 분열도 심각한 상태에 놓여 있다. 이른바 일류대, 명문대를 나오느냐 못 나오느냐가 인생을 가르고, 서울 소재 대학을 나오느냐 지방대학을 나오느냐가 취업에 큰 영향을 주는 것이 사실이다. 현실로도 그러하고, 대다수 사람들이 그렇다고 믿고 있기도 하다. 이 때문에 학부모들은 어떤 희생을 해서라도 자녀를 좋은 대학에 보내는 것을 지상과제로 여기는 실정이다. 일단 좋은 대학을 나오기만 하면 평생 사회적 지위가 자동적으로 보장된다고 믿는 풍토가 우리 사회를 내적으로 병들게 하고 있다. 이는 인간의 내면적 가치보다 과시적 가치를 더욱 중시하기 때문이다.

이제 하나의 전통으로 자리 잡은 듯한 느낌마저 드는 지역간 분열도 조만간 치유될 가능성이 낮아 보인다. 어느 지방 출신이냐 하는 구분은 우리 사회에서 은밀하게 통용되는 일종의 사적인 암호와 같은 것이다. 고위 공직자들을 인선할 때 군이 출신지를 따지는 것도 이런 지역차별의 현실을 역으로 인정하는 것이라 할 수 있다. 어느 나라를 가든 지방색이 있고 고향을 그리는 향토애가 존재하지만, 그러한 정상적인 지역 의식과 비정상적인 지역 차별은 전혀 다른 차원의 문제다. 출신 지역이 출세와 승진과 인생 기회를 좌우한다면 그것은 결코 좋은 사회라 할 수 없다. 종교 간 분열도 최근 들어 심각해지고 있다. 우리 사회는 다종교사회로서 국제적 비교 기준으로 볼 때 비교적 모범적으로 종교 간 관용과 상호 존중의 자세를 실천해 왔다고 할 수 있다. 그러나 현 정부 들어 불거진 종교 논란은 그동안 쌓아 올렸던 종교

간 대화와 선린의 좋은 전통까지 일시에 훼손하는 심각한 사안이다. 특정 종교를 노골적으로 편들고 그쪽 사람들을 요직에 중용하고, 반대로 특정 종교를 노골적으로 무시하고 비방하는 것은 우리 사회 공동체의 통합에 찬물을 끼얹는 사려 깊지 못한 행위다. 그것은 정치와 종교를 분리하는 정교분리의 헌법정신을 짓밟는 심히 유감스런 일탈 행위이기도 하다.

이렇게 이념, 빈부, 지역, 학벌, 종교에 있어 다면적으로 분열되어 있는 한국 사회에서 가장 시급한 '익명의 실용주의'는 국민 통합형 정치를 겉으로 드러내지 않고 조용히 실천하는 것이다. 되도록 좌우 극단을 피하고 중도적인 정치를 실천하고, 빈부격차를 줄이는 방향으로 정책을 잡고, 지역색을 되도록 드러내지 않고 공평한 인사를 시행하며, 인간의 내재적 가치가 인정되는 사회를 지향하고, 위정자가 노골적인 종교 편향을 자제하는 것, 그런 것들이 국민 통합형 실용주의인 것이다. 그것은 정부나 국민이 모두 편안해질 수 있는 상생의 정치와 같은 말이다.

둘째, 정치에 있어 익명의 실용주의의 특징은 우리 사회가 다원적 사회임을 인정하면서 그것을 초월한 공공의 정치철학을 실천하는 것이다. '공공의 정치철학'이라고 하면 생각과 사상이 다른 정치 세력들이 전혀 다른 지향점을 갖고 있다 하더라도 그것을 한데 모으는 최소한의 공통분모를 말한다. 사람들이 정치관이나 사회관이나 역사관이 서로 다르다는 사실을 인정하면서, 그것이 어떻게 파괴적으로 작용하지 않고 건설적으로 융합될 것인가를 고민하는 노선이라 하겠다. 이것을 '중첩되는 합의의 영역'이라는 말로 설명할 수 있다. '중첩되는 합의의 영역'은 사상이 전혀 다른 집단들이라 하더라도 상호 간에 인정할 수밖에 없는 최소한의 사회적 공감대를 말한다.

요즘은 옛날처럼 자기와 생각이 다르다는 이유만으로 추방하거나 죽이거나 박해하는 일이 원천적으로 불가능한 사회다. 타인의 생각과 관점이 자기 자신의 생각과 아무리 다르다 하더라도 상대의 말 자체를 가로막을 수는 없다. 이것이 성숙한 관용의 정신이다. 상대의 말에 찬성하지 않더라도 그 사람이 자유롭게 발언할 수 있는 권리를 인정하는 것, 그것이 바로 '중첩되는 합의'의 기본 출발선이다. 또한 모든 인간, 특히 약자와 소외계층의 기본권과 생존권을 인정하는 것도 중첩되는 합의의 영역에서 빼놓을 수 없는 핵심 항목이다. 이렇게 본다면 그 어떤 정부가 나오더라도 '지켜야 할 최소'에 대해서 곰곰이 숙고할 시간을 갖는 게 필요하다. 그리고 이러한 중첩되는 합의의 영역을 전향적으로 넓혀 나가는 것이 현 정부의 성공을 위해서나, 우리 사회 모든 구성원의 안녕을 위해서나 바람직한 일이라 하지 않을 수 없다.

셋째, 정치에 있어 익명의 실용주의는 점진적 해결 방식에 신뢰를 가지는 것이다. 위정자들, 특히 당선되면 임기 내에 큰일을 해 보겠다고 호언하던 정치인들은 하루 빨리 가시적인 실적을 내기 위해 서두르는 경향이 있다. 정치는 마라톤 경기와 같은 것이다. 금방 결판날 수 있는 것이 아니다. 우리는 어느 한 사람의 개인적 습관도 하루아침에 고치기 어렵다는 것을 잘 안다. 하물며 5천만 명에 가까운 거대한 정치 공동체에서 어떤 것을 하루아침에 혁파해 나가기란 거의 불가능에 가깝다고 봐야 한다. 마라톤에서 페이스 조절이 중요하듯이 정치에서도 꾸준하게 페이스를 조절하지 않고 서두르면 열에 아홉은 실패한다.

왜 점진적이고 장기적인 접근이 정치에 있어 실용적인가? 우선 점진적 접근 방식으로 변화를 추진하면 그것의 후유증이 즉각적이지 않고 사회적 동요가 적다. 아무리 옳은 변화라 하더라도 사회적 비용이 많이 드는 방식으로 성급하게 추진하면 그 과정에서 불이익을 받은 세력을 많이 만들어 낼 수밖에 없고, 이들은 이들대로 살기 위해 그 변화에 저항하기 마련이다. 또한 점진적인 접근방식은 대규모 개혁보다 정치적으로 훨씬 실행 가능한 방식이다. 똑같은 변화라도 다소 완만하게 시행하면 그냥 받아들일 사람들도, 급격하게 시행하면 반발하기 쉽다.

정치적으로 적을 많이 만드는 추진 방식은 겉으로 보기에는 화끈해 보여도 장기적으로 자신의 무덤을 파는 행위가 된다. 그리고 점진적인 추진 방식을 써야만 예상치 못했던 부작용에 대처할 수가 있다. 세상의 어떤 변화도 원래 계획했던 사람의 뜻대로만 이루어지지는 않는다. 반드시 예기치 못한 이러저러한 문제가 발생하기 마련이다. 점진적으로 변화를 추진했을 때에는 이런 부작용에 대처하기가 훨씬 쉽다. 비판을 수용하고 설득하고 잘못된 점을 고쳐 나갈 수 있는 것이다. 미국의 정당 역사를 연구한 어느 대석학은 이렇게 말한 적이 있다. "어떤 정책을 점진적인 방식으로 오랫동안 시행하는 것이 단기적으로 혁명적인 정책을 시행하는 것보다 훨씬 근본적인 사회 변화를 가져올 수 있었다." 이런 방식, 즉 뚜렷한 목표를 갖되 급격하지 않고 꾸준히 변화를 추구하는 태도야말로 정치에 있어 익명의 실용주의를 실천하는 현명한 방식이 아닐까 한다.

넷째, 실용주의가 제대로 작동하기 위해서는 무엇을 위한 실용주의

문화로 세상읽기

인지에 관한 명확한 목적이 있어야 한다. 다시 말해, 최소한의 원리원칙이 서 있어야 하는 것이다. 그러한 원칙 없는 실용주의는 '돈'을 목적으로 하는 실용주의로 전락하기 쉽다. 물신 숭배적 실용주의가 되어 버리는 것이다. 이렇게 되면 "어찌 됐건 잘 먹고 잘살면 되는 것 아니냐" 하는 차원의 저급한 실용주의가 되어 버린다. 이런 태도가 뭐가 잘못인가? 어차피 잘 먹고 잘사는 게 인생의 목표가 아닌가? 라고 반문하는 분이 있을지 모르겠다. 하지만 돈을 목적으로 하는 실용주의는 그 원리상 정치에 있어 성공하기 어려운 방향이다. 왜냐하면 '돈'을 목표로 둘 때에는 국민 통합, '지켜야 할 최소', 점진적이고 장기적인 접근과 같은 익명의 실용주의가 통용되기 어렵기 때문이다. "돈은 시간을 기다려 주지 않는다"라는 서양 격언이 있다. 이 때문에 돈을 목표로 하는 실용주의는 단기적으로 아주 효율적인 것 같아도, 길게 보면 국민들 간에 분열을 조장하고, 체면이니 윤리니 하는 것을 팽개치게 만들어서 우리 공동체를 파괴하는 주범이 될 수도 있다. 우리만 잘 먹고 잘살겠다고 자손들에게 엉망이 된 세상을 물려주는 것이 진정한 실용주의일까? 진정으로 양식 있는 시민이라면 곰곰이 생각해 볼 문제가 아닐 수 없다.

IV. 휘트널의 교훈을 다시 기억한다

이야기를 마치기 전에 다시 밀워키 시의 대중 공원으로 이야기를 돌려 보자. 우리는 밀워키 시의 사례에서 진정한 실용주의를 발견할 수 있을 것이다. 하나씩 다시 살펴보자. 우선 시당국이 밀워키 시의 발전을 위해 녹지를 늘리자는 아이디어를 낸 것이 실용주의의 첫걸음이었다. 이들은 유휴지를 개발해서 건물을 짓고 상가를 올리는 것 이상의 발전 청사진을 생각해 냈다. 단기적인 개발논리, 눈앞의 돈 논리를 누르고 장기적이고 지속 가능한 발전의 논리를 창안해 냈던 것이다. 이것은 공공성, 공동선을 위한 하나의 모델이 되는 사고방식이 아닐 수 없다.

둘째, 휘트널의 행동도 우리에게 중요한 교훈을 준다. 그는 대중 공원을 시민 전체의 '중첩되는 합의의 영역'으로 설정하고 끊임없이 납세자들과 시당국을 설득하였다. 그는 또한 미래를 내다보았다. 오늘 하루하루가 아무리 급박하다 하더라도 인간은 하루살이와 같은 존재가 아니라는 점을 확실히 염두에 두고 있었다. 더 나아가 그는 밀워키 시의 변화가 하루아침에 올 수 없다는 사실을 처음부터 이해하고 40년을 꾸준하게 노력했다. 목표를 뚜렷하게 잡은 상태에서 무리하지 않고 꾸준히 몇 십 년을 전진한 것이다. 이렇게 점진적인 접근 방식이 밀워키 시에 근본적인 변화를 가져올 수 있다.

여기서 우리는 한국 사회와 정치 일반에 통용될 수 있는 교훈을 찾을 수 있다. 우리는 한국 사회가 이제 다원적인 정치 공동체라는 점을 명백하게 인정할 수밖에 없다. 여러 가지 사상과 세계관으로 이루어진 집단들이 모여 사는 사회인 것이다. 자신과 생각이 다른 사람들과 어울려서 살 수밖에 없는 공동체이다. 자신과 생각이 다르다 하더라도 우리는 우리와 다른 이들과 어찌 됐건 이 땅에서 함께 살아갈 수밖에 없다. 어차피 사람들은 일정한 나이가 되어 자기의 정체성이 확립되고 나면 기본적인 생각의 틀이 바뀌기 어렵다. 부모 자식 간에도 마음이 안 맞을 수 있고, 형제 간에도 생각이 다를 수 있다. 하물며 피가 섞이지 않은 타인들과 생각을 맞추기가 얼마나 어렵겠는가?

그렇다면 나의 생각과 남의 생각이 다르고, 타인의 생각을 바꾸기는 어렵다는 점을 인정하는 바탕에서 최소한의 공통분모에 합의할 수 있는 길을 모색해야만 한다. 내가 지지하는 정치 세력이 권력을 잡더라도 반대자들에게 최소한의 공평성을 보장해 주도록 노력해야 하고, 내가 반대하는 정치 세력이 권력을 잡더라도 그들이 우리에게 최소한의 공평성을 보장해 줄 것으로 기대할 수 있어야 한다. 이게 바로 개명된 민주주의 체제인 것이다. 그것을 위해 가장 좋은 방법은 '익명의 실용주의'를 실천하는 것이다. 그것을 위해 국민 통합형 정치, 공동선을 지향하는 자세, 점진적인 변화, 돈만 추구하지 않는 실용주의가 필요하다. 밀워키 시의 울창한 대중 공원은 이러한 익명의 실용주의 덕분에 백 년이 지난 오늘에도 시민들의 사랑과 자부심의 대상이 되고 있다. 우리 사회에서 밀워키 시당국과 같은 정치집단, 휘트널과 같은 위정자는 언제쯤 나올 수 있을 것인가? 지금이야말로 참된 실용주의가 통용되는 사회를 위해 우리 모두의 지혜와 노력을 가다듬을 때라고 생각된다.

(2008. 11. 19)

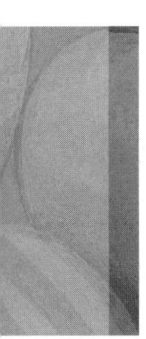

언론과 정치, 그 권력의 애증 관계

황진선 | 서울신문 논설위원

I. 정치란 무엇인가

1) 정치는 어떠해야 하나

'언론과 정치, 그 권력의 애증 관계'를 얘기하기 위해서는 아무래도 정치가 무엇인지, 정치는 어떠해야 하는지부터 풀어 나가야 할 듯싶다. 언론이라는 것이 국민을 대신해서 정치권력을 감시하고 견제하는 기능을 수행하는 것이니까 정치를 먼저 얘기한 뒤 그 대척점에 있는 언론에 대해 얘기하는 것이 순서에 맞을 것이다. 정치가 무엇인지에 대해서는 다양한 견해가 있다. 그런데 그보다는 정치는 어떠해야 하는지, 정치의 목적, 통치의 목적이 무엇인지에 대해 얘기하는 게 오늘

강의 주제와 어울릴 것 같다.

흔히 정치 하면 중국 요순시대의 정치를 이상으로 얘기한다. 요임금과 순임금이 덕으로 백성들을 다스렸는데, 모든 백성들이 풍요롭고 편안하게 사는 태평성대였다는 것이다. 오늘날 요순시대 하면 태평성대를 떠올린다. 요즈음의 정치의 목적과 이상도 요순시대의 정치와 다르지 않다. 이를 다른 말로 표현하면 정치의 목적은 모든 사람들이 어울려 골고루 잘사는 세상을 만드는 것이다.

가톨릭 교리서에서는 국가 통치의 목적은 정의와 질서가 확립됨으로써, 인간이 전인적으로 계발할 수 있고 인격을 완성할 수 있도록 돕는 데 있다고 얘기한다. 모든 사회 세력의 조화와 협력을 북돋우는 것이 국가 통치의 1차적인 의무라는 것이다. 이것을 한마디로 얘기하면 창세기 말씀 그대로 하느님이 보시기에 좋은 세상을 만드는 것이다.

2) 나 혼자만 잘살 수 있나

인간은 사회적 동물이라는 말에서도 알 수 있듯이, 사람은 개별적 존재인 동시에 사회적 존재이다. 사람은 개별적으로 존엄한 가치를 갖고 있지만 이웃들과 함께 살아야 한다. 사람은 자신의 이웃들과 협력하지 않고서는 생존이나 실존 과제를 해결할 수 없다. 개별적인 인간과 공동체는 상호 보완적인 관계이다. 인간은 자기 자신의 계발과 생존을 위해 다른 사람의 도움을 얻어야 한다. 인간은 혼자서는 살 수 없다고 봐야 한다. 또한 국가 같은 공동체 안에서 특정 계층만 잘살 수도 없다. 빈곤은 사회 문제의 근본 원인이다. 특정 계층만 잘살려 하면 사회 혼란이 일어난다.

멕시코, 콜롬비아, 아르헨티나 등 중남미에서는 '납치 산업', '인질 산업'이라는 말이 오래 전부터 쓰여 왔다. 멕시코와 아르헨티나에서는 부잣집 아이들을 납치해서 기본으로 부르는 몸값이 100만 달러라고 한다. 그리고 기업 CEO들은 납치 방지 경호 비용으로 한 달에 수천 달러씩을 쓴다고 한다. 얼마 전에 로이터 통신은 멕시코의 부유층들 사이에 납치에 대비해, 사람의 몸에 부착하는 위치 추적 장치가 인기를 끌고 있다고 보도했다. 주사기를 통해서 피부와 근육 사이에 쌀알 만한 초소형 송신기를 이식하면 인공위성을 통해 언제든지 위치를 파악할 수 있는 장치인데, 올해 판매량이 13% 정도 늘어났다는 것이다. 멕시코에서는 한 해에 납치 사건이 7,000건 이상 발생한다고 한다.

프랑스에서는 1980년대부터 파리 변두리 빈민가의 무슬림 이민자들이 폭동을 자주 일으켜 골머리를 앓고 있다. 2005년에는 무슬림 이민자들의 폭동이 유럽 전역으로 확산될 뻔했다고 한다. 2007년 3월 말, 대통령 선거를 20여 일 앞두고도 취직을 하지 못한 빈민가 불법 이민 청년들이 난동을 부려 전 세계의 외신을 탔다. 그렇게 폭동과 테러를 일으키다 보니 프랑스 내 무슬림은 전체 인구의 12%에 불과한 데 비해, 프랑스 감옥에 수감돼 있는 사람들 중에는 무슬림이 60~70%를 차지한다고 한다. 그래서 프랑스 사르코지 정부는 파리 등 도심 외곽 빈민가의 실업률을 낮추려고 일자리 만들기에 애쓰고 있다.

요즘 국제사회가 골머리를 앓고 있는 문제 가운데 하나는 소말리아 해적이다. 소말리아 해적들이 화물선을 습격하고 납치하는 등 하도 날뛰니까 피해 국가들이 군함을 파견하기로 하거나 이미 파견해 소탕

작전을 수행하고 있다. 세계적인 해운사들은 해적들이 날뛰는 소말리아 인근 해역을 피해 유류비, 보험료 등 비용은 물론 시간이 훨씬 더 소요되는 남아프리카공화국 희망봉으로 우회하는 항로를 채택하고 있다. 1인당 GNP가 600달러인 세계 최빈국 소말리아 아이들의 꿈은 해적이 되는 것이라고 한다. 영국의 BBC 방송은 소말리아 북동부의 푼투랜드 마을을 소개하면서 그 마을에서는 해적이 되는 것이 상류층이 되는 유일한 방법이라고 보도했다.

이제 그런 일을 벌이는 것은 특정 국가의 가난한 계층에 한하는 것이 아닌 것 같다. 요즘 북한을 보면 그렇다. 북한은 비핵, 즉 핵무기를 제조하지 않는 대가로 미국, 한국, 일본, 중국, 러시아 등 5개국에 각종 물질적인 원조를 요구하고 있다. 가난한 북한이 세계의 위협이 되고 있는 것이다.

빈곤 문제는 우리나라도 큰 걱정거리이다. 무역이나 소득에서는 세계 10위권임에도 불구하고 빈부 격차가 갈수록 커지고, 빈곤의 고착화, 대물림 현상도 가속되고 있다. 그래서 더 이상 개천에서 용이 나올 수 없는 사회라는 비아냥이 있다. 이미 빈곤사회의 늪에 빠져 들었다는 진단도 있다. 어떤 분은 개천에서 용만 쓰는 사회라고 얘기한다. 우리나라에서 빈곤층이 빈곤에서 실질적으로 벗어날 확률을 6%에 불과하다는 연구 보고도 있다.

빈곤이 세습되는 사회는 꿈과 희망이 없는 사회다. 꿈과 희망이 없으면 살아갈 수 없다. 지금은 가난하더라도 미래에 인간다운 삶, 인간으로서 존엄성을 유지할 수 있는 삶을 살 가능성이 없는 사회는 밑바닥부터 흔들릴 수밖에 없다.

3) 인간만 잘살 수 있나

얼마 전에 타계한 박경리 선생은 『토지』의 작가로도 유명하지만 노년에 들어서는 강연과 대담, 글쓰기를 통해 생명의 평등과 생태의 중요성을 역설했다. 박 선생이 타계하고 마지막으로 남긴 산문이 소개됐는데, 박 선생은 "나는 평소에 어떤 이데올로기도 생존을 능가할 수 없다고 말해 왔습니다. … 살아 있는 것, 생명이 아름답다는 생각이 요즘처럼 그렇게 소중할 때가 없습니다"라고 적었다.

세계자연보호기금(WWF)은 지난 5월 중순 독일 본에서 열린 유엔생물다양성회의에 지구의 건강 척도인 생물 다양성이 지난 35년간 3분의 1 가까이 줄어들었다는 보고서를 공개했다. 1970년부터 2007년 사이에 육상 생물은 25%, 해양생물은 28%, 담수 생물은 29%가 멸종했다고 전했다. 유엔환경계획(UNEP)도 최대 5,000만 종으로 추산되는 지구상 생물 중에서 해마다 1만 8,000~5만 5,000종이 사라지고 있다고 보고했다. 모두 자연을 파괴하고 지구 온난화를 초래한 사람들 탓이다. 본에서 열린 유엔생물다양성회의를 주최했던 지그마르 가브리엘 독일 환경장관은 "순전히 인류 활동의 영향으로 1,000배, 심지어 1만 배의 속도로 멸종이 진행되고 있다"라고 경고했다.

이렇게 생물의 종이 줄어들다 보니 현대판 '노아의 방주'도 등장했다. '글로벌 농작물 다양성 트러스트(GCDT)'는 2008년 2월에 노르웨이와 빌 게이츠 재단, 유엔재단의 후원을 받아, 북극점에서 1,000km 떨어진 노르웨이 북쪽 스발바르 섬의 눈 덮인 산 속 영구동토층에 450만 점의 종자 샘플을 보관할 수 있는 식물저장고를 지었다. 지하갱도

130m 깊이에 위치한 저장고는 보존온도가 영하 섭씨 18도로 기상재해나 핵전쟁에도 종자를 보존할 수 있도록 설계했다고 한다. 우리 농촌진흥청도 2008년 6월 1차분으로 국내 작물 6종 5,000점을 전달했다.

그뿐 아니라 우리나라도 노아의 방주국이 되었다. 우리 농촌진흥청은 지난 9월에 세계 식량농업기구(FAO)의 세계작물다양성재단과 농진청 소속 농업유전자원센터를 세계 각국의 주요 유전자원을 보존하는 국제안전중복보존소로 지정하는 양해각서를 체결했다. 노아의 방주는 노르웨이 스발바르 섬의 국제씨앗 저장고에 이어 두 번째다. 이제 건전한 상식과 지각이 있는 사람이라면 누구라도 우리 삶의 터전인 지구촌을 잃지 않을까 걱정을 해야 하는 지경에 이르렀다.

생물 다양성이 파괴되면 인류에게 재앙이 닥친다. 최근 부쩍 늘어난 기상재해, 자연의 역습이 그 전조다. 환경·생태 전문가들은 특히 이산화탄소 배출량을 줄이지 않고 지금처럼 온난화가 지속되면 지구적 차원의 멸종이 시작될 것이라고 얘기한다. 그리하여 창세기에서처럼 노아의 방주에 피신한 생물만 살아남을지도 모른다.

생물 다양성의 파괴는 저 혼자만, 자기 나라만, 인간만 잘살겠다는 탐욕에서 비롯된다. 이제 지구촌은 저 혼자만, 제 나라만, 인간만 잘살게 해 줄 수 있는 임계점을 넘어섰다. 문학에 목숨을 바쳐 오다시피 한 박경리 씨가 "글을 쓰는 행위는 가치 있는 일이지만 살아가는 행위보다 아름다울 수는 없다"라고 한 것은 바로 그런 이유 때문일 것이다.

4) 하느님이 보시기에 좋은 세상

정치의 목적은 앞에서 이야기한 대로 하느님이 보시기에 좋은 세상, 모두가 어울려 골고루 잘사는 세상이다. 요순시대 같은 태평성대이다. 그런데 현실적으로 모두가 골고루 잘살기는 어렵다. 못사는 사람도 있고 잘사는 사람도 있다. 그래서 못사는 사람들에게는 잘살 수 있다는 꿈을 주어야 한다. 열심히 일하고 공부하면 미래에는 인간답게 살 수 있다는 희망을 주어야 한다. 아울러 이제는 인간만 잘살 수 있는 시대는 지났다. 인간을 비롯한 모든 생명, 나아가 자연이 함께 어우러져 잘살 수 있도록 해야 한다. 2006년에 법정 스님이 『살아 있는 것은 다 행복하라』는 잠언집을 펴냈는데 하느님이 소망하시는 것은 바로 그런 모습일 것이다.

요즘 진보적인 학자들이 생명 지속적인 발전을 자주 거론하고 있다. 생명과 자연을 파괴하는 것은 인간의 삶의 터전인 지구촌을 파괴하는 것이다. 하느님께서는 인간에게 삼라만상을 당신이 보시기에 좋게 다스리도록 맡기셨다. 삼라만상이 서로 어우러져 공존하는 삶이 하느님 보시기에 좋은 세상이다. 모든 생명체는 서로 연결되어 있는 만큼 생명체들끼리 섬기고 나눠야 한다.

정치의 목적도 궁극적으로는 하느님이 보시기에 좋은 세상, 모두가 어울려 골고루 잘사는 세상, 가난한 사람들에게 희망을 주는 세상, 인간뿐 아니라 모든 생명과 자연이 어우러져 공존하는 세상이 되어야 한다고 생각한다.

II. 언론은 무엇인가

1) 언론의 역할

미국 신문편집인협회(ASNE: the American Society of Newspaper Editor)의 강령은 '사람들에게 정보를 제공함으로써 대중의 복지에 공헌하는 것'이라고 한다. 또 미국 스크립스사(Scripps Company)에서 간행하는 신문들의 발행인란(masthead)에는 "빛을 비추어 주면 사람들은 자신의 길을 찾아 갈 것이다"라고 적혀 있다고 한다. 둘 다 언론의 역할에 대해 얘기한 것이다.

그런데 그보다는 교황 요한 바오로 2세의 말씀이 더 좋은 것 같다. 요한 바오로 2세는 2000년 6월 "저널리즘은 여론에 막대하고 직접적인 영향을 미치기 때문에 경제적으로 영향력을 지닌 집단, 이득, 특정 이익단체에 지배되어서는 안 된다. 대신에, 이 강력한 커뮤니케이션 수단은 모든 사람의 이익을 위해 위탁되었다는 인식에서 수행하는 임무―어느 의미에서는 신성한―로 받아들여져야 한다"고 말씀하셨다.

앞에서 정치의 목적에 대해 하느님이 보시기에 좋은 세상, 모두가 어울려 골고루 잘사는 세상을 만드는 것이라고 했는데, 요한 바오로 2세께서는 "커뮤니케이션 수단은 모든 사람의 이익을 위해 위탁되었다"고 말씀하셨다. 그러니까 언론은 정치가 잘되도록 하는 역할을 부여받은 것이라고 볼 수 있다.

조금 구체적으로 얘기하면 정치로 하여금, 모두가 어울려 골고루 잘사는 세상을 만들도록 하되, 가난한 사람들에게도 꿈과 희망을 줄 수 있도록 하고, 모든 생명과 자연이 어우러져 사는 세상을 지향하도록 해야 한다고 생각한다.

2) 역할에 따른 권력과의 갈등

미국의 3대 대통령 토머스 제퍼슨은 대통령이 되기 전에 "신문 없는 정부와 정부 없는 신문 중에서 하나를 택하라면 나는 주저 없이 정부 없는 신문을 택하겠다"라고 얘기했는데 언론의 중요성, 정부 권력에 대한 언론의 감시가 반드시 필요하다는 것을 강조한 말로 알려져 있다.

흔히 언론을 감시견(watch dog)이라고 얘기한다. 그러니까 언론과 정치, 언론과 권력, 언론과 대통령과는 긴장 관계에 놓일 수밖에 없다. 언론은 국민을 대신해서 정부를 감시하고 힘 있는 자와 권력을 견제하는 기능을 한다. 그래서 기자는 대통령, 장관, 국회의원을 만날 수도 있고 질문을 할 수 있고, 정책에 대해 설명을 요구할 수도 있다. 그런데 그것은 기자가 잘나서가 아니라 국민이, 우리 사회가 그렇게 만들어 준 것이다. 국민이 권력 감시 기능, 여론 조성 기능을 보장해 준 것이다.

그런데 권력은 언론을 필요로 한다. 정치인이나 장관, 특히 대통령의 입장에서 보면 언론은 자신들의 정책과 생각과 활동을 국민에게 잘 알릴 수 있는 수단이다. 그래야 통치 기반을 유지하고 정권을 유지하고 정권을 연장할 수 있기 때문이다. 그래서 어떤 정치 체제에서든 대통령은 여론과 국민을 자신에게 유리하게 이끌기 위해 다양한 홍보·선전 활동을 벌인다. 수시로 여론 조사를 하고 그에 따라 통치 기반을 강화하려고 한다. 또한 자신에게 불리한 가급적 정보는 숨기고 자신에게 유리한, 알리고 싶은 정보만 공개하는 경향이 있다. 언론의 보도가 맘에 들지 않으면 못마땅해 하고 통제를 하려 든다.

언론으로서도 정치권력 특히 대통령은 가장 중요한 취재원이다. 최고 통치자인 대통령은 장차관 임명권 등 인사권과 중요한 정책의 최종 결정권을 갖고 있는 막강한 권력자다. 대통령의 결정은 곧바로 정치, 경제, 사회, 문화 등 우리 사회 모든 분야에 가장 강력한 영향을 미친다. 그래서 대통령의 일거수일투족 모두가 기자들의 취재 대상이 되고 뉴스거리가 된다. 따라서 대통령과 언론은 서로에게 필요하면서도 가장 중요한 존재이다. 그런데 권력은 기본적으로 자기에게 유리한 정보만 보도하기를 바란다. 하지만 언론으로서는 권력이 좋아하는, 권력의 입맛에 맞는 보도만 할 수는 없다. 그렇게 되면 언론으로서 존재 이유를 찾을 수 없다. 언론의 생명은 언론 본연의 비판과 감시 기능을 잘 수행하는 것이다. 언론의 생명은 권력에 대한 비판 기능에 있다는 말은 그래서 나온 것이다. 미국 스크립스사 신문들의 발행인란에 "빛을 비추어 주면 사람들은 자신의 길을 찾아 갈 것이다"라고 했듯이 국민의 알 권리를 충족시키고 국민이 스스로 바르게 판단할 수 있도록 해야 한다. 그래야 언론이 살아남을 수 있다. 비판과 감시 기능을 제대로 하지 못하면 언론은 국민들에게 외면을 당할 수밖에 없다.

3) 이데올로기에 따른 갈등

기본적으로 감시견일 수밖에 없는 언론은 정치와 긴장 관계일 수밖에 없다. 그런데다 언론과 정부가 지향하는 이데올로기에 따라 그 긴장 관계가 증폭될 수도 있고 완화되기도 한다. 보수적인 조선·중앙·동아일보는 진보적인 김대중, 노무현 정권에 대해 비판적이었다. 한나라당과 비슷한 입장을 유지하면서 김대중, 노무현 정권 10년을 '잃어버린 10년'이라고 공격했다. 반면 진보적인 한겨레와 경향, KBS와 MBC는 두 정권에 대해 우호적이었다.

그런데 보수적인 이명박 정부가 들어서자 사정이 180도 바뀌었다. 촛불시위에 대한 보도가 단적인 예다. 촛불시위는 정부의 한·미 쇠고기 협상 졸속 타결, 인수위 때부터 불거져 나온 경제성장 지상주의, 공공 부분 민영화, 영어 몰입 교육과 일제고사 부활, 입시자율화 등 신자유주의적 교육 정책, 방송 장악 시도 등에 따른 불만이 누적돼 터져 나온 것이다. 조선·중앙·동아일보는 촛불시위에 대해 우호적이지 않았다. 4월 30일 MBC PD수첩의 광우병에 관한 보도가 과장됐고 상당 부분 왜곡됐을 가능성에 더 무게를 두면서 촛불집회에 직접 참여한 사람들의 목소리는 상대적으로 작게 보도하거나 외면하는 편이었다. 그러나 한겨레, 경향과 두 방송은 촛불시위 현장의 목소리를 적극적으로 전하고 지면과 방송시간도 더 많이 할애했다.

촛불시위는 5월 초부터 6월 초, 6월 중순부터 8월 초까지 전·후반기로 나눠 볼 수 있다. 6월 초까지는 대체로 시민들이 중심이 됐다. 그런데 6월 중순부터는 학생, 주부, 회사원 등 순수한 시민들이 빠져나가고 진보연대, 화물연대, 진보신당, 민주노동당 등 진보단체 사람들이 주력 부대가 되기 시작했다.

보수 언론들도 전반기에는 나름대로 균형 있게 보도하려고 애썼지만, 6월 중순부터 이명박 정권 퇴진 구호가 커지고 폭력적인 성향도 강해지자, 촛불시위의 불법성과 폭력성에 대해 강하게 비판하는 기사를 늘려 나갔다. 특히 7월 초에 한 신문은 "KBS가 사실상 정부 전복투쟁 선봉대의 맨 앞줄에 나선 셈", "국민의 전파로 국민을 거리로 나가라고 선동하는 걸 언제까지 봐야 하는가", "KBS는 조선중앙 TV 서울출장소"라는 식의 거칠고 극단적인 제목과 표현으로 기사 및 사설을 내보내기까지 했다.

얼마 전에 헌법재판소가 종부세에 대해 위헌 및 헌법불합치 결정을 내렸는데 그에 대한 각 신문의 보도 태도와 평가는 제각각이었다. 헌재 결정에 어떤 자세를 취했는지 각 신문의 1면을 살펴보았다. 신문사의 이데올로기, 성향에 따라 보도가 어떻게 달라질 수 있는지 여실히 보여 준다.

- 조선일보—종부세 '세대별 합산부과' 위헌
- 동아일보— '종부세, 부부합산 과세 규정 위헌/장기보유 1주택 부과 헌법 불합치'
- 중앙일보—노부현 정부 '종부세 대못' 뽑혔다
- 한겨레—헌재는 결국 '강부자'편이었다
- 경향신문—종부세, 껍데기만 남았다
- 서울신문—종부세 사실상 '껍데기'만 남았다.

그동안 조선·중앙·동아는 종부세에 대해 비판적이었고, 한겨레·경향은 종부세를 유지해야 한다는 입장이었다. 그런 입장이 헌재 결정에 대해서도 그대로 반영되었다.

4) 언론 정책과 자사 이기주의

정부 정책에 대해 언론사가 어떤 입장을 취하느냐는 이데올로기뿐만 아니라 사적인 이해에 따라 달라지는 측면이 있다. 정부는 보통 자신의 통치기반을 강화하거나 자신에게 우호적인 언론을 키우는 방향으로 언론 정책을 추진한다.

노무현 대통령은 2005년 1월 「신문 등의 자유와 기능 보장에 관한 법률(신문법)」을 만들었다. 그 핵심은 신문 시장의 지배적 사업자 조항이었는데, 1개 신문사가 전국 발행부수의 30% 이상, 또는 3개 신문사가 60% 이상 차지할 때에는 공정거래법상의 시장 지배적 사업자로 보아 여러 가지 규제를 받도록 한 것이다. 노 정권과 조선·중앙·동아를 제외한 다른 신문사들은 여론 시장의 독과점 폐해와 민주주의, 언론의 다양성을 내세워 신문법에 찬성했지만, 조선·중앙·동아는 헌법이 보장하는 언론 출판의 자유를 침해하는 것이라고 심하게 반대하고 헌법소원도 냈다. 이에 대해 헌재는 헌법소원을 낸 지 1년여 만인 2006년 6월 시장 지배적 사업자 규정과 신문 방송 겸영금지 조항에 대해 위헌 및 헌법 불합치 결정을 내렸다.

한나라당과 정부는 올해 정기국회에서 헌재의 위헌 및 헌법 불합치 결정에 따라 신문법 개정을 추진하고 있다. 그 핵심은 신문 시장의 지배적 사업자의 점유율 기준을 얼마나 높일지와 신문과 방송의 겸영을 어느 범위까지 허용하느냐 하는 것이다. 한나라당은 자유경쟁 원리와 세계적인 미디어 기업 육성의 필요성 등 산업적 측면을 내세워, 시장 지배적 사업자의 점유율 기준을 높이고 아울러 신문·방송 겸영의 범위를 넓힐 것으로 예상된다. 조선·중앙·동아도 한나라당에 찬성하는 입장이다.

그에 비해 민주당과 한겨레, 경향신문 등 다른 언론들은 시장 지배적 사업자의 점유율 기준을 너무 높이고 신문·방송의 겸영을 확대하면 공룡언론, 즉 빅 브라더가 출현해 여론을 독과점하는 시대가 올 것이라며 한나라당에 반대하고 있다.

조선·중앙·동아는 언론 출판의 자유와 자유경쟁 원리 등을 내세워 신문법 개정에 찬성하고, 다른 신문은 여론 독과점의 폐해 등을 내세워 반대하고 있지만, 자사 이기주의적인 측면도 있다. 가장 큰 것은 자본의 차이가 아닌가 생각한다. 자본력이 있는 곳은 찬성하고, 없는 곳은 반대한다는 것이다. 신문·방송 겸영에 대해서도 자본력이 있는 조선·중앙·동아는 대체로 찬성하고 한겨레·경향·서울신문은 반대하고 있다.

5) 역대 정부의 언론 통제

이미 말했듯이 어느 정권이나 언론이 자신을 우호적으로 다뤄 주기를 기대한다. 그리고 비판적으로 보도하면 통제를 하려고 든다. 김영삼 정부부터 살펴보면 김영삼 정부는 문민정부를 자임하면서도 국가

안전기획부 등 공권력을 동원해 언론을 통제한 것으로 알려져 있다. 그리고 언론사에 대해 세무조사를 한 뒤 발표하지 않고 언론사가 스스로 정부 눈치를 보도록 유도했다. 김대중 전 대통령도 당시 "김영삼 정부의 언론 세무조사는 과거 군사정권보다 언론에 대해 더 집요하고 기술적이며, 언론 탄압이 위험 수위에 있다"라고 말했다고 한다.

1998년 2월에 출범한 김대중 정부는 집권 초에는 언론 개혁의 자율성을 강조했다. 그러나 김대중 정부의 개혁 정책이 지지부진한 가운데 조선 · 중앙 · 동아, 보수 언론의 비판이 거세지자 김대중 대통령은 2001년 1월 11일 연두회견에서 "언론은 지금 사상 최대로 보장돼 있다. 그만큼 언론도 공정보도와 책임 있는 비판을 해야 한다고 생각한다"고 말했다. 그리고 같은 달 31일 국세청은 13개 중앙일간지 및 경제지, 4개 방송사, 연합뉴스에 대해 세무조사를 실시한다고 발표했다. 그래서 결국 세무조사를 해서 조선 · 동아 등 3명의 언론사주를 구속하고 모두 5,056억 원에 달하는 세금을 추징했다. 김대중 정부는 부인했지만 당시 세무조사는 정부에 비판적이었던 조선 · 중앙 · 동아에 대한 보복성 표적 수사라는 것이 일반적인 평가인 것 같다.

노무현 정부는 집권 전반에는 조선 · 중앙 · 동아, 집권 말기에 들어서는 거의 모든 언론과 싸움을 벌였다. 노무현 정부는 2003년 3월 '홍보 업무 운영 방안'을 발표, 출입기자제를 등록제로 바꾸고 등록 언론사는 누구나 브리핑실을 이용할 수 있는 개방형 브리핑실을 도입했다. 개방형 브리핑실을 만든 것은 기득권을 가진 언론매체의 정보 독점에 따른 독과점적 여론 지배를 막기 위한 것이었다. 그리고 청와대 브리핑, 국정 브리핑을 만들어 국가 정책에 대한 보도는 물론 논평까지 하도록 했다. 언론이 맘에 안 드니까, 언론사들이 말을 듣지 않으니까 정부 스스로 언론의 역할을 하려 든 것이다.

더욱이 노 정부는 집권 말기인 2007년 3월에는 이른바 '취재 지원 선진화 방안'이라는 것을 발표했다. 그 주요 골자는 중앙부처 기자실을 통폐합하고 기자들의 정부 사무실 무단출입을 제한하는 것이다. 노 정부가 내세운 이유는 언론 매체와 기자들이 엄청나게 늘어나, 소수의 언론 매체만 있던 예전처럼 각 부처의 기자실에 흡수하기 어렵고, 그 많은 기자들이 자유롭게 정부 사무실을 돌아다니며 취재하도록 할 수는 없다는 것이었다. 그러나 그보다는 노 정부에 비판적인 기존의 큰 언론 매체보다는, 노 정부에 우호적인 신흥 소규모 인터넷 매체 등에 취재 기회를 보장하고 확대하기 위한 것이 아닌가라는 의심을 받았다. 그래서 기자실이 없어지는 바람에 상당수 기자들이 여기저기 떠돌기도 했다.

노 전 대통령은 조선·중앙·동아는 물론 집권 말기에는 기존 언론에 대해 불신과 반감이 아주 심했다. 그 대신 자신에게 우호적인 신생 인터넷 언론을 좋아했다. 그것은 노 대통령이 취임식 전부터 시작해 퇴임하기 전까지 오마이뉴스와 단독 인터뷰를 3, 4차례 가진 것만 봐도 알 수 있다. 노 전 대통령은 언론 개혁을 내세웠지만 참여정부의 정책 실패를 기성 언론 탓으로 돌리면서 자신에게 우호적인 인터넷 언론을 활성화하려 한 것으로 평가하기도 한다.

결국 기자들을 기자실에서 내쫓은 노 정권의 취재 선진화 방안은 이명박 정부가 들어서자 없던 것으로 되고 기자실도 복원됐다. 그리고 이명박 정부가 KBS 사장과 YTN 사장을 임기 중에 하차시키고 새

사장을 임명한 것은 다 알려진 일이다.

6) 폴리널리스트

현직 언론인들이 이명박 정권에 대거 진출하면서 한동안 폴리널리스트(politics+journalist) 논란이 일었다. 대학교수에서 정치인으로 변신하는 폴리페서(politics+professor)만 비판할 것은 아니라는 것이다. 18대 국회의원 중 언론인(기자 · 아나운서, 편집 · 발행인) 출신은 모두 33명으로 알려졌다. 청와대에는 기자 출신으로 비서관급 이상만 7명이 들어갔다. 정부 각료 중에는 최시중 방송통신위원장, 신재민 문화체육관광부 2차관이 있다. 이 대통령의 선거를 도왔던 구본홍 고려대 석좌교수는 YTN 사장으로 임명됐다.

폴리널리스트로 변신하는 것에 대해서는 두 가지 견해가 있는 것 같다. 먼저 언론인이 정계나 정부에 들어가는 것은 개인의 자유라는 의견이다. 헌법이 직업 선택의 자유를 보장하고 있는 마당에 이래라 저래라 간섭할 문제가 아니라는 것이다. 다만 정계에 들어갈 목적으로 현직 언론인이 정치 세력과 유착하는 것은 비윤리적인 행위로 비판받아 마땅하다는 것이다. 권력을 감시하고 견제해야 할 현직 언론인이 권력층과 언제라도 만날 수 있는 직업적 특성을 이용해 권력과 유착한 뒤 곧장 뛰어드는 것은 안 된다는 것이다. 기자들 중에는 현직에서부터 정치권의 협력자, 상담자, 조언자 역할을 하고, 특정 정치 세력을 옹호하거나 추파를 던지다가 공천을 받아 의원 배지를 달거나 정부 요직으로 가는 사람들도 있다. 그래서 언론인이 정계에 진출하려면 적어도 1~2년 현업에서 떠나 있는 유예 기간을 두어야 한다는 얘기도 나온다.

그러나 기자는 정치인으로 변신하면 안 된다는 의견도 적지 않다. 기본적으로 자신에게 부여된 특권을 개인의 이익 추구를 위해 사용해서는 안 된다는 것이다. 기자에게 정부를 감시하고 권력을 견제하는 특권을 준 것은 기자 개인이 뛰어나서가 아니라 사회가 그렇게 만들어 준 것이라는 것이다. 그래서 언론인은 공인인 만큼 영원한 아웃사이더가 되어야 한다고 주장한다.

안타까운 것은 신문의 미래가 밝지 않아 최근 들어 정치권이나 기업으로 떠나는 기자들이 점점 늘고 있다는 것이다. 방송사는 그래도 괜찮은 편이다. 신문사는 상대적으로 보수도 낮고, 노동 강도는 점점 세지고, 정년까지 근무하기도 어렵고, 그렇다고 미래에 근무 환경이 좋아질 것 같지는 않으니까 전보다 이직률이 높아졌다.

Ⅲ. 이명박 정부에 대한 시선

1) 이명박 정부의 경제 정책

이명박 대통령의 경제 정책은 미국의 레이건 대통령, 영국 대처 수상이 추진했던 노선과 비슷하다는 평가를 받는다. 이명박 대통령은 후보 시절 '경제 대통령', '국민 성공 시대'를 외쳤다. 간혹 따뜻한 사회, '따뜻한 시장경제'라는 표현을 쓰기도 했지만 따뜻함보다는 언제나 시장과 효율, 경쟁을 앞세우는 신자유주의에 방점이 찍혀 있었다. 그래서 일부 경제학자들은 이명박 정부의 정책 기조에 대해 경제성장을 통해 파이를 키워 자연스레 그 과실이 소외 계층에까지 확산되도록 하자는 것이라고 설명한다. 레이건과 대처가 모델일 수 있다.

1980년대 대처 총리는 공기업 민영화, 금융개혁, 노조 활동 규제, 인플레이션 억제, 친 기업 정책 등 신자유주의식 개혁을 밀어붙여 사회·경제적으로 장기 침체에 빠져 있던 '영국병'을 치유하는 데 성공했다. 또한 평등주의가 교육을 망쳤다며 중등교육 평준화를 해제하는 등 교육에도 경쟁 원리를 도입했다. 그러나 한편으로 대처의 개혁은 사회 곳곳에 어두운 그늘을 드리웠다. 지나치게 승자 독식의 경제 체제를 만들어 계층 간 양극화를 심화시켰다.

이명박 정부도 성장, 분배, 복지가 선순환(善循環)하는 '신 발전 체제'를 정착시키겠다고 얘기한다. 하지만 선순환이 작동하지 않으면 양극화 심화에 따른 갈등이 걷잡을 수 없이 확산될 수 있다. 우리나라는 이미 신자유주의의 거센 파도 속에 비정규직이 크게 늘어나고, 88만 원 세대가 등장했으며, 청년실업이 줄지 않아 2003년부터 20대의 자살이 교통사고를 제치고 사망 원인 1위에 올랐다. 통계청에선 얼마 전에 전국 상하위 가구의 소득격차가 통계 작성 이후 가장 크게 벌어졌다고 발표했다.

2) 경제발전 대 민주주의

영국 케임브리지 대학의 장하준 교수가 지은 「나쁜 사마리아인들」

에 나오는 한 대목을 소개한다.

"신자유주의자들 사이에는 민주주의와 경제발전이 상호 보완적이라는 확고한 합의가 존재한다. …이들은 민주주의가 자유 시장을 촉진하고, 자유 시장이 경제발전을 촉진하고, 경제발전이 다시 민주주의를 촉진한다고 주장한다. …과연 민주주의와 (자유) 시장은 실제로 천생연분이며 상호 보완적인 관계일까.

민주주의는 1인 1표의 원리에 따라 움직이고 시장은 1달러 1표의 원리에 따라 움직인다. 당연히 전자는 개개인이 가진 돈에 관계없이 한 사람 한 사람에게 동일한 비중을 둔다. 후자는 돈을 많이 가진 사람일수록 더 큰 비중을 둔다. 따라서 민주적인 결정은 대개 시장의 논리를 뒤엎는다. …시장 논리가 아무리 긍정적인 측면이 있다 해도 1달러 1표의 원리에만 의거해 사회를 운영해서는 안 되고 또 그럴 수도 없다. 모든 것을 시장에 맡기게 되면 부자들은 자신들의 욕구 가운데 가장 하찮은 요소들까지 실현할 수 있지만 가난한 사람은 목숨을 부지할 수 없다. …민주주의와 시장은 둘 다 좋은 사회를 만들기 위한 초석이다. 그러나 양자는 근본적인 차원에서 충돌한다. 우리는 양자의 균형을 잡아야 한다."

이명박 정부의 경제 정책의 기본 노선은 앞서 이야기한 대로 신자유주의라고 할 수 있다. 그러나 1인 1표의 원리로 운영되는 민주주의와는 갈등이 있을 수 있다. 바로 이런 점들이 진보적인 언론이나 일반 서민들과의 갈등 요인이 될 것이라고 본다.

Ⅳ. 가톨릭 정신과 정치

필자는 정치 · 경제적 사건이나 사회 · 문화적인 현상을 접할 때, 우리 사회가 어떤 의제를 놓고 논란을 벌일 때마다 주님은 뭐라고 하실까, 어느 것이 가톨릭 정신과 가치에 맞는 걸까 자문해 본다. 그래서 가급적 그 방향에 맞춰 글을 써 보려고 한다.

그리고 그 기본은 하느님이 보시기에 좋은 세상, 모두가 어울려서 골고루 잘사는 세상이다. 아울러 경쟁 체제가 강화되면 될수록 피해를 보기 쉬운 쪽은 부자 나라와 부유층이 아니라 가난한 나라와 사회경제적 약자인 빈곤층이라는 점을 되새기는 편이다. 경쟁 체제가 너무 강화되어 사회경제적 약자들이 빈곤의 늪에서 빠져나오지 못하게 되면 사회 혼란이 일어난다. 가난한 사람들도 앞으로 잘살 수 있다는 꿈과 희망을 주어야 한다. 또 하나 분명한 것은 주님은 생태적으로 지속 가능한 지구촌, 즉 생명 지속적인 발전을 원하실 것이라는 점이다.

어느 나라나 마찬가지지만 우리나라에서 정치권력은 경제 · 사회 · 문화 등 모든 분야에 걸쳐 지대한 영향을 미친다. 정치권력이 올바르게 행사되고 있는지 여부의 판단 기준은 기왕에 이야기한 대로 하느님 보시기에 좋은 세상이 아닐까 생각한다. 언론도 정부가 그런 세상을 만드는 방향으로 나갈 수 있도록 돕고 견제해야 한다. 견제와 감시가 없으면 권력은 부패하고 비리를 저지르기 마련이다. 세상이 골고루 잘사는 방향으로 나아가기 위해서는 경제발전과 민주주의의 발전이 두 축이 되어야 한다. 그러기 위해서는 경쟁과 효율, 형평과 균형이 조화를 이뤄야 한다. 맹목적으로 기득권만을 유지하려 해서는 안 된다. 국민들도 그런 시선으로 정치권력이나 언론을 봐야 하는 것이 아닌가 생각한다. 정치권력에 대해서는 정부 정책에 반대하거나 자기 맘에 들지 않는 글을 싣는다고 해서 언론을 통제하려 들지는 않는지, 언론에 대해서도 이데올로기와 사적 이익에 배치된다고 해서, 또는 사적 감정 때문에 무조건적으로 정치권력을 비판하고 부정하려 드는 것이 아닌지 살펴보아야 한다.

톨스토이가 쓴 『인생이란 무엇인가』에 들어 있는 "교육에 관한 편지"라는 대목을 소개하는 것으로 끝을 맺으려 한다.

"현대인들의 삶의 기초가 되는 종교적 인간관을 가장 간결하게 표현한다면 다음과 같은 것이 아닐까 합니다. 즉, 우리 인생의 의의는, 우리가 자신을 그 일부로 느끼고 있는 무한한 존재의 의지를 실천하는 데 있으며, 그 존재의 의지는 살아 있는 모든 것, 특히 우리 인간의 일치에, 다시 말하면 사람들이 한 형제처럼 서로 도우며 사는 것에 있다는 것입니다. 이 종교적인 인생관을 다른 측면에서 표현한다면, 인생에서 가장 중요한 것은 살아 있는 생명과의 일치, 무엇보다 사람들이 형제처럼 사이좋게 돕는 것입니다. 왜냐하면 우리는, 자신이라는 존재를 무한한 전체의 일부로 느낄 수 있어야만 참으로 살아 있다고 할 수 있는 것이며, 전체의 섭리는 바로 그 일치이기 때문입니다. 어쨌든, 종교적인 인생관에서 일어나는 생명 현상은, 사랑에 의한 만물의 일치이며, 무엇보다 인류 화합의 관계 형성입니다. 이것이 바로 인생의 최대의 실천적 법칙으로, 교육의 기초에 두어야 할 것이며, 그래서 어린이의 내부에 이러한 일치로 이끄는 모든 것을 개발하고, 분열로 이끄는 모든 것을 억제하는 것은 바람직할 뿐만 아니라 반드시 이루어져야 할 일입니다."

요약하면 인생의 의의는 사람들과 형제처럼 사이좋게 지내는 것, 인류 화합 관계의 형성, 더 나아가서 사랑에 의한 살아 있는 생명과의 일치, 만물의 일치이고, 어린이들을 그 방향으로 이끌어야 한다는 것이 아닌가 생각한다.

(2008. 11. 26)

참고문헌

관훈저널 2007년 여름호, 역대 정부의 언론정책 변화와 취재관행 변화, 91-107쪽.
관훈저널 2008년 여름호, 권력과 언론인, 32-58쪽.
관훈저널 2008년 가을호, 촛불집회─우리는 이렇게 보도했다, 11-29쪽.
빌 코바치 · 톰 로젠스틸(2007), 저널리즘의 기본요소(한국언론재단 펴냄).
전남식(2006), 대통령과 언론통제.
정달영(2008), 참언론인이 되려는 젊은이들에게.

열린사회를 위한
가톨릭 문화강좌를 마감하면서

무엇이든지 준비하는 시기가 지나고 일단 출발하면 가속도가 붙어서 빨라지게 마련인가 봅니다. 문화강좌를 시작한 때가 9월 하순이었는데 10주간이 후딱 지나서 오늘 끝 강좌를 마감하였습니다. 의도적으로 연결지은 것도 아니었는데 전례력으로 그리스도왕 대축일을 지내고 새로운 한 해 시작인 대림 1주를 기다리는 시점에서 강좌를 종료하게 되었습니다.

'열린사회를 위한 가톨릭 문화강좌'는 제목에서 드러나듯 교회 울타리를 넘어 다원화된 사회의 여러 영역들을 일별해 보자는 것이었습니다. 그래서 신앙과 사회 각 영역과의 소통을 이루고 공감대를 모색해 보자는 것이었습니다. 하지만 본래 취지가 절반 수준에도 미치지 못한 듯합니다. 각 영역의 전문가는 신학자가 아니며 또한 신학자는 각 영역의 전문가가 아니라는 한계를 새삼 깨닫게 되었습니다. 이 과제를 어떻게 풀어갈 수 있는가 하는 더욱 근본적 과제를 만난 것입니다. 그럼에도 불구하고 참여하신 분들의 진지한 자세와 분위기는 무언가 메시지를 갖고 있다고 보입니다. 영성적 욕구, 문화적 욕구가 함께 맞물려 있는 건전한 지적 분위기를 담고 있는 것입니다. 이러한 요구에 교회가 어떻게 긍정적으로 화답해야 하는지 함께 주목해야 할 사안이라고 하겠습니다.

이제 신학적 주제와 관련해서 언급하고자 합니다. 3강의 "신흥 영성 운동"이라는 주제와 7강의 "성속의 교차로에 선 종교"라는 주제와 관련한 내용입니다.

3강의는 기초신학을 전공한 신학자가 동서양을 막론하고 이 시대의 사람들이 선호하는 신흥 영성 운동의 현상을 취급한 것입니다. 송 신부는 강의록에서 이렇게 서술했습니다. "뉴 에이지 운동가들은 영성적으로는 제도화된 교리와 신앙고백을 통한 믿음의 구원이 아닌, 내적 체험과 감흥을 통한 자기 확신에 관심을 갖는 감성적 신앙을 선호한다. 이들은 […] 신의 절대성과 신의 권위에의 복종을 통한 구원 논리나 창조된 인간의 자율적 이성의 올바른 활용이라는 논리에서 벗어나, 개인적으로 선호되는 영적 가치에 몰두한다." 이러한 발언은 곧 사람들이 기존의 종교를 벗어나 유사 영성적인 내용들에 관심을 쏟고, 그럼으로써 전통적 종교 실천을 떠나 인간 마음속에 내재된 종교심을 표출하려는 방향으로 향하는 현상을 가리킵니다. 이러한 현상을 시대적 특성으로 바라보며 포괄적으로 뉴 에이지라고 일컬으며 또한 신흥 영성 운동이라고 표현하거나 거론할 수 있는 것입니다.

7강의는 비교종교학자가 그리스도교 종교의 오늘과 내일의 좌표를 거론한 것입니다. 오 교수의 강의 목차는 변증법적입니다. 먼저 그리스도교의 입지가 점점 좁아져서 이대로는 내일이 없음을 호소합니다. 따라서 다른 제3의 길이 필요하다는 타당성을 강조합니다. 그 새로운 길의 패러다임, 즉 형태는 두 가지로 요약됩니다. 첫째는 문자에서 벗어나야 한다. 둘째는 깨달음의 종교로 다시 나야 한다는 것입니다. 깨달음의 종교라는 것은 단순히 성서와 교리 내용을 승인하거나 동의하는 수준을 넘어서 의탁할 수 있는, 신뢰할 수 있는 알짜배기 신앙이어야 하는데, 이것은 깨달음을 초래하는 봄으로서의 믿음이요, 신앙이어야 한다고 강조합니다. 그래서 결론적으로 바라보는 믿음이라는 것은 내 속에 있는 신성(神性)을 깨닫는 종교로 거듭나야 한다는 것입니다. 비교종교학자 또는 종교학자로서 좋은 강의이며 또한 그리스도교에 대한 자신의 건설적 소신이라고 할 수 있습니다. 그러나 그리스도교 신학자가 아닌 한 사람의 종교학자로서 종교로서의 그리스도교를 바라보는 학문적 입장을 개진한 것입니다.

　　여기서 흥미로운 사실을 발견하게 됩니다. 엄밀히 말해 '신흥 영성 운동'이라는 3강의에서 부정적 시선으로 바라보고 부정적 내용으로 취급되던 내용들이 7강의에서는 긍정적 시선으로 언급되고 긍정적 내용으로 취급되고 있다는 것입니다. 다시 말하면 3강의와 7강의에서 주제가 되는 내용의 색깔과 향기는 거의 같은 것으로 이해할 수 있습니다. 그런데 3강의에서는 신흥 영성 운동 내지는 뉴 에이지적인 것으로 언급되었고, 7강의에서는 새로운 패러다임, 깨달음의 종교, 내 속에 있는 신성을 깨닫는 종교로 언급되고 있다는 사실입니다.

우리가 주목해야 할 중요한 사안이 이러한 연관성에 자리 잡고 있습니다. 3강의에서 논의되는 뉴 에이지의 주요한 조류들[1]이나 7강의에서 대안으로 거론되고 있는 양상의 논지[2]는 동일한 체계를 지니고 있다는 사실입니다. 그 체계는 바로 근원으로 돌아간다는 원리입니다. 근원으로 돌아간다 또는 올라간다는 이 원리는 희랍 철학의 신플라톤주의라는 철학사조에 뿌리를 두고 있는 것입니다.

그러면 신플라톤주의란 어떤 것인가? 신플라톤주의의 핵심은 존재의 산출입니다. 개별 존재가 생겨나는 것은 일자(一者)라고 하는 모든 것의 중심점으로부터 동심원적 파동을 통해 하강하면서 만물이 생겨나는 방식입니다. 최상위의 존재로부터 최하위에 이르기까지 하나의 공동의 근원으로부터 흘러넘쳐 나오는 것입니다. 여기서 언제나 주목해야 할 특이점은 이러한 도식이 '신적인 근원적 불'[3]이라고 하는 스

---

1) 구체적인 접근 방식은 조금씩 차이가 있지만, 근원적인 체계(시스템)는 동일하다고 볼 수 있다. 예컨대 생태계를 통한 접근, 기(氣)의 세계를 통한 접근, 몸 수련, 마음 수련을 통한 접근, 동양종교(불교)를 통한 접근, 신비주의 전통(힌두교)을 통한 접근 등 다양한 현상으로 나타나지만, 그 추구하는 체계의 원리는 근원으로 돌아간다는 동일한 양상을 보인다.

2) 여기서는 3강의에서 거론된 유사(類似) 영성적인 접근이 아니라 종교라는 형식을 취하면서도 정신의 사유 운동을 통해 근원으로 돌아간다는 체계를 구성하고 있다. 따라서 근원으로 돌아간다는 동일한 체계를 지니고 있기에 어쩔 수 없이 3강의의 신흥 영성 운동이나 7강의의 깨달음의 종교는 다 같이 영지주의적 성격을 벗어날 수 없다고 보아야 한다.

3) 이 근원적인 불은 살아 있고 창조적이며 모양을 갖추고 있지 않으면서도 다른 모양들을 잠재력적으로 자신 안에 함유하고 있는 자신의 중심으로부터, 어떤 의미로는 동심원적인 발산작용 속에서 한 단계 한 단계 식어 가면서 그리고 더 딱딱하고, 더 잘 쥐어지고, 더 굳어 있고, 생명력이 더 부족한 모양과 형태들을 받아들이면서, 자신의 원초적인 생명 충만성으로부터 단계적으로 하강하는 가운데, 아니 추락하는 가운데 자기 자신으로부터 세계의 다양한 실재들을 저 아래 최외각의 '흙덩어리'에 이르기까지 분

토아 철학 사고에서 유래한다는 사실입니다. 근원적 불이 가지는 모양을 만들어 내는 능동적 성격이 나타납니다. 동시에 스스로는 형성력을 지니지 못한 채 분리되어 나온 여타의 질료가 가지는 수동성이 나타납니다. 이러한 능동성과 수동성의 양극을 강조하는 사실과 근원적 불을 주장하는 사실에서 플라톤적 이원론과 유심론을 유물론적이고 일원론적으로 생각하는 스토아 철학의 세계상 안에 구축하는 결과를 가져옵니다. 이렇게 해서 플라톤 사상의 내용을 스토아 철학의 존재 도식 안에 받아들여 합성한 신플라톤주의의 종합이 생겨나게 된 것입니다.

동시에 바로 이러한 체계 안에서 '본질에 모든 선이 예속되지만 마치 태양이 모든 사물에 골고루 미치듯 모든 선을 아무런 특별한 열정도 없이 그저 다시 방사(放射)하는 신 관념, 즉 모든 모순을 극복하는 일자(一者)인 신 플라톤적 신 관념'이 나타납니다. 방사를 통한 이러한 하강은 본질적으로 신적인 존재 핵심이 각기 더 하위에 있는 영역의 성질들로 단계적으로 옷을 겹쳐 입는 것으로 파악됩니다. 따라서 신적 근원으로 되돌아가는 것도 그리고 일자(一者)를 향해 다시 상승해 올라가는 것도 하강해 내려온 존재가 그러한 성질들을 다시 벗어 버리는 방식으로 이루어집니다. 그것은 마치 자신을 빛의 선(線)으로 이해하는 어떤 광선이라면 사실상 자신은 광원(光源)의 방사 외에 아무것도 아니라는 것입니다. 그래서 본질적으로 광원 자체와 동일하다는

리해 낸다. 그러나 동시에 이 근원적인 불은 자신의 '불꽃들'을 이미 형태를 갖추고 딱딱하게 된 세계 안으로 내보냄으로써, 대우주의 모상들로서 살아 있고 스스로 행위하며 근원적 불의 본래적 신성에 참여하는 소우주들을 창조하기도 한다.

것을 분명 인식하게 되리라는 것입니다. 이렇게 존재들이 한 존재 단계를 다른 존재 단계와 본질적으로 묶여져 있는 황금 줄에 붙어서 일자로부터 자신의 '자기 자신으로 있음'과 '자신의 상이성'으로 내려간 바로 그 동일한 황금 줄을 타고 자신들의 타자성과 소외를 벗어버리고 일자를 향해 다시 올라가서는 이 일자와 하나가 되는 것입니다. 여기의 공통된 존재 근원으로서의 일자(一者)가 신 플라톤적인 신 관념입니다.

어쩔 수 없이 철학적 개념과 표현들을 통한 설명이기에 이해하기 어려운 대목이 되었습니다. 그러면 교리 해설 차원에서 다시금 구체적으로 쉽게 정리해 보고자 합니다.

이러한 신 플라톤적 사유 체계와 신 관념과 그리스도교 신 관념과 어떻게 차별되는 것인가를 설명하면 그 내용이 밝혀집니다.

신 플라톤 사유 체계와 신 관념에서는 창조된 피조물의 개념이 성립되지 못합니다. 여기서는 일자에서 비롯한 유한한 존재는 존재 근거로 볼 때는 신성을 지닌 신적 존재이며, 본질적으로는 반신(反神)적 존재가 됩니다. 피조성이란 그 자체로 악한 것, 반신적인 것으로 느껴지게 합니다. 여기서는 〈신-하느님의 피조물〉은 없고 오직 〈신-하느님으로부터 퇴락〉만이 있을 뿐입니다. 따라서 그리스도교의 신 개념, 즉 초월적이며 자유롭게 창조하시는 인격적 신 개념은 배제될 수밖에 없습니다. 피조물은 일자의 단순한 산출로 원칙적으로 '신적 존재 충만에 대한 필연적 한정'일 뿐입니다. 그리고 신으로부터의 이러한 퇴락은 신에게 들어 높이는 귀환과 함께 영원한 순환을 이루게 됩니다.

그러나 그리스도교의 창조주 신과 피조물 사이에는 엄연한 구별과 한계가 존재합니다. 창조는 하느님의 자유로운 행위이며, 인간의 구원 역시 인간 자신의 필연적 취득이 아니며 은총의 선물인 것입니다. 존재들이 황금 줄을 통해 근원에서 하급 단계로 내려왔다가 다시 상급 단계를 거쳐 끝내는 근원으로 돌아가는 신 플라톤주의의 동일성 철학이 그리스도교에서는 거부되는 것입니다. 창조주와 피조물 사이에는 황금 줄의 퇴락과 귀환의 논리가 차단됩니다. 여기에서 신 플라톤주의의 영지주의적 오만이 드러납니다. 창조주와 피조물의 근원적 간격을 지적으로 해명하려는 것입니다. 하느님의 창조 행위는 인간 사유로 해명할 대상이 아니라 인간이 경외심으로 공경해야 할 하느님의 업적이요, 은총일 뿐입니다.

이제 결론을 요약할 수 있습니다. 3강의에서 언급된, 접근 경로와 표현 양식은 다양할지라도 모든 뉴 에이지적인 교설들은 그 심층에 이러한 신 플라톤주의에서 개발된 황금 줄 도식을 간직하고 있습니다. 제가 보기에는 7강의에서 언급된 깨달음의 종교 도식도 크게 다르지 않다고 봅니다. 어쩔 수 없이 그 심층에는 황금 줄 도식이 자리 잡고 있습니다. 시간과 장소만이 다를 뿐이지, 하느님과 피조물의 근원적 간격을 해소하려는 인간의 오만은 언제나 있어 왔습니다. 아마도 하느님 나라가 완성될 때까지 인간을 괴롭히는 가장 집요하고 줄기찬 유혹이 있다면 바로 인간이 신이 되고 싶어 하는 이러한 영지주의적 유혹일 것입니다.

끝으로 성서 말씀 한 대목을 봉독하겠습니다. 이 세상의 어떠한 이데올로기나 시류가 그리스도교 신앙을 위협한다 할지라도 복음에 근거하는 메시지에 대한 참된 신앙은 결코 사라지지 않으리라는 믿음을 나누어 가지는 뜻으로 사도행전 5장 38-39절에서 율법 교사 가말리엘의 말을 되새기면 좋겠습니다.

"그래서 이제 내가 여러분에게 말합니다. 저 사람들 일에 관여하지 말고 그냥 내버려 두십시오. 저들의 그 계획이나 활동이 사람에게서 나왔으면 없어질 것입니다. 그러나 하느님에게서 나왔으면 여러분이 저들을 없애지 못할 것입니다. 자칫하면 여러분이 하느님을 대적하는 자가 될 수도 있습니다."

조군호 신부
서울 역삼동 본당 주임, 교의신학 박사